大学生
创新创业基础

主　编　宁　翔　周媛梦　付兴华
副主编　陈思颖　马亚琴　赵慧敏
高嘉庆　王梓霖

内容提要

本书以激发大学生的创新思维、培养大学生的创业意识、锻炼大学生的创新创业能力为目标，以创新创业教育为主线，内容安排合理、体例新颖、案例丰富，具有系统性、实用性、趣味性等特点，符合高等院校创新创业人才培养的要求。全书分为九章，包括创新创业概述、创业机会与风险、创新思维与方法、创业者的能力素质、创业团队组建、创业(商业)计划书撰写、创新创业比赛、新企业的创办、初创企业的管理与运营等内容。

本书既可作为普通高等院校创新创业教育课程的教材，也可作为有志于创新创业的各界人士的自学参考书。

图书在版编目(CIP)数据

大学生创新创业基础/ 宁翔，周媛梦，付兴华主编. —上海：上海交通大学出版社，2022.1(2024.7 重印)
ISBN 978-7-313-26260-8

Ⅰ. ①大… Ⅱ. ①宁… ②周… ③付… Ⅲ. ①大学生—创业 Ⅳ. ①G647.38

中国版本图书馆 CIP 数据核字(2021)第 278520 号

大学生创新创业基础
DAXUESHENG CHUANGXIN CHUANGYE JICHU

主　　编：宁　翔　周媛梦　付兴华
出版发行：上海交通大学出版社　　地　　址：上海市番禺路 951 号
邮政编码：200030　　电　　话：021-64071208
印　　制：上海新艺印刷有限公司　　经　　销：全国新华书店
开　　本：787 mm×1092 mm　1/16　　印　　张：15
字　　数：326 千字
版　　次：2022 年 1 月第 1 版　　印　　次：2024 年 7 月第 5 次印刷
书　　号：ISBN 978-7-313-26260-8
定　　价：39.80 元

前言 PREFACE

2021年10月12日，国务院办公厅颁布了《关于进一步支持大学生创新创业的指导意见》（国办发〔2021〕35号），文件指出："以习近平新时代中国特色社会主义思想为指导，深入贯彻落实党的十九大和十九届二中、三中、四中、五中全会精神，全面贯彻党的教育方针，落实立德树人根本任务，立足新发展阶段、贯彻新发展理念、构建新发展格局，坚持创新引领创业、创业带动就业，支持在校大学生提升创新创业能力，支持高校毕业生创业就业，提升人力资源素质，促进大学生全面发展，实现大学生更加充分更高质量就业。"李克强总理在2015年就指出："大学生是实施创新驱动发展战略和推动大众创新、万众创业新的生力军，既要认真扎实学习、掌握更多知识，也要投身创新创业、提高实践能力。"毋庸置疑，大学生创新创业的重要地位已经凸显。

在"双创"（创新创业）的国家战略中，大学生作为一个特殊的群体，对于实现这一战略，既有参与的必要性，也有参与的重要性和优势。"双创"不仅能解决大学生就业难，并进而形成带动就业的倍增效应，缓解就业压力，而且能够将创新成果转化为社会和消费使用，带动经济转型，实现产业升级。基于此，我们组织拥有丰富教学经验、从事创新创业教育工作的一线老师编写本教材，旨在让大学生通过本书的学习，了解和掌握创新创业的基本概念、基础知识和基本原理，学会如何去创新、如何去创业、如何根据自身的实际创办企业以及如何进行企业的管理与运营。

为满足高等职业院校创新创业教育课程的教学要求，编者进行了多方面的调研，充分征求了师生的意见，结合实际情况编写了本书。全书分为九章，内容主要包括创新创业概述、创业机会与风险、创新思维与方法、创业者的能力素质、创业团队组建、创业（商业）计划书撰写、创新创业比赛、新企业的创办、初创企业的管理与运营等。

本书以激发大学生的创新思维、培养大学生的创业意识、锻炼大学生的创新创业能力为目标，以创新创业教育为主线，内容安排合理、体例新颖、案例丰富，具有系统性、实用性、趣味性等特点，符合高等院校创新创业人才培养的要求。本书既可作为普通高等院校创新创业教育课程的教材，也可作为有志于创新创业的各界人士的自学参考书。

本书无论对学生还是老师，都将是一把开启创新思维的钥匙，一团点燃创新热情的火焰，一定会在创新型人才培养和创新型国家建设中产生积极的促进作用。希望本书能为读者带来更多的收获和喜悦！

目 录 CONTENTS

第一章
门径初窥，知己知彼
——创新创业概述

2021年，全国高校毕业生规模达909万人，又创历史新高。据教育部预测，2022年全国高校毕业生人数将超过1 000万人，比上一年多出100万人，大学生就业形势十分严峻。党的十九大明确指出“将解决大学生的就业问题作为当前的首要任务”，鼓励多渠道多形式就业，以创业带动就业，解决大学生的就业问题。大学生在创业过程中呈现的特征是热情高、期望值高、成功率低、资本薄弱等，使得无数大学生创业者在屡次碰壁后感叹“创业艰难”。创新是创业的核心，创业是将创新转化为社会化价值的一个过程。因此，为促进大学生创业，应对大学生进行创新创业教育，培养大学生的创新能力、创业精神与意识，使其在创业的过程中坚持“双创”精神，努力实现自我价值。

第一节　不落窠臼——创新

创新就是在生活中发现了古人没有发现的东西。

——李可染

学习目标

（1）理解创新的含义；

（2）熟悉创新的类型和方法；

（3）了解创新的重要性。

一、创新概述

(一) 创新的含义

创新是指以现有的思维模式提出有别于常规或常人思路的见解,并以此为导向,利用现有的知识和物质,在特定的环境中,本着理想化需要或为满足社会需求,而改进或创造新的事物、方法、元素、路径、环境,并能获得一定有益效果的行为。"创新"一词源于拉丁语,它有三层含义:第一,更新;第二,创造新的东西;第三,改变。换言之,并不是只有重大的发明创造才是创新,实际上对各种产品、工作方法、商业模式、服务模式的改进等都属于创新。

创新的六个基本要素为目的、主体、客体、核心、根本和结果。"目的"是解决矛盾;"主体"是人;"客体"是客观事件;"核心"是创新思维;"根本"是要有突破;"结果"是要出现新的物体或新的思想。掌控这六个基本要素的能力就是创新能力,意味着创新具有目的性、新颖性、先进性、变革性、价值性、发展性、层次性和再创造等特征。

总之,创新是人类特有的认识能力和实践能力,是人类主观能动性的高级表现,是推动民族进步和社会发展的不竭动力。一个民族要想走在时代前列,就一刻也不能没有创新思维,一刻也不能停止创新。

(二) 创新的过程

人类不少杰出的创新都留下了动人的传说:瓦特看到壶盖被蒸汽顶起而发明了蒸汽机,牛顿被下落的苹果砸中了头而发现了万有引力,门捷列夫玩纸牌时想出了元素周期表……表面上看,创新好像非常简单,其实,这只是表象,其背后则是瓦特、牛顿、门捷列夫长期的思考和努力!

1. 准备期

准备期是发现和提出问题阶段。一切创新都是从发现问题、提出问题开始的,问题的本质是现有状况与理想状况的差距。爱因斯坦认为:"提出问题通常比解决问题更重要,因为解决问题不过涉及数学上的或实验上的技能而已,然而提出问题并非易事,需要有创新性的想象力。"他还认为:"对问题的感受性是人的重要资质。"准备期可分为如下三步:对知识和经验进行积累和整理;搜集必要的事实和资料;了解所提问题的社会价值,能满足社会的何种需要及价值前景。

2. 酝酿期

酝酿期也称沉思和多方思维发散阶段。在酝酿期要对收集的资料、信息进行加工处理,探索解决问题的关键,因此常常需要耗费很长时间,花费巨大精力,它是大脑高强度活动时期。这一时期,要从各个方面,如逆向、发散、集中等方面去进行思考,让各种设想在头脑中反复组合、交叉、撞击、渗透,按照新的方式进行加工。加工时应主动使用创造性的方法,不断选择,力求形成新的创意。

为使酝酿过程更加深刻和广泛，还应注意把思考的范围从熟悉的领域扩大到其他专业领域，特别是常被自己忽视的领域，这样既有利于冲破传统思维方式和“权威”的束缚，又有利于获得多方面的信息，寻找创新的突破口；有时也可把思考的问题暂时搁置一下，让习惯性思维被有意识地切断，以便产生新思维。

创造性思维的酝酿期通常是漫长的、艰巨的，也很有可能归于失败，此时，良好的意志品质和进取性格就显得格外重要，唯有坚持下去，方法得当，才是充满希望的。

3. 明朗期

明朗期即顿悟或突破期，时间短促且突然，呈猛烈爆发状态。“茅塞顿开”“豁然开朗”等成语都是描述这种状态的。如果说“踏破铁鞋无觅处”描绘的是酝酿期的话，“得来全不费功夫”则是明朗期的形象刻画。在明朗期，灵感思维往往起决定性作用。这一阶段的心理状态是高度兴奋甚至惊愕。像阿基米德那样，因在入浴时获得灵感而裸身狂奔，欣喜呼喊“我发现了！我发现了！”这种情况虽不多见，但完全可以理解。

4. 验证期

验证期是评价阶段，是完善和充分论证阶段。验证期是把明朗期获得的结果加以整理、完善和论证，并且进一步充实：一是在理论上验证，二是在实践中检验。验证期的心理状态较平静，但需耐心、周密、慎重，不急于求成和不急功近利也是很关键的。

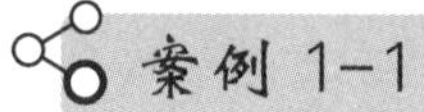

案例 1-1

爱迪生发明灯泡的故事

在爱迪生发明灯泡之前，人们晚上都使用蜡烛或煤油灯照明，十分不便。爱迪生决心发明一种耐用的、光线明亮的灯泡。

爱迪生在实验室里不断地进行各种材料的试验。他首先使用了一种碳条进行试验，可是这种材料十分脆弱，根本难以作为灯泡材料。失败之后，他又开始使用铁和铬等材料进行试验，当灯泡亮起来时他非常高兴，认为这种材料十分适合制作灯丝，可是大约几分钟之后灯丝也烧断了。

几年之后，爱迪生失败的经历被许多人嘲笑，认为他是在做白日梦。面对别人的质疑和不信任，爱迪生并没有放弃，反而以此为动力继续开展自己的灯丝实验。他又用一种碳化棉签作为灯丝材料，尽管这种材料可以坚持很久，可在四五十个小时后依然被烧断了。

爱迪生并没有气馁，他继续进行灯丝实验。“功夫不负有心人”，后来他终于发现了钨丝是制作灯丝的绝佳材料，发出的光线十分明亮，又不易被烧断，适合长期使用，为此他欣喜若狂。自此，灯泡开始慢慢进入寻常百姓家，电灯成为我们必备的照明工具。

案例解析：从以上两个案例可知，创新并不是一蹴而就的，需要经历一个从无到有的过程。因此，在实际生活中，我们应该脚踏实地，坚持不懈地探索与实践，不轻言放弃，这样才能在创新之路上取得成功！

二、创新能力

创新能力是指个人或群体在一定条件的支持下，运用已有的知识和已知的信息，发现新问题，寻求问题答案，并产生出某种新颖而独特、有社会价值或个人价值的物质产品或精神产品的能力。创造新概念、新理论，更新技术，发明新产品、新方法，创作新作品等，都是创新能力的表现。创新能力的强弱是区分优秀人才和普通人才的重要标准之一。

创新能力作为一个系统的、综合的概念，是指各种基本能力的组合方式，这种组合方式是随不同领域的创新活动而不同的，通常包括以下几种能力。

(一) 学习能力

学习能力是指观察和参与新的体验，把新知识融入已有的知识，并以快捷、简便、有效的方式获取准确知识、信息，从而改变已有知识结构的能力。我们平时所说的一般学习能力是指在很多种基本活动中表现出来的能力，如观察力、记忆力、抽象概括能力、注意力、理解能力等。

(二) 分析能力

分析能力是指把一件事情、一种现象、一个概念分成较简单的组成部分，找出这些部分的本质属性和彼此之间的关系，单独进行剖析、分辨、观察和研究的一种能力。

(三) 想象能力

想象能力是指人在已有形象的基础上，在头脑中创造出新形象的能力。如当一个人说起汽车，另一个人马上就想象出各种各样的汽车形象。因此，想象一般是在掌握一定知识的基础上完成的。

(四) 批判能力

批判能力又称批判性思维能力，指能抓住要领、善于质疑辨析、基于严格推断、富于机智灵气、清晰敏捷的日常思维能力。批判性思维能力在美国受到特别推崇，是美国公认的优秀人才的标准之一。

(五) 创造能力

创造能力是指运用已有的知识和经验，在创造性想象、创造性劳动、创造性胆识的共同作用下产生的新的、具有社会价值产物的能力。创造能力由创造性想象、创造性劳动、创造性胆识三部分构成。

(六) 解决问题能力

解决问题能力是一种高素质、高层次的能力，是一种面对问题的习惯和处理问题的能力。这种能力体现在：一个人在遇到问题时，能自主地、主动地谋求解决方法，能有规划、有方法、有步骤地处理问题，并能适宜地、合理地、有效地解决问题。

（七）实践能力

实践能力是指保证个体顺利运用已有知识、技能去解决实际问题所必须具备的生理和心理特征。一般教育学上把实践能力定义为个体解决实际问题的能力，包括语言实践能力、音乐实践能力、数理逻辑能力、空间实践能力、人际交往实践能力和自然实践能力。

三、创新的类型

（一）产品创新

产品创新就是研究开发和生产出能更好地满足顾客需要的产品，使其性能更好，外观更美，使用更便捷、更安全，总费用更低，更符合环境保护的要求。因为产品是满足社会需要、参与竞争、直接体现企业价值的东西，因而这是企业创新的主要任务。

产品创新可在以下三个层面上实现。

（1）开发出具有新功能的产品。例如，蒙正佳等人研究了一款可拆洗拖鞋。此新型拖鞋将鞋底和鞋面分开设计，方便更换拖鞋的样式，同时也方便进行鞋面材质的更换以及鞋面松紧度的调节。利用 TPR 材料的热塑性制作鞋底，并预留了一个宽 7.5 厘米、长 10.5 厘米、高 0.5 厘米的凹槽用于置放暖宝宝。鞋面可用任何服装面料制作，如珊瑚绒、长毛绒、短毛绒、色丁面料、棉花绒、毛巾布、棉布等。

（2）产品结构方面的改进。例如，使产品更轻、巧、小、薄，携带和使用更方便，节省材料、降低能耗，迷你充电宝、手提电脑、超薄洗衣机等就是典型的例子。

（3）外观方面的改进。例如，OPPO 针对年轻人市场推出了 K 系列产品。K 系列以其出色的外观设计以及良好的性能体验给年轻人带来了超值体验。2021 年，OPPO 推出 K 套装系列，含有 OPPO 智能电视 K9，可与 K9 手机搭配组合，让年轻人感受了一次双倍的超值之选。

（二）服务创新

服务创新表现为新的服务应用，它与产品创新一样重要却常常被忽视，通常体现为一种新的服务提供方式。例如，中山市某村坚持把“我为群众办实事”实践活动贯穿党史学习教育全过程，聚焦群众“急难愁盼”问题，创新实施多项便民服务举措，包括提出智慧平台进社区、建设“一刻钟”便民生活圈、推行 2.8 元看门诊等，推动民生实事落实落细。

（三）技术创新

技术创新是指采用新的生产方法或新的原料生产产品，以达到保证质量、降低成本、保护环境或使生产过程更加安全、省力等目的。

技术创新可在以下四个层面上实现。

(1) 工艺路线革新。这是生产方式思路的改变。例如，用精密铸造、精密锻造粉末冶金代替金属切削，生产复杂的机械零件，可大大缩短生产周期，降低成本。

(2) 材料替代和重组。例如，几年前美国农产品过剩，农场主负债累累，政府补贴农业财政负担沉重。某农业州的农民与大学合作，从环保角度，以农产品作为原料生产工业产品，从玉米中提取燃烧用的乙醇，从大豆中提取润滑油替代石油产品等，受到市场欢迎。

(3) 工艺装备革新。例如，用电脑绣花机代替手工绣花，用数控机床代替手动操作机床等。

(4) 操作方法革新。用更省力、更高效的操作方法代替传统的、不适应现代技术进步的操作方法。如取快递，以前需要工作人员一个一个地扫条形码，工作繁重且耗时长，效率低；如今，快递点采用机器识别，每个人在取快递时提供自己的身份码即可，更省力、更高效。

(四) 制度创新

制度创新是指从社会经济角度对企业的生产方式、经营方式、分配方式、经营观念等进行调整和变革，以推动企业发展和社会进步。制度是组织运行方式的原则性规定，企业制度主要包括产权制度、经营制度和管理制度等三个方面的内容。制度的创新通常表现为产权制度、经营制度和管理制度的调整和优化。

产权制度、经营制度、管理制度这三者之间的关系是错综复杂的(实践中相邻的两种制度之间的划分甚至很难界定)。一般来说，一定的产权制度决定了相应的经营制度，但是在产权制度不变的情况下，企业具体的经营方式可以不断调整。

同样，在经营制度不变时，具体的管理规则和方法也可以不断改进。当管理制度的改进发展到一定程度时，会要求经营制度作相应的调整；而经营制度的不断调整，必然会引起产权制度的变革。因此，管理制度的变化会反作用于经营制度，经营制度的变化也会反作用于产权制度。

制度创新的方向是不断调整和优化企业所有者、经营者、劳动者之间的关系，使各个方面的权力和利益得到充分体现，使组织中各成员的作用得到充分发挥。

(五) 职能创新

职能创新就是在计划、组织、控制、协调等管理职能方面采用新的更有效的方法和手段，主要包括以下几种形式。

(1) 计划创新。例如，研究人员基于 2010 年至 2019 年间我国沪深 A 股上市公司实施员工持股计划的有关数据，运用 PSM - DID 方法以及多元线性回归模型，验证了员工持股计划对于我国企业的创新具有一定促进作用，创新绩效与非高管员工持股比例呈正相关。这种促进作用在非国有企业中更为显著，体现了员工持股计划对企业创新的激励效应，也为我国企业实施员工持股计划提供了理论上的支撑。

(2) 控制方式创新。例如，丰田公司首创准时生产制(JIT)，显著降低了成本。

(3) 用人制度创新。例如，应用测评法招聘、选拔和考核干部员工，采用拓展训练等方法改善培训效果等。

(4) 激励方式创新。例如，某企业实行“自助餐式”奖励制度，即员工可以从企业提供的列有多种福利项目的“菜单”中选择自己所需要的福利，这种创新型激励方式使企业在付出同等成本的情况下获得了更好的激励效果。

(5) 协调方式创新。例如，某市政府实行科技特派员制度，市政府工作人员先通过调查了解村镇农业大户所需要的技术支持，同时将全市 3 500 名农业科学技术人员按专长分类，并将两者对接起来，让双方实行双向选择。经过这种协调方式的创新，农户和农业科学技术人员的收入都得到了大幅提升。

实际上，由于管理职能互相渗透，有些创新很难归入哪一种，如计划评审技术(program evaluation and review technique, PERT)既是计划新方法，又是控制新方法(重点环节控制)；目标管理既是计划新方法，又是激励、协调新方法；全面质量管理(total quality control, TQC)小组既是控制新方法，又是组织和激励新方法。

(六) 结构创新

结构创新是指设计和应用新的更有效率的组织结构。结构创新按其影响系统的范围可分为技术结构创新、经济与社会结构创新两类。

(1) 技术结构创新。例如，朱于珂等人探讨了工业企业绿色技术创新、产业结构优化与经济高质量发展之间的关联与传导机制，构建中介效应模型与面板门槛回归模型，结果表明：工业企业绿色技术创新对经济高质量发展呈现显著的正向影响，当工业企业绿色技术创新处于高门槛区时，产业结构优化将对经济高质量发展产生显著的“结构红利”效应。

(2) 经济与社会结构创新。主要是通过调整人们的责、权、利关系以提高组织效能。例如，美国通用汽车公司 20 世纪 20 年代采用事业部制，解决了统一领导与分散经营的矛盾，使规模经营与适应市场的要求得到了统一，极大地增强了竞争力。

(七) 环境创新

环境是企业经营的土壤，同时也制约着企业的经营。环境创新不是指企业为适应外界变化而调整内部结构或活动，而是指通过企业积极的创新活动去改造环境，去引导环境朝着有利于企业经营的方向变化。例如，通过企业的公关活动，影响社区政府政策的制定；通过企业的技术创新，影响社会技术进步的方向等。

四、创新的重要意义

党的十八大明确提出，科技创新是提高社会生产力和综合国力的战略支撑，必须摆在国家发展全局的核心位置，同时强调要坚持走中国特色自主创新道路、实施创新驱动发展战略。党的十九大报告提出要“建设科技强国”，并强调“创新是引领发展的第一动力”，要坚定实施创新驱动发展战略。在我国，实施创新战略具有特别重要的意义：实施创新驱动发展战略，对我国形成国际竞争新优势、增强发展的长期动力具有战略意义。改革开放以来，我国经济的快速发展主要源于发挥了劳动力和资源环境的低成本优势。进入发展新阶段，我国在国际上的低成本优势逐渐消失。与低成本优势相比，技术创新明显具有不易模仿、附加值高等特点，由此建立的创新优势持续时间长、竞争力强。加快实现由低成本优势向创新优势的转换，可以为我国的持续发展提供强大动力。

实施创新驱动发展战略，对我国提高经济增长的质量和效益、加快转变经济发展方式具有现实意义。科技创新具有乘数效应，不仅可以直接转化为现实生产力，而且可以通过科技的渗透作用放大各生产要素的生产力，提高社会整体生产力水平，有力地推动经济发展方式的转变。

实施创新驱动发展战略，对降低资源能源消耗、改善生态环境、建设美丽中国具有长远意义。实施创新驱动发展战略，加快产业技术创新，用高新技术和先进适用技术改造和提升传统产业，既可以降低消耗、减少污染，改变过度消耗资源、污染环境的发展模式，又可以提升产业竞争力。

党的十八大以来，党中央深入推进实施创新驱动发展战略。我国创新发展取得了突破性成就，科技发展格局出现重大变化，创新对促进经济稳中向好、加快新旧动能转换、扩大就业等发挥了关键作用。例如，蛟龙潜海、墨子升空、北斗导航、大桥飞架、5G引领、高铁纵横等一系列重大创新成果竞相涌现，让国人自豪，令世界赞叹。

第二节　乘风破浪——创业

回头看我的创业历程，是不断寻找、不断纠正的过程。

——吴锡桑

（1）理解创业的含义；

（2）熟悉创业的基本要素和过程；

（3）了解创业的重要性。

一、创业概述

（一）创业的定义

创业的定义有广义和狭义之分。广义的创业是创造新的基业、事业，泛指人类一切具有开拓意义的社会变革行为。狭义的创业是指具有创业动机的个人或团体，通过发现并捕捉社会环境中的有利条件，去发现、开发市场机会，建立新企业，创造新产品或服务，进而实现其经济价值和社会价值的过程。本书所讲的创业均指狭义的创业，包括以下几层含义：

(1) 创业是一个创造的过程，即创业者要付出努力和代价。

(2) 创业的本质在于对机会的商业价值的发掘与利用，即要创造或认识到事物的一个商业用途。

(3) 创业的潜在价值需要通过市场来体现，即市场是实现财富的渠道。

(4) 创业以追求回报为目的，包括个人价值的满足与实现、知识与财富的积累等。

“山药哥”的非凡故事

小赵家乡的父老乡亲及其祖辈都以种植山药为生。读大学让小赵看见了外面更大的世界，他一直在思考如何运用自己的专业优势助力家乡特有的铁棍山药发扬光大，富一方父老乡亲。

进入大三后，小赵就一直琢磨着回老家种山药的事儿，但迫于生活压力和家庭反对，他只能暂时放下自己的“山药梦”，在郑州找了一份工作。小赵在郑州工作的几年间，对回老家种山药这件事儿一直念念不忘。虽然父母强烈反对，但在女朋友的大力支持下，小赵放弃了令人羡慕的都市白领职业，回到老家开始筹备山药种植的各项事宜。

2017 年底，小赵推出山药粉深加工项目，致力于推动山药产业的转型升级。但由于准备不充分，导致项目风险过大，启动不到三个月就亏损了一百多万元，这给小赵的山药事业带来了不小的打击。2019 年，小赵重新组建了一支团队，把多年积累的互联网营销实战经验赋能团队，实现了从个人“单兵作战能力强”到团队“整体作战实力强”。2020 年，小赵开始发力山药深加工产品，销售额突破 800 万元。在小赵的带动下，有更多的村民从事铁棍山药的种植和销售。小赵还积极引导村子里见多识广的年轻人，通过网络直播等方式推广销售家乡的特色产品。

案例解析：从以上案例可知，创业之路并不是一帆风顺的，会受到资金、经验、环境等多方面的影响，是一个付出泪水和汗水的过程。创业者必须克服困难，坚持不懈，才能最终在创业之路上取得成功。

(二) 创业活动的要素

管理学认为，可将企业看作一个由人、物、社会和组织所组成的协作体系。因此，创业团队、创业资源、创业机会和组织是构成创业的核心要素。

1. 创业团队

(1) 创业者。创业者指开展创业活动的个人或团体，其在创业过程中起着关键的推动和领导作用，包括对企业的建立和运营、对市场机会的选择和把握、对商业过程的控制和决策等。创业者承担创业活动中的一切风险，同时享有创业带来的个人财富及荣誉。创业者的创业素质直接决定着创业活动的成败，包括生理素质、心理素质、知识素质和能力素质等。

（2）企业内部的人际关系。人在社会上不是孤立的个体，而是生活在与他人的关系中，需要与他人互相支撑、互相协作。创业过程中人的因素除了创业者外，还包括企业内部的人际关系。只有处理好企业内部的人际关系，才能真正发挥团队的作用，形成一种合力，使有限的人力资源发挥更大的作用。

（3）企业外部的人际关系。企业不是一个封闭的系统，而是一个开放的系统，它需要与外部的供应商、客户、当地政府和社区等相互联系。企业不仅内部要团结，还要处理好企业外部的各种关系。

2. 创业资源

创业资源是指企业在创造价值的过程中需要的特定资产，包括有形资产和无形资产。它是企业创立和运营的必要条件，主要为资金资源、环境资源和政策资源，包括创业人才、创业资金、创业技术、原材料和产品、生产手段和创业管理等。

3. 创业机会

创业机会是指创业者可以利用的商业机会。创业活动通常从创业者发现和把握创业机会开始，创业的过程即将创业机会转化为价值的过程。从创业过程的角度来说，创业机会是创业的起点，创业过程就是围绕着创业机会进行识别、开发和利用的过程。创业机会一般具有潜在性与隐蔽性，需要创业者具有敏锐的观察力与分析力。

4. 组织

组织因素是协作体系的核心，只有通过组织的作用才能创造新的价值。人是所有的管理因素中唯一具有能动性的资源，但是这种能动性要通过组织来实现。组织具有以下四个方面的功能：

（1）决策功能。决策是创业活动中的一项重要职能，既包括对创业目的的决定，也包括对实现手段的决定，它决定着创业活动的方向，甚至影响着企业的发展。

（2）创建组织的功能。创业通常由一个团队进行，因此需要对团队进行组织和管理，通过分工与协作有条不紊地完成创业的相关活动。创建组织既包括组织结构的构建，又包括沟通体系的形成。

（3）激励员工的功能。创业需要最大限度地发挥现有人力资源的作用，因此对创业者的激励就成为创业活动的一项重要内容。“人心齐，泰山移”，充分调动人的积极性能够产生一种合力，增加创业团队的凝聚力。

（4）领导的功能。巴纳德认为，领导的作用在于它能够创造新的价值。对于创业活动而言，领导的作用是其他任何因素都无法取代的。

二、创业的一般过程

（一）产生创业动机

创业动机是创业的原动力，它推动创业者去发现和识别市场机会。创业活动的主体是创业者，创业活动首先取决于个人是否希望成为创业者。创业动机不仅是打算创业的一时冲动，更是对创业目标与预期收益的深思熟虑。

（二）识别创业机会

识别创业机会是对可能成为创业机会的事件的分析和对创业预期结果的判断。创业机会一般分为两种：一种是意外发现，另一种是经过深思熟虑才发现。国家产业政策的调整、新技术的出现、人口和家庭结构的变化、人们的物质和精神需求的变化、流行时尚的变化等都可能形成创业机会。创业者应该具有敏锐的嗅觉，能够及时、准确地识别创业机会，还要对创业机会进行评价和提炼。

（三）整合有效资源

资源是创业的基础性条件，整合资源是创业者开发机会的重要手段。强调整合资源，是因为创业者可以直接控制的可用资源往往很少，许多成功的创业者都有白手起家的经历。创业者需要整合的资源包括基本信息（有关市场、环境和法律问题）、人力资源（合作者、最初的雇员）、财务资源等。

（四）创建新企业

创建新企业需要进行大量的准备工作，其中创业计划、创业融资和注册登记尤为关键。创意能否变成行动，关键看其能否形成一个周密的创业计划。资金往往成为创业企业的“瓶颈”，创业融资在企业的创建过程中至关重要。当创业者完成创业计划并获得融资之后，就可以按照法定程序进行注册登记，包括确定企业的组织形式、设计企业名称、向工商行政管理机关提出企业登记注册申请、领取营业执照等。

（五）实现机会价值

创业者整合资源、创建新企业的目的是实现机会价值，并通过实现机会价值来实现自己的创业目标。这是创业过程中的重要环节，确保新创建的企业生存是创业者必须面对的挑战，但创业者不能仅仅考虑生存，同时还要考虑成长，不成长就无法生存得更好，在激烈竞争的环境中尤其如此。

创业者需要了解企业成长的一般规律，预见企业不同成长阶段可能面临的问题，采取有效的措施予以防范和解决，使机会价值得到充分的实现，同时不断地开发新的机会，把企业做活、做大、做强。

(六) 收获创业回报

对回报的正当追求是创业活动的目的,有助于强化创业者对事业的执着。对创业者来说,创业是获取回报的手段和途径,是一种载体。回报可能是多种多样的,对回报的满意程度在很大程度上取决于创业者的创业动机。有调查发现,多数创业者的创业动机首先是自己当老板,然后才是追求利润和财富,对这些人来说,当老板的感受就是回报。

三、创业的特征

(一) 自主性

创业是创业者自觉做出的选择,是主观能动性的反映。创业者一直想做的,就是可以按照自己的意愿行事,独立自主地开创并经营一种经济活动。创业的自主性还体现在创业者有意识地主动选择活动,有更大的空间显示自己的才能。

(二) 风险性

任何事情都具有两面性,创业既是一个机会,又存在一定的风险。大学生创业的风险主要是缺少启动资金、市场推广困难、管理经验不足、团队意见不一、缺乏核心竞争力等。

(三) 艰巨性

“断头今日意如何?创业艰难百战多。”创业是一个艰苦的过程,在创业过程中除受经验积累、资金准备、技术掌握、能力锻炼、法律知识等个人因素影响外,还要受到政策环境、地理环境和人际关系等因素的影响。

(四) 系统性

创业是由多个创业要素组成的复杂系统。创业者要考虑到人员、财务、预算、市场、管理、产品服务等多个因素,这些因素环环相扣,某一环节出了问题,也许就会影响到整个创业环节,甚至会导致创业的失败。

(五) 发展性

创业是一个从无到有、从小到大、从弱到强、从幼稚到成熟的过程,发展性是创业的特征之一。有的大学生创业者,起初创业经费并不多,项目也并不起眼,但如果能做到一步一个脚印前行,那么企业逐渐发展壮大,从小老板发展到中老板,甚至做到大老板、企业家,也不是遥不可及的梦想。

（六）创新性

对于一些创业者来说，在创业过程中要发挥自己的个性特长，就要突出创新。从企业管理角度而言，创新是一种新思想的产生，是首次商业化的过程。创新是美好的梦想加上有效地实施，并创造价值。创新是创业的核心，创业是将创新或创造出来的新事物转化为具有最大社会化价值的一个过程。整个过程是十分复杂和困难的，不仅包括物质、技术、管理意识等方面的创新改革，还是一个从无到有的创造或在现有基础上的革新，因此和一般生产活动相比，更富有开创性。

四、大学生创业的注意事项

同漫漫取经路一样，创业路也不是一帆风顺的，有崇山峻岭要翻越，有艰难困苦要克服，甚至有几只“拦路虎”在静候创业者的到来。因此，了解创业的注意事项有利于大学生顺利创业。

（一）不迷信热门，选择投资较小的项目

大学生创业不要只迷信热门项目，看到他人投资赚钱就盲目跟风；应努力寻找那些有市场需要，或有某种潜在需要却又没人做的事情；研究人们生活中还有哪些不便，能不能通过某种服务或产品解决人们生活中的不便。如果能通过自己的行为创造市场、引导市场，那就更高明了。在此基础上，尽量将创业启动资金数额降到最低，选择那些只需要少许现金，并能充分展现个人才华和专长的事业做起，给自己一个积累经验和累积资本的过程。百度的李彦宏告诫跃跃欲试的年轻人：“一定要有向前看两年的眼光。跟风、赶潮流，你吃到的很可能只是残羹冷炙。另外，不要过早地追求赢利，因为过早地实现赢利就是在大量地缩减对技术的投入，而一个创新公司在技术上一定需要大规模的投入，这样才能使自己在技术上一直处于领先甚至垄断的地位，而这种领先在今后一定会给企业带来大的回报。牺牲企业的长远利益选择赢利，是不理智的行为。”

（二）避免眼高手低和纸上谈兵

比尔·盖茨的神话使IT行业、高科技产业成为大学生眼中的创业金矿，以至于不少学生不屑于从事服务业或技术含量较低的行业。其实，高科技创业项目往往需要一大笔启动资金，创业风险和压力都非常大，大学生如果对自身经验和能力认识不足，对创业的期望值又过高，很容易失败。因此，大学生创业不妨放平心态，深刻了解市场和自己，从小做起，从实际做起，一步一个脚印。

缺乏经验也是目前大学生创业中普遍存在的问题。不少大学生创业者不习惯对其产品或项目做市场调查，而是进行理想化的推断。例如，“如果有3亿人需要我们的产品，每件售价100元，我们就有300亿元的销售市场”这种推断方法是站不住脚的，而且常常起误导作

用。大学生在创业初期一定要做好市场调研,一些可行性研究也可委托专业机构进行,在了解市场的基础上创业才能长久。

(三)不可单打独斗

“团队精神”这四个字也许是最常见、最易懂的管理概念了,但由于大学生这一特定创业群体一般为年龄在25岁以下的青年人,社会经验和人生经验不足,且处于热血沸腾的感性阶段,在诸多体现“人与人合作”的实际工作中,常常会出现以己为主、刚愎自用等不利于合作创业的情形,表现出“一人是龙,二人是虫”的状况。纵观当前的时代发展趋势,社会分工越来越细、越来越专业化,任何创业者想通过单打独斗而获胜的可能性已降得很低。一个人的心胸有多广,他的世界就会有多大;一个创业者的眼界有多宽,他的事业也就会有多大。作为创业者,一定要懂得与他人分享。一个不懂得与他人分享的创业者,不可能将事业做大。

(四)不可轻言放弃

作为创业的大学生,也许有时候会觉得前途一片茫然,很无助,有时候又觉得创业太过艰辛,无法再继续;但只要坚持,胜利的曙光就在你最困难时刻的前面,坚持就是胜利。李彦宏认为,创业绝对不会一帆风顺,如果没有足够的热爱和激情,创业者很难坚持下去。他曾说:“先确保你对这个事业的热爱和激情,然后再创业。”

五、大学生创业的背景与现实意义

(一)大学生创业是时代的要求

2014年9月,李克强总理在夏季达沃斯论坛上提出“大众创业、万众创新”的理念;2018年9月18日,国务院下发《关于推动创新创业高质量发展打造双创升级版的意见》;2018年12月20日,“双创(创新、创业)”当选为2018年经济十大流行语。

2021届应届毕业生数量为909万人,又创历史新高,教育部预计2022届应届毕业生数量将超过1 000万人,严峻的就业形势使越来越多的大学生选择自主创业之路。

经济的增长对人才的需求已经由简单型向复合型、由知识型向技能型转变。高科技产业、第三产业与民营经济是人才需求的增长点。鼓励大学生创业,使有可能从事知识、技术产业的从业人员比例大大增加,从而使高层次人才发挥较好的实用价值。因此,大学生自主创业也是社会发展的需要。

中国的发展需要创新,民族的未来需要更多敢于求新、求变的弄潮儿。如何培养好、应用好急剧增长的大学生群体这一“优质资源”,将其带来的社会就业压力转变成提供更多机遇和岗位的就业动力,使其成为与经济社会发展不断前行相匹配的原动力,是鼓励和培养大学生积极开展自主创业,实现自身价值的现实基础。

（二）大学生创业进一步得到政府与社会的支持

目前，社会整体的创业氛围浓厚，政府对大学生创业的支持包括开辟创业园、提供初创办公地点、提供创业帮扶基金和税收减免政策等，对大学生选择毕业后创业有很强的吸引力，使不少有想法、有激情的大学生投身到创业大潮中。如今大学生创业者在“大众创业、万众创新”精神的鼓舞下，在国家创新创业政策的扶持下，正充分利用有利条件和创业环境，通过创业的眼光去主动发现商业机会、开创新企业，用市场的方法为社会提供所需的新产品、新服务。

（三）大学生自主创业越来越理性

有政府的支持与社会的关心，大学生自主创业的观念越来越成熟，行动也越来越理性。随着创业教育的普及和深入，大学生在创业方向的选择上更加会从社会需求出发，做好市场调研，理性选择创业项目，制订切实可行的计划，在团队的组建、人力资源的管理及资金筹集及使用方面更具科学性，减少了随意性。

（四）人生价值的体现

大学生创业者主动适应社会需求，做着自己感兴趣、值得做的事情，将职业兴趣与自身发展结合起来，从而实现自己的职业理想，这样可以充分发挥自己的才能，实现自己的价值，改变自己的人生。大学生创业也是对社会的一种贡献，是在主动承担着一份社会责任。

（五）创业精神的培育

创业永远是动态的、学习的过程。在这个过程中，每位创业者都会经受磨砺并逐步成长。一个企业的生存、发展与繁荣，需要创新的能力，包括新产品、新服务、新方法、新工具和新的商业模式。在企业运作的过程中，要做好企业管理以及企业内部良好的执行系统；在企业发展的过程中，必然会遇到难以预见的困难，所以必胜的信念与坚持必不可少；在整个创业的过程中，大学生创业者体现了“敢为人先、追求创新、百折不挠”的创业精神。

第三节　举足轻重——创新创业意识

> 若无某种大胆放肆的猜想，一般是不可能有知识的进展的。
>
> ——爱因斯坦

学习目标

(1) 理解创新意识、创业意识的含义；
(2) 熟悉创新意识、创业意识的培养方法；
(3) 树立创新意识、创业意识。

一、创新意识

(一) 创新意识概述

创新意识

创新意识是指人们根据社会和个体生活发展的需要，引起创造新事物的观念和动机，并在创造活动中表现出的意向、愿望和设想。它是人类意识活动中的一种积极的富有成果性的表现形式，是人们进行创造活动的出发点和内在动力，是创造性思维和创造力的前提。

案例 1-3

蛋卷冰激凌的产生

1904 年，一个名叫欧内斯特·汉威的小商贩，获准在圣路易斯世界博览会上设摊出售薄饼。这是一种很薄的鸡蛋饼，可以同其他甜食一起食用。在他所摆的小摊的旁边，是另一个用小盘子卖冰激凌的摊贩。一天，他们俩的生意都特别好。卖冰激凌的小摊把盘子用完了，而小摊的前面还站着许多顾客，眼看就要失去赚钱的大好机会，这把卖冰激凌的小贩急坏了。汉威也在一旁替他着急，一急之下，汉威灵机一动，想出了一个办法。他把鸡蛋饼趁热卷成一个圆锥形，等它凉了以后用来代替盘子装冰激凌，这一应急措施出乎意料地大受顾客们的欢迎，而被人们誉为“世界博览会丰饶的羊角”。

这也就是蛋卷冰激凌这一“老少皆宜”的可口食品的由来。

案例解析： 虽然在某种紧急情况下可以急中生智，但要获得灵感必须做到临危不乱。面临紧急情况，紧张是难免的，但必须保持镇静，避免慌乱，这是激发灵感产生的重要前提。

案例 1-4

发明一台机器，代替老爸老妈去种田

1987 年出生的小王是农民的儿子，2010 年大学毕业后曾任多家互联网公司的市场总监、运营总监，收入不菲。在一次回家探亲期间，还在种地的父亲无意间说的一句话深深触动了他，让他做出了改变人生的决定。

“等我们老得干不动了，谁来干农活？”父亲的话让小王想起，自己小时候就有一个心愿：

发明一种机器代替老爸老妈去种地，让妈妈不再流汗，让爸爸不要那么辛苦。

2015 年，他毅然辞去年薪几十万元的工作，回到家乡创业。他联系了几位有共同理想的年轻人，开始研发智能机器人。2016 年，小王初次来到上海市金山区人力资源社会保障局申请创业贷款。“机器人还能干农活吗？”当时，贷款方对这个回到家乡种田的“码农”充满了好奇。通过贷款方评估，最后小王成功申请到 30 万元创业贷款。

其实这点钱远远不够，“买一台国外的先进机器人，动辄就要几百万，我们只能自己一步步试着开发”。而为了支撑团队的研发，小王将自己以前积攒的几百万元都投了进去。他告诉记者，2016 年至今，点甜农场在农业机器人上已经投入近 5 000 万元，这些都是为了明天的收获。

对儿子创业初期的高投入、高消耗，小王父亲说：“我百分之百支持儿子，而且希望他不要急功近利，这是一个为农业发展做好事的项目。只有发展高科技农业，才能让更多年轻人愿意当农民。”

2017 年 9 月，小王创办的点甜农场参加了上海市金山区人力资源社会保障局主办的创业之星评选活动，创业第一年就凭着过硬的技术和优质的人才队伍，一举获得“创业之星”二等奖；接着，点甜农场又获得了“创青春”中国青年创新创业大赛铜奖、海峡两岸青年创业大赛三等奖、上海市青年五四奖章等多项荣誉。

案例解析： 从以上两个案例可知，创新意识是指人们由于社会和个体生活发展的需要，引起创造新事物的观念和动机，并在创造活动中表现出的意向、愿望和设想。在日常生活中，我们要多观察、多思考，善于发现生活中的创新点。

(二) 创新意识的培养

1. 打破思维枷锁

束缚大学生思维的枷锁大致有以下五种。

(1) 从众型思维枷锁。思维从众倾向比较强烈的人，在认知事物、判断是非时，往往会附和多数人的意见，人云亦云，缺乏自己的独立思考和主见。在创新的过程中，这种容易受到外界群体言行影响的思维方式永远是滞后的，没有新意。

(2) 权威型思维枷锁。权威型思维枷锁是指思维中的权威定势。在思维领域，我们习惯于引证权威的观点，不假思考地以权威的是非为是非，这就是权威定势。

(3) 经验型思维枷锁。经验是相对稳定的东西，然而，正因为经验具有稳定性，可能导致人们过分依赖甚至崇拜经验，从而形成固定的思维模式，结果就会因循守旧，限制头脑的想象力，造成创新思维能力的下降。此外，经验也具有很大的狭隘性，它会束缚人的思维广度，使人不能正确地完成信息加工的任务，进而形成片面性的结论；而创新思维要求大学生必须拓展思路，大胆展开想象，不被以往的条条框框所束缚。

(4) 书本型思维枷锁。书本是千百年来人类经验和体悟的结晶，它为我们呈现的是系统化、理论化的知识，能够带给我们无穷多的好处。但是，由于客观实际是不停变化的，加之前人受知识条件的局限，因此，书本知识与客观实际存在一定的差距，二者并不完全吻合。倘若我们脱离实际，照搬书本知识，就会使自己局限于书本知识之内，从而束缚创新思维的发挥。

(5) 自我贬低型思维枷锁。有的人经历过一些挫折和失败，做事没有信心，总认为“我不行，我做不到”，从来不敢去尝试，形成恶性循环，没有自信而不去做，因不做而更加没有自信，最终饱受自我批判、自我贬低的折磨。因此，要想创新，任何时候都不要自贬，凡事要持乐观态度，专注自己的长处，勇敢地行动起来。只有积极改变思维和行动方式，从内心深处树立起信心，我们才能发现自己的潜力，才能更好地实现创新。

对于大学生来说，思维的枷锁就像一座监狱，只有将守旧观念丢掉，勇于冲破思维的藩篱，才能走进创新的世界。

2. 充分激发创新思维潜能

(1) 独立思考，敢于质疑。爱因斯坦说过：“提出一个问题往往比解决一个问题更重要。因为解决问题也许只是一个数学上或实验上的技能而已，而提出新的问题，却需要有创造性的想象力，而且标志着科学的真正进步。”因此，大学生不要盲目地听从他人，要勇于挑战，敢于质疑；要敢于打破对传统、权威、书本的迷信，走前人没有走过的路，创前人没有开创的新事业。

(2) 精通所学，兴趣广泛。放眼人类历史，创新绝不是无本之木、无源之水，都是在常规基础上的综合与提高。因此，唯有打牢基础知识，才有可能实现创新。因此，大学生应精通所学课程，并培养广泛的兴趣爱好，以扎实、系统的专业知识，开阔的视野和丰富的技能，促使自己“灵感乍现”。

(3) 留心观察，善于发现。在生活中，只要留心观察，就能从一些细小的地方或平常的事情中获得知识。这些知识如同粒粒沙子，经过日积月累，就能够堆成一座座沙丘，从而为创新奠定基础。历史上有不少科学家就是通过留心观察生活中一些极其普遍的现象而萌发奇想，并以其大胆的思考而改变了世界。

(4) 刨根问底，坚持不懈。生命的长河是永无止境的，人的学习也一样。大学生要实现创新，就要把“刨根问底、坚持不懈”的精神运用到学习和生活中，探究各种事物的本源及实质，不断钻研、锲而不舍，一步步地找寻正确的结果。只要拥有坚定的意志，对待事情精益求精、不懈探索，你终将实现梦想。

3. 投身社会实践

古人云：“读万卷书，行万里路。”大学生要培养创新意识、提高创新能力，就必须投身社会实践。我们不应成为书本的奴隶，而应该活学活用。不仅要精通理论，还要利用理论去改进实践。只有在实践中，才能找出“想”与“做”的差距，才能让我们的创新理念变为现实。

二、创业意识概述

（一）创业意识

创业意识是指人们从事创业活动的强大内驱动力，是创业活动中起动力作用的个性因素，是创业者素质系统的第一个子驱动系统。

创业意识包括创业意识、竞争意识、风险意识和商业意识。创新意识是创业者从事创新活动的主观意愿和态度，强烈的创业意愿是转变为创业行为的必要条件；积极、良性的竞争意识是创业者立足社会、走向市场的关键；风险是创业过程中不可避免的因素，创业者拥有科学、敏锐的风险意识有助于及时认识和应对市场拐点；企业的竞争是商业活动的竞争，创业者需要善于发现和抓住转瞬即逝的商机，采取行动，做出反应。

（二）创业意识的培养

创业意识是创业活动的最初诱因和动力，部分毕业生创业热情高涨，一毕业就走上创业的道路，但由于创业意识偏差、能力不足等多方面原因，最终未能成功。因此，培养大学生的创业意识至关重要。

1. 提高创新创业意识

很多大学生往往不重视创新创业实践，认为课本学习比社会活动更重要。实践是检验真理的唯一标准，大学生应该在老师教学的第一课堂之外，积极开辟自己的第二课堂，在课余时间思考实践问题，结合理论产生创新思维，再利用创新思维指导实践，实现“意识到实践，实践到意识，意识再到实践”往复循环的认识飞跃。

2. 参加实践活动提高素养

有了创新创业意识之后，大学生应该积极参与各类实践活动，为自己创新创业积累经验材料。有效的实践活动主要有以下四种。

（1）科研训练。在老师帮助下进行科研训练，可以充分利用大学的实验室和科研资源，引导自身对于科学前沿的认识，提高实验动手能力。

（2）学科竞赛。主动参加学校或者教育部门组织的学科相关竞赛，能极大地提高快速学习能力，并检验自身时间管理和项目安排的能力。

（3）素质教育。多参加读书会，借阅专业以外的书籍拓展自己的知识面；积极参加文艺体育活动，参加辩论或演讲比赛，锻炼口才；培养个人的兴趣爱好，例如绘画、摄影、徒步等。

（4）实习培养。积极参加校外兼职活动，锻炼职业技能，了解盈利链的整个运作过程；参与产业基地或者公司实习，在拓展社会资源的同时熟悉公司的基本运营流程。

3. 选择合适的创业实践

有了创新创业意识，广泛参与实践活动之后，学生会对自身的优势和劣势、兴趣和短板有充分认识。结合自身兴趣和能力优势，选择相关的创新创业方向。在确定创业方向之后，深入了解相关方向的理论知识，钻研相关方向的实践活动。在一个方向上积累了足够的经验后，就可以准备自己的创新创业课题了。

4. 组建创新创业团队

单打独斗在现代社会已很难获得成功，团队合作对于创新创业来说是必要的前提。

在创新创业实践的前期要找好自己在团队内的角色。团队的队长需要具备责任心、耐心，还要有可以作为全队榜样的干劲和斗志；副队长需要协调好组员之间的关系；普通组员各司其职，负责撰写报告的组员要紧跟项目进展。

5. 在项目中锻炼职业技能

大学生应该充分利用项目的机会锻炼自身能力，发展职业技能。大学生一般都是通过尝试不同的实践活动，最终确认创新创业实践的方向。在这个方向上又经过长期的理论准备和反复实践积累，给自己择业增加筹码。

第四节　审时度势——创新创业政策与环境

> 想出新办法的人在他的办法没有成功以前，人家总说他是异想天开。
>
> ——马克·吐温

学习目标

（1）了解当今社会大学生的创新创业环境；

（2）熟悉创新创业的相关政策。

一、创新创业政策

早在2011年6月，国务院综合大学生就业现状及创业发展趋势，着重强调要从创业支持与服务、创业教育与培训这些方面进一步完善和发展大学生创业政策，实现大学生创业活动的社会普及；2015年初，李克强总理提出“大众创业、万众创新”理念；2015年3月，国务院印发了《关于发展众创空间推进大众创新创业的指导意见》，指出“要以激发全社会创新创业活力为主线，以构建众创空间等创业服务平台为载体，有效整合资源，集成落实政策，完善服务模式，培育创新文化，加快形成大众创业、万众创新的生动局面”；2015年5月，国务院印发了《关于深化高等学校创新创业教育改革的实施意见》，以深化高等学校创新创业教育改革，在更大范围、更高层次、更深程度上推进大众创业、万众创新，加快发展新经济，培育发展新动能；2016年5月，国务院印发了《关于建设大众创业万众创新示范基地的实施意见》，指出为在更大范围、更高层次、更深程度上推进“大众创业、万众创新”，加快发展新经济、培育发展新动能、打造发展新引擎，建设一批“双创”示范基地、扶持一批“双创”支撑平台，重点围绕创业创新重点改革领域开展试点示范。

2017年7月，国务院印发了《关于强化实施创新驱动发展战略进一步推进大众创业万众创新深入发展的意见》，指出“大众创业、万众创新”的深入发展是实施创新驱动发展战略的重要载体；2018年9月，国务院印发《关于推动创新创业高质量发展打造“双创”升级版的意见》，提出了从八个方面打造“双创”升级版的政策措施。

2021年6月，国务院常务会议部署“十四五”时期纵深推进“大众创业、万众创新”的三方面举措，更大激发市场活力促发展、扩就业、惠民生。会议提出，培育更多充满活力、持续稳定经营的市场主体，特别是促进高校毕业生、农民工等重点群体多渠道创业就业，增强中小微企业吸纳就业能力。会议还提出，深化“放管服”改革，强化公正监管，保护中小微企业和个体工商户合法权益。下一步，市场监管部门将推出多项举措，做好对个体工商户的帮扶工作。

2020年7月，国务院印发了《关于提升大众创业万众创新示范基地带动作用进一步促改革稳就业强动能的实施意见》，指出“要深入实施创新驱动发展战略，聚焦系统集成协同高效的改革创新，聚焦更充分更高质量就业，推动我国创新创业高质量发展”。2020年9月24日，李克强总理对第五届新农民新业态创业创新大会作出重要批示，指出“农村创业创新是增加农民就业和收入、繁荣乡村产业的重要途径”“强调进一步优化农村创业创新环境，加快培育农村发展新动能，持续拓展农民就业空间和增收渠道”。2020年10月15日，李克强总理出席“全国大众创业、万众创新活动周”启动仪式，强调推动“大众创业、万众创新”向纵深发展，持续增强经济发展韧性和内生动力。

2021年10月，国务院印发了《关于进一步支持大学生创新创业的指导意见》。该《意见》指出：大学生是大众创业万众创新的主力军，支持大学生创新创业具有重要意义；要深化高校创新创业教育改革，将创新创业教育贯穿人才培养全过程，建立以创新创业为导向的新型人才培养模式；要提升大学生创新创业能力、优化大学生创新创业环境、加强大学生创新创业服务平台建设、推动落实大学生创新创业财税扶持政策、加强对大学生创新创业的金融政策支持、促进大学生创新创业成果转化、办好中国国际“互联网＋”大学生创新创业大赛、加强大学生创新创业信息服务，纵深推进“大众创业、万众创新”。

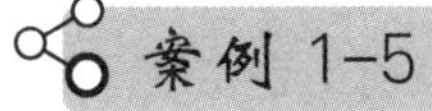

湖南：打造创新创业创造沃土

2019年3月10日，全国人民代表大会期间，习近平总书记在参加福建代表团审议时强调，“要向改革开放要动力，最大限度释放全社会创新创业创造动能，不断增强我国在世界大变局中的影响力、竞争力”。代表委员们表示，“湖南将深入实施创新驱动发展战略，在创新主体、创新资源、创新环境等方面持续用力，最大程度释放全社会创新创业创造动能，为不断增强国家在世界大变局中的影响力、竞争力做出湖南贡献”。

近年来，湖南把创新创业创造贯穿于建设发展之中，全面推进科技、产品、文化和管理创新，制定实施加快推进工业新兴优势产业链发展、加大全社会研发投入、减税降费、人才引进、科技企业孵化等系列政策，为推进高质量发展创造了良好氛围和环境。

此外，国家出台了一系列鼓励创新创业创造的政策措施，人才成长的工作生活环境不断改善；但总体而言，相关体制机制障碍仍然存在。我们必须按照习近平总书记的重要讲话精神，坚持问题导向，通过全面深化改革开放，解决各种躲不开、绕不过的重点难点问题，给创新创业创造营造更好的环境，真正激发创新创业创造的积极性，推进高质量发展。

创新的主体是企业，企业是创新的主战场。大型企业需要创新，中小企业更离不开创新。来自湖南高新技术企业的唐岳代表认为，对于中小企业的创新，需进一步为企业营造干事创业的环境，综合运用财政、税收、金融等政策，支持企业开展智能制造建设。同时，积极引导企业重视科技创新、强化科技投入，促进传统产业的转型升级。

民营经济是经济发展的重要组成部分。改革开放40年来，湖南民营经济从“星星之火”到“燎原之势”，已成为湖南经济增长的有力支撑、技术创新的重要主体、就业创业的主要领域。来自湖南民营企业的聂鹏举代表说，2019年的政府工作报告为民营企业，尤其是从事制造业的民营企业发展释放了大量“红利”，比如减税降费“大礼包”等，这都是推动民营企业发展实实在在的举措，让企业家们对未来充满了信心……

案例解析： 从以上案例中可知，企业一定要利用好国家的优惠政策，把改革的红利应用在拉动企业创新和技能人才的培训上，把更多的资源投入企业技术的研发和科技创新中。有了国家的政策支持，高新技术人才能引得进、留得住，企业的核心竞争力才能不断提升。

二、创新创业环境

（一）大学生创新创业的社会环境

习近平总书记指出，“创新是社会进步的灵魂，创业是推动经济社会发展、改善民生的重要途径。青年学生富有想象力和创造力，是创新创业的新生力量”，希望广大青年学生“在创新创业中展示才华、服务社会”。大学生创业是时代的产物，党的十八大报告强调，“鼓励多渠道多形式就业，促进创业带动就业”。

近年来，随着大学生毕业人数的不断增加，大学生的就业压力不断增大，政府出台多项政策，鼓励大学生创新创业。2021年10月国务院办公厅印发的《关于进一步支持大学生创新创业的指导意见》，提出了相关政策，如针对大学生创业失败的情况：一是落实大学生创业帮扶政策，按有关规定提供就业服务、就业援助和社会救助等；二是探索建立大学生创业风险救助机制，鼓励有条件的地方采取创业风险补贴、商业险保费补助等方式对大学生创业予以支持；三是明确“五险一金”缴纳，规定毕业后创业的大学生可按规定缴纳“五险一金”，减少大学生创业的后顾之忧。

该《意见》出台后，各地各部门支持大学生创新创业的力度正进一步加大，各部门及社会各界协同支持大学生创新创业的机制将更加完善和顺畅，高校创新创业教育改革将进一步深入推进，整个社会和家庭鼓励支持大学生创业、尊重大学生创业、宽容大学生创业失败的氛围正在形成。

（二）大学生创业的经济环境

2019 年 12 月，新冠肺炎疫情暴发，给我国经济、政治、社会各方面带来了极大的冲击，部分以中小企业为主的大学生创业者，面临着创业以来最艰难的考验。对此，国家出台多项针对性措施，以期扶持中小企业渡过难关，鼓励毕业生继续创新创业。2020 年 4 月 15 日，财政部联合人社部、中国人民银行发布通知，在原有的贷款申请条件基础上进一步降低门槛，提高额度。除此之外，通知还规定降低担保门槛，以此实行财政优惠政策，减缓疫情给中小企业带来的财政危机。2021 年 10 月出台的《国务院办公厅关于进一步支持大学生创新创业的指导意见》，针对大学生创业初期融资难问题，明确提出要加大对大学生创新创业的财税扶持和金融政策的支持力度，包括落实落细减税降费政策、做好纳税服务，强化精准支持；鼓励金融机构按照市场化、商业可持续原则对大学生创业项目提供金融服务，解决大学生创业融资难题；引导创新创业平台投资基金和社会资本参与大学生创业项目早期投资与投智等。在财税、金融等政策扶持下，大学生创新创业成果转化将有效落地。

（三）大学生创业的教育环境

创新创业教育符合素质教育，也是立德树人视域下对大学生教育提出的新要求，需要学生具备创新能力和勇于探索、勇于实践的优良精神；但目前我国高校大学生创新创业教育缺乏教学氛围，重视程度低，也没有专业教师进行创新创业指导，导致创业教育课程的开展受到阻碍。因此，提高学生创业意识，落实创新创业实践具有重要的指导意义。

高校大学生创新创业教育面临的主要问题：不具备良好的创新创业环境氛围；缺乏系统的创新创业课程体系；不具备富有经验的创新创业导师团队；大学生对创新创业认知不足。

高校大学生创新创业教育环境模式分析：建设创新创业教育环境陶冶模式，营造立德树人文化氛围；构建具有实践意义的创业课程体系；进行创新创业课堂教育，提高大学生对创新创业的认知。

本 章 小 结

自 2015 年李克强总理提出“大众创业、万众创新”理念至今，“大众创业、万众创新”已成为社会关注的热点。在高校毕业生人数的不断增加的背景下，大学生创新创业不仅缓解了大学生的就业压力，而且为社会输送了一定数量的从事技术工作的人才，是促进就业的另一种有效形式，能更大地激发市场活力，促发展、扩就业、惠民生。

如今，政府从资金、平台等方面出台多项政策，为高校毕业生的创新创业提供保障，因此有创新创业想法的大学生，应积极参与到创新创业队伍中去，不断学习，提高自己的创新能力和综合能力，为自己、为社会、为国家做出更大的贡献。

练　习

1. 创新是什么？在日常生活中，你有过创新行为吗？
2. 如何才能创新？
3. 学校门口经常出现交通堵塞，你能想到什么解决办法？
4. 什么是创业？
5. 创业过程包括哪些环节？
6. 你选择创业的动因是什么？
7. 收集政府出台的支持创新创业的新政策。
8. 熟悉主要的创新创业支撑平台。

第二章

机不可失，时不再来

——创业机会与风险

好的创业机会是成功创业的基础。当今社会，创业环境复杂多样，创业机会与创业风险并存。有的创业机会后面隐藏着不为人知的风险，而创业风险又能够成为企业转危为安的机会。大学生想要成功创业，必须积极汲取丰富的创业知识与经验，开展系统深入的市场调查分析，练就一双“火眼金睛”，准确识别适合自己的创业机会，为接下来的创业工作成功地筑起第一块“砖”。

第一节　练就一双“火眼金睛”——创业机会识别

机会来的时候像闪电一般短促，全靠你不假思索地利用。

——巴尔扎克

学习目标

（1）学习创业机会的概念，了解创业机会的主要类型；

（2）学会识别创业机会；

（3）领会创业机会对于大学生创业的重要性与必要性。

一、创业机会的概要

（一）创意

创意是一种思想、概念或想法，是否具有商业价值存在不确定性。创意作为名词是指具有创业指向，同时具有创新性甚至原创性的想法。具有价值潜力的创意具有以下几个基本特征。

(1) 新颖性。新颖性可以是新的技术和新的解决方案,可以是差异化的解决办法,也可以是更好的措施。

(2) 真实性。有价值的创意不是空想,而要具有实用价值。

(3) 价值性。价值特征是创意的根本,好的创意能给消费者带来真正的价值,能经受住市场检验。

(二) 创业机会

机会是未明确的市场需求或未使用的资源或能力。

商业机会是指有利于促进企业生产、产品开发、市场开拓、效益提高等方面的信息、条件、事件等。

创业机会是指能吸引顾客、能较为持久地有利于创业的商业机会;创业机会是具有商业价值的创意,是一种特殊的商业机会;创业机会是可以引入新产品、新服务、新原材料和新组织方式,并能以高于成本价出售的市场机会。创业机会要比一般的商业机会更具有创新性甚至创造性。

(三) 创业机会的来源

互联网时代为创业提供了更多可能性,创业机会无处不在,可概括为以下五个方面。

1. 问题

创业的根本目的是满足顾客需求。顾客需求在没有满足前就是问题。发现和体会自己及他人在需求方面的问题或生活中的难处,通过解决用户的问题来满足用户的需求,是寻找创业机会的一个重要途径。

案例 2-1

新冠肺炎疫情发生以来,防疫物资非常紧缺,口罩更是"一罩难求"。有不少人看到口罩的商机,也想从中分一杯羹。很多有商业头脑的人,都在想同一个问题:现在去办一个口罩厂,到底能不能赚钱?要投入多少钱?有没有风险?

湖南某服装厂平时有50名工人,一年的营业额不高,仅两千多万元。这几年服装行业库存量很大,市场也不景气,毛利很低。疫情暴发后,工厂也受到了影响:一是不能复工,二是没有订单,即使复工了,工人也没事可做。于是,该服装厂老板咨询了医疗行业的朋友,准备转型。他开始办理口罩生产许可证、医疗器械注册证和食品药品监督局颁发的许可证,搭建口罩生产车间,找熔喷布的供应商,采购口罩机……途中也遇到许多困难,但是他都一一克服了,最后顺利从服装产转为口罩工厂,完成第二次创业。

案例解析: 创业机会就在生活之中,要善于观察市场动向,把握时机,主动出击。

2. 变化

创业的机会大多产生于不断变化的市场环境。环境变化了，市场需求、市场结构必然发生变化。著名管理大师彼得·德鲁克将创业者定义为那些能“寻找变化，并积极反应，把它当作机会充分利用起来的人”。这种变化主要来自产业结构变动、消费结构升级、城市化加速、人们思想观念变化、政府政策变化、人口结构变化、居民收入水平提高、全球化趋势等诸方面。比如居民收入水平提高，私人轿车的拥有量会不断增加，这就会派生出汽车销售、修理、配件、清洁、装潢、二手车交易、代驾等诸多创业机会。需要善意提醒的是，转变的创新应从具体化开始，并从小规模开始。从一个小的细分市场进入，提供一个“爆款”产品，有利于对人们原有的观念形成强大的冲击，从而改变其消费习惯，快速赢得市场认可。

3. 创造发明

创造发明提供了新产品、新服务，更好地满足了顾客需求，同时也带来了创业机会。比如随着电脑的诞生，电脑维修、软件开发、电脑操作的培训、图文制作、信息服务、网上开店等创业机会随之而来。即使你不发明新的东西，也能成为销售和推广新产品的人，从而带来商机。在商界，拉尔夫·沃尔多·艾默生的一句话常被引用：“如果一个人能比他上司制作出更好的捕鼠器，那么即使他把他的房子建在林子里，全世界也会踏出一条通往他房门的路来。”

4. 竞争

如果你能弥补竞争对手的缺陷和不足，这也将成为你的创业机会。看看你周围的公司，你能比他们更快、更可靠、更便宜地提供产品或服务吗？你能做得更好吗？若能，你也许就找到了机会。

5. 新知识、新技术

基于知识和技术的创新是企业家精神的“超级巨星”，尽管它难以管理、无法预见、花费较高，需要较长的生产准备时间，但是它引人注目、令人兴奋。目前，多数组织在各种来源中依然首先强调新知识，而且在创造历史的创新中，这种创新机遇占有很重要的分量。德鲁克曾说：“对本公司和本行业影响最大的技术是本领域外的技术，颠覆性技术往往就是‘本领域外的技术’”。颠覆性技术可能在一夜之间对某个行业造成重大影响，并且没有太多的征兆。颠覆性技术也能为那些能够预见这些技术的到来并且采取行动的公司创造巨大的新机会。一项新的业务在新技术时代，几乎每一个行业的领先公司面对不连续的变化都很难保持市场领导地位，大公司往往被新的、更快速和更灵活的公司所取代。

二、创业机会的类型

创业机会来源广泛，不同的创业机会需要匹配不同的创业资源和能力，通过对创业机会的合理分类，可以指导创业者根据自身特质、资源和能力选择适合的机会着手创业。创业机会按照不同的标准可以进行不同的分类，按照来源可以分为问题型机会、趋势型机会和组合型机会三种类型。

(一) 问题型机会

问题型机会指的是由现实中存在的、未被解决的问题所导致的一类机会。问题型机会在人们的日常生活和企业实践中大量存在,比如顾客的抱怨、大量的退货、无法买到称心如意的商品、服务质量差等,在对这些问题的解决中会存在着价值或大或小的创业机会。当今时代出现了共享经济的热潮,解决短距离出行不便的共享单车,解决手机外出充电不便的共享充电宝,均是基于解决生活中的不便利和小痛点而出现的创业机会。

(二) 趋势型机会

趋势型机会是在变化中看到未来的发展方向,预测到将来的市场潜力和机会。趋势型机会一般出现在经济变革、政治变革、人口变化、社会制度变革、文化习俗变革等多个时期,一旦被人们认可,它产生的影响将是持久的,带来的利益也是巨大的。互联网的兴起像一股浪潮席卷全球各个领域,网络购物、电商经济、“互联网+”产业等都是网络趋势下兴起的产物。

(三) 组合型机会

组合型机会是将现有的两项或两项以上的技术、产品、服务等因素组合起来,实现新的用途和价值而获得的创业机会。

现实社会中大部分商业机会都是组合型机会。在校大学生可以从身边出发,通过自己创新性的思维将现有产品或服务进行整合,更好地满足市场需求,实现自己的创业梦想。

三、创业机会的识别

(一) 影响创业机会识别的因素

对于是什么因素导致一些人更善于识别出有价值的创业机会,不少学者进行过研究,下面是取得共识的四类主要因素。

1. 先前经验

在特定产业中的先前经验有助于创业者识别出商业机会,这被称为“走廊原理”。它是指创业者一旦创建企业,他就开始了一段旅程。在这段旅程中,通向创业机会的“走廊”将变得清晰可见。这个原理提供的启示:某个人一旦投身于某产业创业,这个人将比那些从产业外观察的人,更容易看到产业内的新机会。

2. 认知因素

机会识别可能是一项先天技能或一种认知过程。有些人认为,创业者有“第六感”,使他们能看到别人错过的机会。多数创业者以这种观点看待自己,认为他们比别人更“警觉”。警觉很大程度上是一种习得性的技能,在某个领域拥有更多知识的人,倾向于比其他人对该领域内的机会更警觉。

3. 社会关系网络

社会关系网络能带来承载创业机会的有价值信息。个人社会关系网络的深度和广度影响着机会识别。研究发现，社会关系网络是个体识别创业机会的主要来源，与强关系相比，弱关系更有助于个体识别创业机会。

4. 创造性

创造性是产生新奇或有用创意的过程。从某种程度上讲，机会识别是一个创造过程，是不断反复的创造性思维过程。在听到更多趣闻轶事的基础上，你会很容易看到创造性包含在许多产品、服务和业务的形成过程中。

(二) 创业机会的识别过程

机会识别过程可分为五个阶段，如图 2－1 所示。在图中，水平箭头表示创造过程的持续发展，垂直箭头表示如果在某个阶段停顿下来或者没有足够信息使识别过程继续下去，其最佳选择就是返回到准备阶段，以便在继续前进之前获得更多的知识和经验。

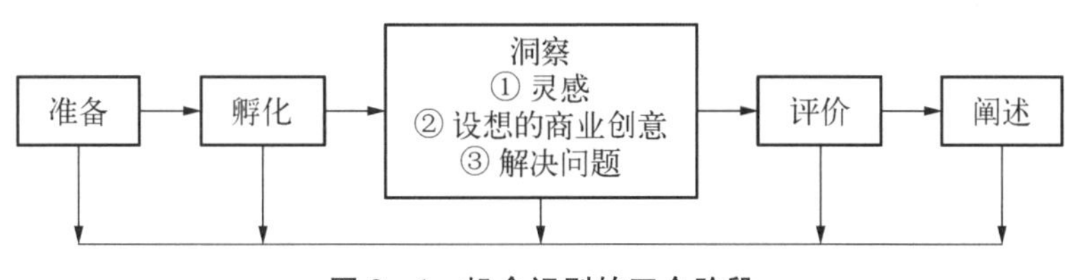

图 2－1　机会识别的五个阶段

1. 准备

准备是指创业者进入机会识别过程中时具有的背景、经验和知识。正如运动员必须练习才能变得优秀一样，创业者需要经验以识别机会。研究表明，50%～90%的初创企业创意来自个人先前的工作经验。

2. 孵化

孵化是个人仔细考虑创意或思考问题的阶段，它也是对事情进行深思熟虑的时期。有时，孵化是有意识的行为；有时，它又是无意识地出现在人们从事其他活动的过程中。

3. 洞察

洞察是识别闪现，此时问题的解决办法被发现，或创意得以产生。有时，它被称为“灵感”体验。在商务环境中，这是创业者识别出机会的时刻。有时，这种经验推动过程向前发展；有时，它促使过程返回到准备阶段。例如，创业者可能意识到机会的潜力，但认为在追求机会之前需要更多的知识和考虑。

4. 评价

评价是创造过程中仔细审查创意并分析其可行性的阶段。许多创业者错误地跳过这个阶段，他们在确定创意可行之前就去设法实现它。评价是创造过程中特别具有挑战性的阶段,因为它要求创业者对创意的可行性采取一种公正的看法。

5. 阐述

阐述是创造性创意变为最终形式的过程。细节已经构思出来,并且创意变为有价值的东西,诸如新产品、新服务或新的商业概念。对于新企业来说,这正是撰写商业计划书的时候。

图 2-2 揭示了机会识别是创业者与外部环境(机会来源)互动的过程。在这个过程中,创业者利用各种渠道和各种方式存在的差距或缺陷,找出改进或创造目的-手段关系的可能性,最终识别出可能带来新产品、新服务、新原料和新组织方式的创业机会。

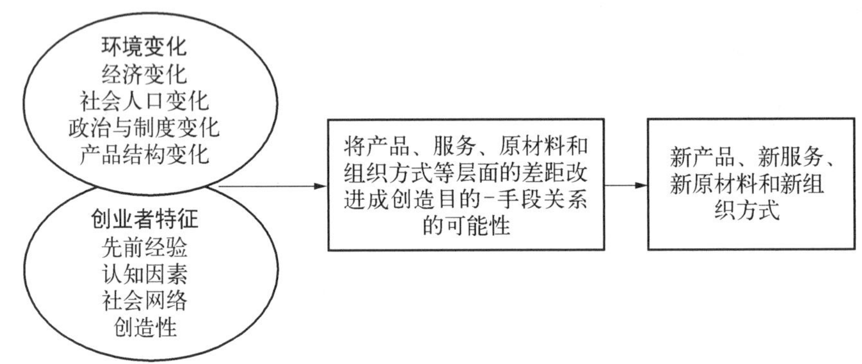

图 2-2　创业机会的识别过程

(三) 发现创业机会的方法

"工欲善其事,必先利其器。"借助一些方法,可以有效地提高创业者发现机会的能力。以下是一些行之有效的方法,创业团队可以在实践中反复应用,直到熟能生巧。

1. 焦点小组法

焦点小组法是邀请一些用户一起讨论他们在使用某类产品时遇到的烦恼或问题,并通过对可能的解决方案的探讨来激发具有突破性的新产品创意。在使用该方法时,用户负责提出问题和评价解决方案。创业者根据用户提出的问题,现场设计解决方案,现场征求用户的意见并进行改进。通过多次反复,创业者和用户可能就某个重大问题寻找到可行的解决方案,从而激发出一个具有突破性的新产品创意。

2. 头脑风暴法

头脑风暴法是邀请多名用户参加创业者的创新研讨会议,用户与创业者一起进行头脑风暴和逆向头脑风暴。头脑风暴会议规则:任何创意都是好创意,不能有任何形式的批评。逆向头脑风暴法正好相反,该方法的目的是大肆进行批评,找出错误去攻击和否定该产品的每一个创造性方法。通过这种方法,可以找到大量的缺陷和问题,包括很多未知的问题。创业者可以根据细分市场和行业对邀请的用户进行分组,分别要求用户通过逆向头脑风暴法找出某产品三个最大的问题。然后采用头脑风暴法为每个问题寻找解决办法,每个问题讨论 30 分钟。这样,通常会有很多新颖的创意浮现出来。创业者可以在用户头脑风暴会议的基础上，提炼出多个可能的新产品创意。

3. 深度访谈法

深度访谈法是洞察用户和用户未被满足的、未说出来的需求的有效方法。在访谈现场除了面对面的交流之外，还可以现场观察用户使用产品的过程。拜访用户最好是 2～3 人一组，创业团队要包括市场人员和技术人员。技术人员参加深度访谈能获得有关用户需求的一手资料，能更准确地根据用户真正的需求设计产品。现场访谈的研究必须由企业自己完成，不能外包给市场调查公司。外包的结果是你只能得到经过处理和加工的二手信息，这不再是用户原汁原味的需求。通过深度访谈能够激发出很多新颖的新产品创意。

4. 现场观察法

了解用户需求和问题的最好方法就是和用户一起体验一段时间。某医疗器械制造厂在全国各地组织了十多个市场调查小组，深入各类医院病房，实地观察医生、护士、病人和病人家属操作和使用多参数监控仪的情况，得出了 300 多条有价值的需求信息，这些需求信息与采购招标时的需求信息完全不一样。基于这些需求信息，该企业提炼出了多个与现有竞争产品差异化很大的新产品创意。

5. 领先用户法

3M 公司应用领先用户法在许多领域开发出了具有创新性的产品，包括新的医疗产品和通信产品。很多取得商业化成功的新产品创意首先是由用户想出来的，甚至原型都是由用户做出来的。这些由领先用户开发的新产品往往领先于市场潮流，甚至远远超过了普通用户的需求。由用户设计他们想要的产品，如同一款产品你使用得比较多，你是否认为你能比制造商设计得更好？大多数人都有这种自信。产品设计方面有三种理念：为用户设计、与用户一起设计、由用户设计。我们最常用的设计方法是什么呢？大多数企业是“为用户设计”。他们认为，设计是很专业的工作，用户是不知道如何设计新的产品的。实际上，企业与用户一起设计，通过用户的知识能使设计的产品更能满足用户的需求。

练习 2-1

活动：我身边的机会

1. 活动目标

寻找学校里面的商机。

2. 活动要求

(1) 活动场地：教室。

(2) 活动人员：班级同学。

(3) 活动准备：学校平面地图、小旗子、小奖品。

3. 活动内容

(1) 指定一个小组长，做好活动材料准备。

(2) 每组讨论出一个方案，主题是“我是校园新店长”。明确开什么店、为什么开这个店、店开在哪里、现在具备哪些开店条件、消费群体是谁等。

(3) 每组把自己的方案做成PPT与同学们分享，讨论开店的可行性。

4. 讨论与分享

在开店方案的撰写过程中，你有哪些思考？

第二节　心中有一杆秤——创业机会评价

要永远相信：当所有人都冲进去的时候赶紧出来，等所有人都不玩了再冲进去。

——李嘉诚

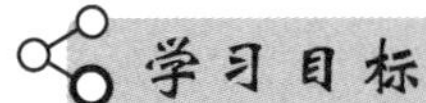

(1) 了解评价创业机会的依据；

(2) 学会评价创业机会，掌握如何选择适合自己的创业机会。

一、创业机会的创新性

创新性是指创业者在发现某个有利可图的市场机会时，主动把握机会，提供解决用户面临问题的新思路、新产品、新技术或新商业模式，与现有产品、技术或模式有差异化的创新，能为用户带来更高的效率、更低的成本或更大的价值。可以说，没有创新，就没有创业。我们通常从产品创新、技术创新与商业模式创新三个维度来评价创业机会的创新性。创业者至少要在其中一个方面具有创新性。

(一) 产品创新

以用户为导向的产品创新才是最好的创新。产品创新对一个企业极其重要，是企业生存和发展的核心。产品创新不仅能为企业创造竞争优势，还能为消费者提供多样化的选择。产品创新的定义主要有两种方式：一是根据结果来定义，即产品创新是指在最近几年内推出新产品的个数，这是一个可直接观察的变量，用新产品数量来衡量；二是根据属性来定义，即产品创新是指推出新产品的新颖程度和独特程度。这里采用第二种方式来衡量。

新颖性是指企业的这一产品与以前的产品相比，具有的全新的特征，这些新特征使得客户需要一定的时间才能学会使用。独特性是指与其他企业的产品相比，该企业的这一产品具有不一样的特征，这些特征是根据客户的具体需求而设计的。

(二) 技术创新

技术创新来源于组织的技术系统,与技术要素的使用有关,其结果是组织生产或设计出新的产品,体现为产品创新及工艺创新。技术创新可以概括为以下三种类型。

1. 颠覆性创新与渐进性创新

颠覆性创新是指某一具有颠覆原有体系的创造性技术。渐进性创新是指对现有技术的改进和完善引起的渐进性、持续性的创新。从长期来看,渐进性创新是企业成功经营的关键因素,它所产生的累积效应通常都会超过颠覆性创新。

2. 自主创新与模仿创新

自主创新是指企业通过技术学习和研究开发活动,探索技术前沿,突破技术难关,研发具有自主知识产权的技术,并主要依靠自身的力量完成技术创新的全过程,摆脱技术引进、技术模仿对外部技术的依赖,其本质就是把握创新核心环节的主动权,掌握核心技术的所有权。模仿创新是指在引进技术的基础上,通过学习、分析和借鉴进行的再创新。优势在于可以节约大量研发及市场培育费用,降低投资风险,也回避了市场成长初期的不稳定性,降低了市场开发的风险。

3. 封闭式创新与开放式创新

封闭式创新是通过建立公司实验室或研发中心进行内部研究开发,以取得技术上的领先优势,应用知识产权实施技术封闭,获得产品在市场上的垄断地位。开放式创新是在互联网思维下产生的全新创新形式,即企业通过引入外部协作者,通过企业内外创新要素和资源的整合、互动,实现内外协同创新。

案例 2-2

湖南省大学生村官周文,敏锐地捕捉到人们对绿色、健康、生态农产品需求不断增加的商机,创办了湖南文妹子现代农业科技生态园。她坚持“绿色健康、有机生态”的理念,注重科技创新,成立了以湖南农业大学教授、博士生导师曲湘勇为首席科学家,省市科技特派员、博士组成的文妹子乌骨鸡生态健康养殖技术专家工作室,目前已向国家专利局提交专利申请 2 项。生态园采用“公司+连锁基地+合作社+农户”和“统一养殖技术、统一防疫措施、统一饲料供应、统一品牌、统一销售”的产业化经营模式,与广大养殖户结成了紧密的利益共同体,所创办的祁东县绿滋源种养专业合作社,吸引了当地 117 户养殖户入社,同时成功地在全国 5 个省市发展连锁养殖基地 28 家,带动全国近 1 050 余户养殖户发展乌骨鸡产业,辐射带动农民增收 2 000 万元以上。目前公司已成为集乌骨鸡品种培育、全国连锁养殖、食疗产品开发、花卉苗木、水果种植、休闲农业于一体的综合型农业企业。

案例解析: 找准市场需求,精准出手。重视产品创新,加强企业核心竞争力。

（三）商业模式创新

商业模式创新是改变企业价值创造的基本逻辑以提升顾客价值和企业竞争力的活动。既可能包括多个商业模式构成要素的变化，也可能包括要素间关系或者动力机制的变化。商业模式创新的核心是价值创造。相对于传统的商业模式，商业模式创新有几个明显的特点。一是更注重从客户的角度，从根本上思考设计企业的行为，视角更为外向和开放，更多注重和涉及企业经济方面的因素。其出发点是如何从根本上为客户创造增加的价值。二是商业模式创新表现得更为系统和根本，它不是单一因素的变化，而是常常涉及商业模式多个要素同时变化，需要企业组织较大的战略调整，是一种集成创新。三是从绩效表现看，商业模式创新如果提供全新的产品或服务，那么它可能开创了一个全新的可赢利产业领域，即便是提供已有的产品或服务，也能给企业带来更持久的赢利能力和更大的竞争优势。

二、创业机会的成长性

创业机会的成长性是指目前尚处在市场的初级阶段，但由于自身的某些优势（如行业领先、技术垄断和管理高效等）而可能在将来激发出具有潜力和可持续发展能力、能得到高投资回报的创业机会。通常从以下三个方面来评价创业机会的成长性。

（一）市场潜力

市场潜力是指在某一特定时期和特定条件下，某一市场对某一产品的购买量的最乐观估计。影响市场潜力的两个因素，一个是产品，另一个是环境。通过这两个因素及相关因子的研究，可以让我们更好地掌握市场情况。产品因素方面可以从营销 4P（product，price，pace，promotion）来分析。

（二）进入壁垒

进入壁垒是指企业在市场竞争中，基于自身的资源与市场环境约束构建的有效针对竞争对手的“竞争门槛”，以达到维护自身在市场中优势地位的市场竞争活动。进入壁垒是影响市场结构的重要因素，是指产业内既存企业对于潜在进入企业和刚刚进入这个产业的新企业所具有的某种优势的程度。

（三）市场生命周期

市场生命周期由导入、成长、成熟及衰退四个阶段组成。

1. 导入阶段

创业者有三种选择：① 设计出能够吸引市场中小部分族群用户的产品，这样可以让小公司避免与大型竞争者直接竞争；② 在顾客或消费者有不同的偏好时，同时推广两种以上的商品来吸引市场中的多个消费群体；③ 对于资源丰富的创业型公司来说，设计出一个最能吸引市场关注的产品。

2. 成长阶段

创业者有三种策略：① 专门经营一个小用户族群的利基营销策略；② 和市场领先者直接竞争；③ 尝试同时经营市场中的多个小型用户族群。

3. 成熟阶段

创业者的竞争焦点宜放在寻找创意新产品或降低价格上，以争取市场占有率。

4. 衰退阶段

竞争者必须决定是否要进入另外一个市场，或是趁其他公司另辟战场时大举扩张市场。

创业者一般适宜在市场生命周期的导入阶段晚期和成长阶段早期进入，因为此时存在一个比较大的机会窗口。

三、创业机会的可行性

如果创业机会在创新性与成长性方面的评价得分较高，还需要分析这个机会是否适合自己来做。下面从团队匹配、资源匹配及快速迭代匹配三个方面来分析创业机会的可行性。

(一) 机会与创业团队匹配

创业过程是商业机会、创业者和资源三个要素匹配和平衡的结果。创业者要善于配置和平衡资源，理性分析和把握商机，包括对风险的认识和规避、对资源的合理利用和配置、对工作团队适应性的分析和认识。创业者必须在推进业务的过程中、在模糊和不确定的动态创业环境中，具有创造性地捕捉商机、整合资源和构建战略，要提高解决问题的能力，勤奋工作、勇于奉献。

(二) 机会与核心资源匹配

资源是创业者创业基本的、必要的物质基础，企业创建和成长的过程是一个不断整合资源并逐渐形成竞争优势的过程，因此识别创业资源对于创业者至关重要。创业资源识别指创业者根据自身资源禀赋状况，对创业企业所需资源进行分析、确认，并最终匹配其所需资源的过程。

(三) 机会与快速迭代匹配

我们正处在一个空前的全球创业兴盛时代，但无数创业公司都以失败告终。精益创业代表了一种不断形成创新的新方法，它源于“精益生产”的理念，提倡企业进行“验证性学习”，先向市场推出极简的原型产品，然后在不断地试验和学习中，以最小的成本和有效的方式验证产品是否符合用户需求，灵活调整方向。如果产品不符合市场需求，最好能“快速地失败、廉价地失败”，而不要“昂贵地失败”；如果产品被用户认可，也应该不断学习，挖掘用户需求，迭代优化产品。

埃里克将精益创业提炼为一个循环反馈：想法—开发—测量—认知—新想法。根据这种模式，我们创业的第一步就是把想法变为产品，而且这时开发的产品是精简的原型，投入最小的金钱和精力开发出体现核心价值的产品，不要在许多细枝末节上耗费过多精力。当极简功能的产品得到用户认可后，创业者需要把控局势，在不断地反馈和循环中测试产品，快速地做出调整和改变，迭代优化产品，挖掘用户需求，达到爆发式增长。新创企业必须在消耗完启动资金之前，以最小的成本、在最短的时间里找到有价值的认知。

练习 2-2

活动：我们辩一辩

1. 活动目标

提升评估创业机会的能力。

2. 活动要求

（1）活动场地：教室。

（2）活动人员：全班同学。

（3）活动准备：全班同学提供两个创业想法。

3. 活动内容

（1）全班同学分成四组，两两成对形成两个分场。

（2）辩论正方阐述创业想法的可行性，反方阐述创业想法的不可行性。

（3）正反方自由辩论。

（4）正反方总结陈词，指导老师点评。

4. 讨论与分享

如果你是正/反方，你是怎么想的？

第三节　做果敢的舵手——创业风险评估

企业发展就是要发展一批狼。狼有三大特性：一是敏锐的嗅觉；二是不屈不挠、奋不顾身的进攻精神；三是群体奋斗的意识。

——任正非

学习目标

（1）了解创业风险的概念、基本特征和风险来源；

（2）学会识别创业风险类型，有效管理创业风险，学会防范和规避创业风险；

（3）在管理与防范创业风险的过程中，提高个人成就感。

一、创业风险的概要

（一）创业风险的概念

风险就是一种和期待或希望的结果相偏离的状况，即指在某一特定环境、某一特定时段内，某种损失发生的可能性。风险由风险因素、风险事故和风险损失等要素组成。也就是说，风险是在某一个特定时段里，人们所期望达到的目标与现实出现的结果之间产生的距离。

创业风险是指在企业创业过程中存在的风险，即由于创业环境的不确定性，创业机会与创业企业的复杂性，创业者、创业团队与创业投资者的能力与实力的有限性等原因，而导致企业活动偏离预计目标的可能性。创业风险从广义的角度强调了风险表现为结果的不确定性，包括在创业过程中阶段任务指标实现的不确定性和收益多寡的不确定性；从狭义的角度强调了损失和没有收益的可能性。

（二）创业风险的基本特征

1. 客观性

创业本身就是一个识别风险和应对风险的过程。风险的出现是不以人的意志为转移的，所以创业风险是客观存在的。如同地震、台风、洪水、疫情等意外事故的发生，是不以人的意志为转移的，是独立于人的意志之外的客观现象。所以，客观性要求我们重视创业风险，并积极应对创业风险。

2. 不确定性

由于影响创业的各种因素是不断变化、难以预测的，因此造成了企业创业风险的不确定性，这是不确定性风险的本质。这种不确定性并不是只对客观事物的完全未知，人们可以通过分析以往发生的一系列类似事件的统计资料，对某种投资风险发生的频率及造成的经济损失程度作出主观上的判断，从而对可能发生的风险进行预测和测量。

3. 可变性

随着影响创业因素的变化，创业风险的大小、性质和程度也会发生变化。也就是说，风险在一定条件下是可以转化的。随着人们风险意识的增强和风险管理方法的完善，某些风险的发生频率和损失程度在一定程度上是可以控制的。某些风险在一定的空间和时间范围内会消失，而新的风险在一定的空间和时间范围内也会产生。

4. 双重性

如果能正确认识并充分利用风险，反而会使收益有很大程度的增加，这是从损益角度来说的。比如，开发一个电商项目，预计收益很大，风险也必定很大。如果形势不好，就有可能发生亏损;如果形势转为有利,收益也会大为增加,这就是损益的双重性。这种双重性告诉我们,要勇敢地去应对风险,把风险作为一种经营的机会,以获得更大的效益。

5. 相关性

创业风险与创业者的行为及决策是紧密相连的。同一事件对于不同的创业者会产生不同的风险,同一创业者由于其决策或者采用的策略不同,也会面临不同的风险结果。风险空间是由决策空间和状态空间结合而成的。状态空间是客观必然的,而决策空间是人们根据状态空间自己选择的结果。决策正确与否,直接影响人们面临的风险及其程度,因此创业风险与创业者自身的能力素质有极大的关联性。

6. 可测性

个别风险的发生是偶然的、不可预知的,但通过对大量风险事件的观察、分析与总结可以发现其规律,所以创业风险是可以被识别和预测的。

(三) 创业风险的来源

风险无处不在,但并非无缘无故地存在。创业环境的不确定性,创业机会与创业企业的复杂性,创业者、创业团队与创业投资者的能力与实力的有限性,是创业风险的根本来源。创业的过程往往是将某一构想和技术转化为具体的产品或者服务的过程,而这一过程中通常存在着几个基本的、相互联系的缺口。也就是说,在给定的宏观条件下,企业风险往往就直接来源于这些缺口。

1. 融资缺口

融资缺口存在于学术支持和商业支持之间,是研究基金和投资基金之间存在的断层。其中,研究基金通常来自个人、政府机构或公司研究机构,它既支持概念的创建,还支持概念可行性的最初证实。投资基金则将概念转化为有市场的产品原型(这种产品原型有令人满意的性能,对其生产成本有足够的了解并且能够识别其是否有足够的市场)。创业者可以证明其构想的可行性,但往往没有足够的资金实现商品化,从而给创业带来一定风险。通常,只有极少数基金愿意鼓励创业者跨越这个缺口。

2. 研究缺口

研究缺口主要存在于仅凭个人兴趣所做的研究判断和基于市场潜力的商业判断之间。当一个创业者最初证明一个特定的科学突破或技术突破可能成为商业产品基础时,他仅仅停留在自己满意的论证程度上。然而,在将预想的产品真正转化为商业化产品(大量生产的产品)的过程中,即具备有效的性能、低廉的成本和高质量的产品能在市场竞争中生存下来的过程中,需要大量复杂而且可能耗资巨大的研究工作(有时需要几年时间),从而给创业带来风险。

3. 信息和信任缺口

信息和信任缺口存在于技术专家和管理者(投资者)之间。在创业中,存在两种不同类型的人:一是技术专家;二是管理者(投资者)。这两种人接受不同的教育,对创业有不同的预期、信息来源和表达方式。技术专家知道哪些内容在科学上是有趣的、哪些内容在技术层面是可行的、哪些内容是无法实现的。在失败类案例中，技术专家要承担的风险一般表现在学术上、声誉上受到影响，并且没有金钱上的回报。管理者(投资者)通常比较了解将新产品引进市场中的程序，但涉及具体项目的技术部分时，他们不得不相信技术专家，可以说管理者(投资者)是在拿别人的钱冒险。如果技术专家和管理者(投资者)不能充分信任对方，或者不能够进行有效的交流，那么这一缺口将会变得更大，带来更大的风险。

4. 资源缺口

资源与创业者之间的关系就如同颜料和画笔与艺术家之间的关系。没有了颜料和画笔，艺术家即使有了构思也无从实现。创业也是如此，没有所需的资源，创业者将一筹莫展，创业也就无从谈起。在大多数情况下，创业者不一定、也不可能拥有所需的全部资源，这就形成了资源缺口。如果创业者没有能力弥补相应的资源缺口，要么创业无法起步，要么在创业中受制于人。

5. 管理缺口

管理缺口是指创业者并不一定是具备出色管理才能的企业家。创业者进行的创业活动主要有两种。一是创业者利用某一新技术进行创业，他可能是技术方面的专业人才，但不一定具备专业的管理才能，从而形成管理缺口。二是创业者往往有某种“奇思妙想”，可能是新的商业点子，但在战略规划上不具备出色的才能，或不擅长管理具体事务，从而形成管理缺口。

二、创业风险的分类与识别

(一) 创业风险的分类

创业风险按照不同的划分方法来看，可以分为不同的类型。按风险来源的主客观性划分，可以分为主观创业风险和客观创业风险；按创业风险的内容划分，可以分为技术风险、市场风险、政策风险、管理风险、生产风险和经济风险；按风险对创业投资的影响程度划分，可分为安全性风险、收益性风险和流动性风险；按创业过程划分，可分为机会的识别与评估风险、准备与撰写创业计划风险、确定并获取创业资源风险和初创企业管理风险；按创业与市场和技术的关系划分，可分为改良型风险、杠杆型风险、跨越型风险和激进型风险。

从风险的表现形式来看，可将创业风险分为环境与政策风险、机会选择风险、商品市场风险、资源利用风险、技术风险、人力资源风险、管理与决策风险和财务管理风险。针对各类风险，创业者只有在充分认知风险的前提下，才能更好地防范、规避与处理。

1. 环境与政策风险

环境与政策风险是指由于创业者及其创业活动所处的社会、政治、经济、法律和政策环境等变化，以及由于意外灾害导致创业者或创业企业蒙受损失的可能性。例如，战争、国际关系变化、有关国家政权更迭、政策变化、宏观经济环境发生大幅度波动或调整、法律法规的修改，或者创业相关事项得不到政府许可、合作者违反契约等给创业活动带来的风险。

环境与政策风险往往是创业者及其团队自身所不能左右和掌控的，主要是由于创业活动的外部环境与外部合作方的不确定性与变化造成的。对此，创业者应更多地关注企业的外部动向，培养敏锐的市场洞察力，做好相应的风险防范预案以应对这些风险的发生。

2. 机会选择风险

机会选择风险是指创业者由于对机会判断失误或错过机会而强行启动创业活动带来的风险。创业难，发掘利用创业机会更难。有一些人认为创业点子的产生归因于机缘凑巧，所谓“无心插柳柳成荫”。不过，研究创意的专家认为，创意只是冰山上的一角，没有平日的用心耕耘，机缘也不会如此凑巧。能有机缘巧合或第六感的直觉，主要还是因为创业者在平日洞察环境变化的敏锐观察力、逻辑分析能力和知识与阅历的积淀，能够先知先觉，提出有特色的价值主张，形成创意并推进为创业项目。发掘创业机会的做法，大致可归纳为分析矛盾现象、特殊事件、作业程序、产业与市场结构、人口统计资料的变化趋势、价值观与认知变化这六种方式。

虽然大量的创业机会可以通过系统的研究来发掘，不过，最好的点子还是来自创业者长期的观察、生活体验与深入的感悟。如果创业者过于自负或经验能力不足，就会导致判断失误，由此给后面的创业活动埋下风险的种子。

创业者能否感知到创业机会的存在，取决于他们是否能有效识别外部信息和对信息进行选择性的过滤与组合，风险倾向、成就需要、内控资源、不确定性容忍度等这些特质是其能够敏锐识别创业机会的基础；而缺少这些特质，异想天开，闭门造车，就容易导致错失机会选择。大学生创业时如果缺乏前期市场调研和论证，只是凭自己的兴趣和想象来决定创业方向，甚至仅凭一时心血来潮做决定，很有可能会碰得头破血流。

3. 商品市场风险

商品市场风险是指由于市场情况的不确定性导致创业者或创业企业损失的可能性。商品市场供给和需求的变化、市场接受创业者提供的产品与服务的时间的不确定、市场价格变化、市场战略失误等原因都会给创业活动带来一定的商品市场风险。创业者很难预先准确判断市场是否会在某个时段接受自己推出的某一新产品及消费者对产品的接受程度，对未来市场实际需求情况与创业者早期预期的差异只能持一种淡然接受的态度。

4. 资源利用风险

资源利用风险是指创业者在创业活动过程中所面对的发现资源、整合资源、开发资源和利用资源过程中的不确定性。创业者的创业活动离不开内外部的资源支持，“巧妇难为无米之炊”，没有内外部的资源支撑，创业活动也将难以为继。资源不仅仅在于拥有，更要通过创业者的能力发挥作用，形成核心竞争力，推动企业的发展。资源包括了支持企业关键业务的核心资源和与企业构成利益关联的合作网络资源。如果资源状况不能支持创业活动如期开展，很可能会造成企业的业务链或资金链断裂，从而延缓或终止创业进程。

在大多数情况下，创业者不一定也不可能拥有所需的全部资源，这就形成了资源缺口。

如果创业者没有能力弥补相应的资源缺口，要么创业无法起步，要么在创业中受制于人。企业创建、市场开拓、产品推介等工作都需要调动社会资源，大学生在这方面会感到非常吃力，建议平时多参加各种社会实践活动，扩大自己人际交往的范围。此外，创业前可以先到相关行业领域工作一段时间，通过这个平台，为自己日后的创业积累人脉。

5. 技术风险

技术风险是指由于技术方面的因素及其变化的不确定性而导致创业进程延误或创业失败的可能性。技术路径选择的不确定性、技术研发成功的不确定性、技术前景与技术寿命的不确定性、技术效果的不确定性、技术成果转化的不确定性以及关联技术的不确定性等，都会带来技术风险。核心技术作为初创企业的核心竞争力，往往具有一定的创新性。技术创新能否成功受到诸多因素的影响，同时也存在着技术创新的价值有待市场验证的风险。

6. 人力资源风险

人力资源风险是指由于创业者、创业团队及其员工等因素对创业活动的开展产生不良影响或未能实现创业既定阶段目标而产生的风险。创业者自身的素质和能力有限、创业团队成员的知识和技能水平有限、管理过程中用人不当、关键员工离职、未能获取优质人力资源等因素是人力资源风险的主要表现。在知识密集型产业和创意产业中，人力资源至关重要；而在劳动密集型产业中，人力资源更是举足轻重。

同时，还应看到创业者、创业团队及其员工因思想意识差异而产生的风险，这是创业团队最内在的风险。这种风险来自无形，却有强大的毁灭力。风险性较大的意识有投机心态、侥幸心理、尝试心态、过分依赖他人、回本心理等。

7. 管理与决策风险

管理与决策风险是指创业者及创业团队在创业过程中因信息不对称、管理措施不力、经营判断失误、决策失当、团队文化消极等因素影响创业项目正常推进，甚至无法实现既定目标而产生的风险。管理与决策风险主要体现在缺乏管理规划、管理不规范、决策随意或决策依据不充分、决策流程不合理、团队执行能力差、团队价值观不统一、组织文化缺失、缺乏诚信与责任意识等方面。

8. 财务管理风险

财务管理风险是指创业者和创业团队由于资金、资产经营管理失当而产生的风险。财务管理风险主要体现在对创业所需要资金估计不足、资金预算不科学、资金使用随意、成本控制不紧、成本结构不合理、营收管理缺乏、未能及时筹措创业资金、融资不当、现金流管理不力等方面，往往集中体现为资金链断裂，进而导致创业项目难以继续运行。

其中，资金风险在创业初期会一直伴随创业者左右。是否有足够的资金创办企业是创业者遇到的第一个问题。企业创办起来后，就必须考虑是否有足够的资金支持企业的日常运作。对于初创企业来说，连续几个月入不敷出或者因为其他原因导致企业的现金流中断，都会给初创企业带来极大的威胁。相当多的企业会在创办初期因资金紧缺而严重影响业务的拓展，甚至错失商机而不得不关门大吉。

另外，没有广阔的融资渠道，创业计划就是一纸空谈。除了银行贷款、自筹资金、民间借贷等传统方式外，还可以充分利用风险投资、创业基金等融资渠道。

案例 2-3

湖南和一集团创建于 1991 年，是湖南省涉及酒店业、房地产业、旅游业等领域的跨行业集团公司。经过多年发展，旗下有 6 家子公司、34 家孙公司，形成了庞大的和一集团公司体系，“和一酒店连锁”品牌为省内知名品牌。

然而，因盲目扩张，同时运营多个项目，现金流不足以支持企业高速发展。2016 年 5 月，和一集团资金链断裂，爆发严重债务危机，旗下子、孙公司亦受影响，经营管理陷入全面瘫痪。旗下酒店被迫停业、地产项目被迫停工，大批员工因欠薪罢工离职，大批债权人通过起诉、闹事、曝光等各种途径讨债维权，有效资产纷纷被查封、冻结。公司债权人某百货公司等相继向人民法院申请和一实业、和一置业破产清算。

（节选自《潇湘晨报》2019 年 12 月 20 日，记者周凌如，通讯员邱阳雨生，有删减）

案例分析：企业发展需张弛有度，正确认识企业资金、能力范围，制订科学合理的发展规划，这样才能降低企业风险。

（二）创业风险的识别

创业风险识别就是创业者逐渐认识到自己在哪方面面临风险的过程。创业风险识别技术实际上就是如何收集在创业过程中有关风险源、危害、风险因素以及危险和损失暴露等方面的信息。风险的识别可以分为风险筛选、风险监测和风险诊断三个步骤。

第一步，风险筛选。风险筛选是将一些具有潜在风险的内容进行分类选择，内容包括公司的产品管理过程、事件现象和人员等。

第二步，风险监测。风险监测是指在风险出现后，也有可能是风险出现前，对产生或可能产生风险的内容进行观测、记录和分析的过程。

第三步，风险诊断。风险诊断是对风险及损失的前兆、风险的后果以及产生风险的各种原因进行评价与判断，找出问题的主要原因，并进行仔细检查的过程。

如何识别创业风险，对于创业者而言十分重要。常用的创业风险识别的方法有以下四种。

（1）头脑风暴法。“头脑风暴法”又称“集体思考法”，它是用专家的创造性思维来索取未来信息的一种直观预测和识别的方法。头脑风暴法一般在一个专家小组内进行，以“宏观智能结构”为基础，通过专家会议发挥专家的创造性思维来获取未来信息。

（2）德尔菲法。“德尔菲法”又称“专家调查法”，它是依靠专家的直观能力对风险进行识别的方法。用德菲尔法进行项目风险识别的过程是由项目风险小组选定与该项目有关的领域和专家，并与这些适当数量的专家建立直接的函询联系，通过函询收集专家意见，然后加以综合整理，再匿名反馈给各位专家，再次征询意见。

（3）情景分析法。情景分析法是根据发展趋势的多样性，通过对系统内外相关问题的系统分析，设计出多种可能的未来前景，用类似于撰写电影剧本的手法，以系统发展态势做出自始至终的情景和画面的描述的方法。

（4）环境扫描法。环境扫描法是对一个复杂的信息系统进行分析的方法。它通过收集和整理企业内部和外部的各种事件、趋势的信息，了解和掌握创业所处的内外部环境的变化，辨别企业所面临的创新风险和机遇，为预警和控制系统提供科学的信息和数据。

（三）创业风险的管理

在对风险进行评估后，如何管理风险显得尤为重要。风险管理的对象是风险；风险管理的主体是人或组织；风险管理的目标是以最小的成本收获最大的安全保障。风险管理要考虑风险的成本效应、影响效果、可控性和必要性等诸多方面。在管理风险时，可以采取规避风险、接收风险、降低风险和分担风险来进行。

1. 规避风险

规避风险就是绕开风险。比如，通过公司政策来阻止一些高风险的经营活动和交易行为；确定业务发展和市场扩张目标时，避免去尝试追求战略以外的机会；通过从已经占有的市场撤退，或者处理出售某个产品组合和业务来规避风险等。

2. 接收风险

接收风险就是承认风险，同时也不采取行动，任其产生和造成影响。此类风险可能造成的影响不太大，或可控，考虑风险控制成本因素也可以不加以控制。

3. 降低风险

降低风险是指利用相关手段或措施将风险降低到可接受的程度。例如，将资产分散放置；借助内部管理和外部公关，将不良事件发生的可能性降低到可接受的程度。

4. 分担风险

企业可以通过恰当的手段和方式将风险分配给风险参与者，这就是风险分担。例如，信托公司作为受托管理资产的金融机构就可以分担企业风险。实行风险分担时要分析和评估风险，确定风险种类与危害程度，将风险分担以合同条款的形式固定下来。

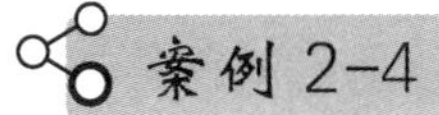

一家成立6年的地方国企，为何能超越“爱优腾”

作为体制内的传媒机构，芒果TV天然没有互联网基因。2014年，湖南卫视将旗下的“金鹰网”整合升级为芒果TV，并作为移动互联网平台上线。与当下的“互联网＋”模式不同，芒果TV是“＋互联网”的产物，即在媒体、电视台式微的情况下，想借互联网实现突围。此时，在电视端，江苏卫视、东方卫视、浙江卫视都有王牌节目，对其形成了挑战；在网络端，在线视频平台正开启行业洗牌，兼并、扩张中诞生了后来稳坐第一梯队的“爱优腾”。芒果TV想要冲出重围，面对着“旧”与“新”的夹击。

互联网和传统商业之间的鸿沟，在于用户与产品上的思维方式差异。芒果TV想要从“＋互联网”转向“互联网＋”，就必须打破视频平台先烧钱亏损、再积攒用户的“常识”，转变为按需打造内容的用户思维，并在内容、管理、生态上祭出“三板斧”。首先，内容方面强化自制，反向输出。自制真人秀节目《明星大侦探》《我家那闺女》《密室大逃脱》《乘风破浪的姐姐》。2016年，网络综艺播放量前十中，芒果TV自制节目占据4档；2017年，网络综艺播放量超10亿次的节目共16档，其中芒果TV自制的占5档。其次，管理方面与时俱进，突破体制。伴随芒果TV驶入互联网快车道，体制内的人才流失也成为常态。《天天向上》制片人张一蓓、《爸爸去哪儿》制片人谢涤葵、《我是歌手》制片人都艳、《快乐女声》制片人龙丹妮等核心骨干，都相继离开了湖南卫视。2017年，芒果TV决意进行大刀阔斧的改革，从广电传统复杂的层级架构转向互联网公司的扁平架构，建立以主创人员为核心的制作团队，提高了制片人的话语权，不再像传统广电系统里一样进行复杂的层级汇报，由此激发了各个工作室和内容生产团队的积极性、创造性。最后，生态方面高度协同，形成闭环。2018年，芒果TV打包注入快乐购，并更名为“芒果超媒”，成为A股第一家国有控股的视频上市公司。在芒果超媒旗下，有多家不同业务的子公司，除了核心产品芒果TV外，还有内容制作平台芒果影视、芒果互娱、芒果娱乐，艺人经纪平台天娱传媒，并在芒果系统内部形成高度协同。不论背靠BAT的爱优腾是否认可，都不得不承认，经过短短4年的追赶，芒果TV已经咬住了他们的尾巴，稳坐第二梯队的头把交椅。拥有打造强大IP的能力，坐拥芒果系的生态优势和湖南卫视的独家资源，更有“独一份”的盈利方式，芒果超媒在下半场战争中挤进第一梯队，或许只是时间问题。

（节选自微信公众号“华商韬略”，作者阿芸，有删改）

案例解析：面对竞争与风险，必须要树立创新理念，加强产品的优化与升级，关注内部，提高自身的核心竞争力。

（四）创业风险的防范

1. 外部环境风险防范

企业外部环境风险的客观性迫使创业者必须在内部建立一套应对环境风险的预警管理系统，以监测与评估外部环境对企业的影响，明确企业面临或可能面临的不利环境因素，建立防范企业外部环境风险的有效机制，使企业处于一个安全的环境之中。企业外部环境预警管理系统由预警分析与预控对策两大任务构成。

(1) 预警分析的活动内容。预警分析是对企业外部环境风险的识别、分析与评估，并由此作出提示的管理活动，包括监测、识别、诊断三个阶段。

(2) 预控对策的活动内容。预控对策是根据预警分析的活动结果，及时矫正与控制企业内部的管理活动，采取有效的管理措施来应对外部环境的变化。预控对策的活动目的是实现对各种不利外部环境变化的早期预防与控制，包括组织准备、日常监控、危机管理三个活动阶段。

对于大学生创业而言，在创业之前必须要先对创业环境进行仔细分析。首先，要了解金融工具和政策方面的支持，如所在城市是否有对大学生创业提供应用支持的会计师事务所，或者有税收优惠政策，以及对提高大学生创业知识的培训与教育资源。从事制造业的，还应该留意政府采购项目和科研成果，然后对目标市场的开放程度和进入难度进行考察，初步把握市场竞争的情况。其次，要大概了解当地的基础设施，如土地、交通、网络、法律服务机构的分布和使用情况。最后，要确保所创的企业符合当地社会文化和经济发展趋势。

2. 筹资风险防范

筹资风险也是创业企业面临的主要风险之一。在金融市场变动加剧的环境下，筹资风险及其管理越来越被人们所重视，而如何度量筹资风险的问题也成为研究的焦点。一般的度量指标有财务杠杆系数法和负债经营效用系数法两种方法。

(1) 财务杠杆系数法。“企业财务杠杆”也称“融资杠杆”，是指企业筹资中债务资本的杠杆作用。其杠杆作用形成的原因是在长期资金总额不变的条件下，企业从营业利润中支付的债务成本是固定的。在企业资本结构一定、债务利息不变的条件下，随着息税前利润的增长，企业税后利润将以更快的速度增加，给企业所有者带来更大的财务杠杆利益。同理，由于负债融资的作用，当息税前利润下降时，税后利润下降得更快，从而可能引起企业财务风险。

(2) 负债经营效用系数法。负债经营效用系数是指企业者创办企业的股权资本利润率与其经营效率之比，若生产经营状况良好，获利能力强，现金流入的前景看好，则筹资风险较小；反之，则筹资风险较大。

由于投资风险的复杂性，在分析防范风险时，必须利用定量分析、评价等方法进行综合考虑。

3. 经营管理风险防范

(1) 市场风险防范。市场风险是导致创业企业失败的最主要因素之一。对于创业者创办的企业来说，由于市场本身的不确定性，开拓产品市场是一项具有挑战性的事业。具体应该从加强营销队伍建设、缩短市场接受时间，强化市场战略、培养企业竞争力，以市场为导向，完成“产、销”预算等方面入手进行。

(2) 技术风险防范。技术风险防范是指决策者对技术风险进行识别、预测，并采取有效措施进行回避、转移、削减的行为。对技术研究开发的风险进行防范，是提高创业成功率，减少风险损失的重要方法。

一是风险回避，即企业避开高风险的开发项目，或者避开高技术开发中的某些高风险因素。通过变更项目计划，从而消除风险或消除风险产生的条件，或者保护项目目标免受风险的影响。

二是风险转移，即企业把高技术开发的风险进行分解和分散，让更多的主体来承担风险，使本企业所承担的风险相对减少。也即设法将某风险的结果和对风险应对的权利转移给第三方，譬如外包、参加保险等。

三是风险消减，即企业在技术开发过程中，对所遇到的既不可回避又不可控制的风险因素，应尽量设法减少其带来的损失，也就是化解风险，设法将某一负面风险事件的概率及其后果降低到可以承受的限度。

(3) 财务风险防范。创业者应该建立一套比较有效的财务预警机制，运用财务安全指标来预测企业财务危机，并不断调整自身，达到摆脱财务困境的目标。常用财务分析方法有“资金周转表”分析法、“量本利”分析法等。

(4) 管理风险防范。为了更好地降低企业成长过程中的内部管理风险，提高成功率，企业有必要形成健全的管理制度以及管理的运行机制。管理风险防范可以从建立创新激励机制、建立人才储备机制、建立法人治理结构三方面入手。

(五) 大学生规避创业风险的方法

1. 谨慎选择创业项目，注重个人创新能力的提升

创业早期，大学生创业者必须根据自己的技术专长和已知的市场需求等现实条件筛选合适的创业项目。有效的前期市场调研是项目确定的必要环节。根据调研报告，以市场的实际需求进行综合评估与分析。一般来说，技术含量高、自主知识产权明确的项目是首选项目，大学生创业者切忌盲目跟风。

2. 合理运作自由资金，完善财务管理制度

科学的资金预算和合理的资金管理方法及手段是有效规避资金运作不良、资金流中断等问题的关键所在。大学生创业者应在合理合法的前提下寻找和利用一切可能获取的融资渠道，并充分利用政府和金融机构的融资政策和相关支持政策等获得政府的资金支援。

3. 科学管理企业团队，建立监督检查机制

科学的决策和完善的监督奖惩机制能使企业持久保持活力，企业应当树立和凝练一套适合自身发展的管理理念，建立一套健全的管理方法。企业可聘请专职人员建立一套健全的规章制度，不能仅由一人既掌握企业决策又行使企业管理权，避免企业在大方向上出现失误。

4. 提高自我竞争优势，先发抢占市场先机

生存竞争是自然界和人类社会的普遍规律，技术优势在市场竞争中占主导地位。掌握主动权的往往是率先研发新技术、开发新产品的一方，在市场竞争中毫无疑问会占据绝对优势。

5. 准确掌握市场动向，主动开发衍生产品

大学生在创业初期最易出现盲目跟风的现象，反而忽视开发相应衍生产品。一旦市场发生波动，出现主打产品滞销，在没有新产品推出的情况下，企业的生存与发展将会面临巨

大风险。所以,创业者应利用已掌握的相关先进技术,开发并改进产品,使产品具有极高的市场竞争优势,让企业向着多元化发展。

6. 详细了解方针政策,完善问题应急措施

“天有不测风云,人有旦夕祸福。”自然灾害具有不可抵抗性和不可预见性,法律法规的变动也具有不可抵抗性,成长中的企业更应随时关注这些环境因素的变化。企业必须重视这类环境风险的评估分析和预测,设立针对突发事件的应急预案以及详细的预防和应对措施,能够针对政策的变动及时调整企业的战略方针,同时保持企业发展规划的一致性。也可通过参加意外保险的方式,将企业的损失降到最低。

本章小结

创业机会是指能吸引顾客、能较为持久地有利于创业的商业机会。创业机会是可以引入新产品、新服务、新原材料和新组织方式,并能以高于成本价出售的情况。创业机会来源广泛,主要有问题型机会、趋势型机会、组合型机会等类型。对于来源广泛的创业机会,要学会评估其创新性、成长性以及可行性,以此选择与自己能力适配的创业机会。

风险就是一种和期待或希望的结果相偏离的状况,即指某一特定环境下,在某一特定时段内,某种损失发生的可能性。创业风险就是指在企业创业过程中存在的风险,具有客观性、不确定性、可变性、双重性、相关性、可测性等特征。创业风险有环境与政策风险、机会选择风险、商品市场风险、资源利用风险、技术风险、人力资源风险、管理与决策风险、财务管理风险等。大学生想要成功创业,必须正确识别创业风险,合理有效地管理、防范创业风险。

讨 论

1. 大学生创业的优势与不足主要体现在哪些方面?
2. 面对复杂多变的创业环境和各种创业风险,什么才是“定海神针”?
3. 在创业中,大学生应如何借力化风险为机会?

第三章
继往开来，别具匠心
——创新思维与方法

创新要具备一定的创新思维和创新能力，掌握一定的创新方法。创新思维是一切创新活动的开始，是创新活动的灵魂和核心；创新方法是提高创新活动成功率的重要保障，是创新活动最重要的方法论指导；加强创新思维的训练，能够推动创新活动不断前进，是促进创新活动具有生机和活力的源泉。

本章主要通过对创新思维的理解、创新思维的障碍、常见的创新方式，以及创新思维的训练等内容模块来帮助学生更好地实现创新活动。

第一节 推陈出新——创新思维及其特征

想象力比知识更重要，因为知识是有限的，而想象力概括着世界上的一切并推动着进步，想象才是知识进化的源泉。

——爱因斯坦

学习目标

(1) 理解创新思维的概念；

(2) 把握创新思维的特征；

(3) 熟悉创新思维的模式。

一、创新思维的概念

思维，是联系主观世界和客观世界的桥梁，是哲学中最重要的研究对象，它又叫作思想、意识、观念，是人类最本质的特征。思维最初是人脑借助于语言对事物的概括和间接的反应过程，以感知为基础又超越感知的界限。通常意义上的思维，涉及所有的认知或智力活动。它探索与发现事物的内部本质联系和规律性，是认识过程的高级阶段。

创新思维，是创新的基本条件。广义的创新思维是指以新颖的、独创的、前所未有的方法解决问题的思维过程，是突破常规思维界定，用独特、超前甚至反常规的方法和视角，在前人理论和实践基础上寻找超越的思想活动方法，通过提出与众不同的解决方案，最终得到符合社会发展规律、为社会创造价值的思维成果。狭义的创新思维是指用独特新颖的思维方式，对已有知识进行更新、改组、重建，创造出新的思维成果的过程。

创新思维的本质在于用新的角度、新的思考方式来解决现有问题。典型的创新思维形式有逆向思维、横向思维、求同思维、发散思维、迂回思维、换位思维、逻辑思维等。本章第三节会重点进行分析解读。

二、创新思维的模式

任何创新思维的出现，都是围绕解决某一问题而产生的。问题是思维的起点，创新思维和问题解决密不可分，最终都以获得一定的思维成果而结束研究。

(一) 创设问题情境

问题情境的创设，对于创新思维的产生至关重要。它意味着人在学习、生活中遇到了难以解决的、以目前存在的方式无法解决的问题，需要通过一定的创新思维来解决。在这一过程中，创新思维通过分析问题情景，研究探讨其中的关系和联系。

(二) 提出具体问题

提出具体问题，是创新思维产生的必要条件。在第一步创设问题情境时，已经摸清楚问题的基本形状以及需要解决的内容。通过提出具体问题，确定问题的存在，进一步探讨问题的实质，并用精练的语言概括出来，也就是问题是什么。

(三) 发散思维

发散思维，是指从一个具体问题出发，突破原有的研究范围和知识圈，打破传统解决问题的办法，通过不同途径和方法，重组知识结构和认知范畴，产生新的内容，使问题得到解决的思维方法。通常，在确认问题存在以后，发散思维将体现出人的思维的广阔性和开阔性，使事物产生新的性质(可能一直藏于事物中而未被人们发现)，最终得到意想不到的结果。例如，“一举多得”“举一反三”“一物多用”等都是发散思维的具体表现形式。

(四) 收敛思维

收敛思维，又称“聚合思维”“求同思维”“辐集思维”或“集中思维”，特点是以某个思考对象为中心，尽可能运用已有的经验和知识，将各种信息重新进行组织，从不同的方面和角度，将思维集中指向这个中心点，使思维条理化、简明化、逻辑化、规律化，从而达到解决问题的目的。收敛思维与发散思维，如同“一个钱币的两面”，是对立的统一，具有互补性，不可偏废。收敛思维与发散思维的比较如表 3-1 所示。

表 3-1　收敛思维与发散思维的比较

收　敛　思　维	发　散　思　维
垂直思维、逻辑思维、金字塔思维、结构化思维、大石头思维	水平思维、流水思维、创意思维、平行思维、六帽思维
垂直，纵向	水平，横向
一维	多维
收敛	发散
关注“是什么”	关注“可能成为什么”
批判式思考	建设性思考
原因分析	创意思考
亡羊补牢	未雨绸缪
产生非此即彼的观点	相互冲突的观点被兼容
导致判断、质疑、争论	聆听、理解、设计和创造

（五）形成最终策略

通过以上几个步骤，最终得出促进问题解决的策略，指导实践研究。需要注意的是，要根据实践内容分析组织，用最恰当的思维方式解决问题。

三、创新思维的特征

要好好地了解和掌握创新思维，应当首先对创新思维的特征有一定的认识和把握。创新思维的特征主要体现在以下几个方面。

（一）创新思维表达的新颖独创性

创新思维从表达上来看，以“新”“独”“创”为特点，打破以往的思维定式，另辟蹊径，做到标新立异，推陈出新。它有着“前无古人”的独到之处，能让人们从“司空见惯”和“完美无缺”中打破常规，提出新的想法和创见，实现新的突破，在一定范围内和领域中有首创性和开拓性。创新思维要探索的是尚未取得认识或者研究的新事物，要解决的是实践中出现的新问题、新发现，从而为人们的实践活动提供新思路、开辟新领域。

（二）创新思维特征的求同存异性

创新思维是多种思维的运用。同样的问题，不同的人有不同的见解，既要在分析问题的过程中发现事物的共同点，也要找出不同点，以获得新的创新点。实践是在不断的发展中趋于完善的，创新思维的显著特点是求创新，因此，既要敢于质疑，提出新的见解，又要善于选取前人智慧宝库中的精华，通过巧妙结合，形成新的成果，不拘泥于固定的思维模式和方法。

（三）创新思维效果的综合整体性

善于运用创新思维，将被研究的问题的各方面、不同部分、相异属性进行概括和整理，把握事物的本质和规律，撇开偏见和个人喜恶，不要急于下定论，用辩证的创新思维去研究。研究结果表明，大脑能力越强的人，他的思维的综合整体性越全面。创新思维既要有“智慧杂交能力”，又要有“思维统摄能力”，还要有“辩证分析能力”，准确把握事物的本质，概括出事物发展的规律。

（四）创新思维结构的开放灵活性

创新思维是一种开放的、灵活多变的思维活动，常常伴随“想象”“灵感”等非常规性的思维活动产生，具有极大的随机性和灵活性。它无论从空间上，还是从时空上，都具有广阔性和开放性，其知识结构、方法结构、观念意识结构与传统思维相比较，更具开放灵活性。传统思维与创新思维的比较如表 3-2 所示。

表 3-2 传统思维与创新思维的比较

	传统思维	创新思维
知识结构	知识有用论与无用论并存	知识有用论
方法结构	在已有方法基础上难以突破	敢于创新求索
观念意识结构	质疑提出疑问的对象	质疑所有，包括自身

（五）创新思维进程的跨越联想性

在进行新问题的研究时，问题的“可见度”是很低的，要善于运用创新思维的跨越联想性，将各种事物串联在一起，构建虚拟界域，大跨度直指问题的本质。“由此及彼”“触类旁通”、直觉、灵感、顿悟等，都是创新思维中跨越联想性特征的结果。

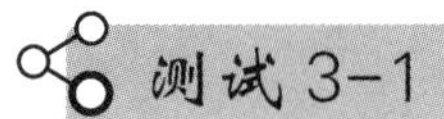

测测你的创新思维能力

以下 20 道题目，请根据自身情况作出“是”或“否”的回答。

(1) 你评价资料的标准,首先是看它的来历,而不是它的内容。

(2) 你对新事物容易产生好奇感,并喜欢研究探索,追求结果。

(3) 那些没有报酬的工作,你从来就不想做。

(4) 你在工作中,即使遇到困难和挫折,也会坚持到底。

(5) 你很难做自寻烦恼的事情。

(6) 你在遇到问题或难题时,会积极地从多方面探索问题的可解决性,不轻易动摇意志力。

(7) 你认为按部就班、循序渐进是解决问题最好的办法。

(8) 你总觉得自己是有潜力的,只是还没有被开发出来。

(9) 你不认为灵感能揭开成功的序幕。

(10) 你宁愿单枪匹马,也不愿很多人搅在一起。

(11) 你所关心的重点是"是什么",而不是"为什么"。

(12) 你的兴趣在于不断提出新的建议,而不在于说服别人去接受这些建议。

(13) 你不能从别人的成就中发现问题、吸取经验教训。

(14) 你对工作充满热情,当一项工作完成以后还能保留兴趣感。

(15) 你宁愿放弃自己的观点,也要维护他人的面子。

(16) 即使是非常熟悉的事物,你也会经常用新的角度去看待它。

(17) 你特别关注别人对自己的看法。

(18) 你聚精会神工作时,常常废寝忘食。

(19) 你不善于和别人沟通交流,习惯性接受他人的建议。

(20) 遇到问题你善于探讨它的多方面性,不拘泥于一条路走到底。

说明:单号题答"是"得 0 分,答"否"得 2 分;双号题答"是"得 2 分,答"否"得 0 分。14 分及以下说明你的创新思维能力弱,属于循规蹈矩的人,做人有板有眼,一丝不苟。16~26 分说明你的创新思维能力一般,经常在创新和遵守习惯方面寻找平衡。28~40 分说明你的创新思维能力强,对创新有一定的追求。

练习 3-1

活用发散思维,培养创新思维能力。

(1) 关系发散:人物自画像——说说你是谁。

(2) 用途发散:说出杯子的功能用途,至少 10 种。

(3) 结构发散:说出三角形的事物或现象。

(4) 功能发散:说出能够达到照明目的的物品或现象。

(5) 组合发散:将镜子和其他物品组合,达到不一样的效果。

(6) 因果发散:说说参加学校的学生会或者社团组织给你带来的新变化。

讨论 3-1

1. 具有创新思维的人，都有什么特征？
2. 说出几项改变了人们生活方式的重大创新发明。

第二节　举一反三——常见的创新方法

做出重大发明创造的年轻人，大多是敢于向千年不变的戒规、定律挑战的人，他们做出了大师们认为不可能的事情来，让世人大吃一惊。

——费尔马

学习目标

（1）理解创新方法的概念；
（2）掌握常见的创新方法的运用。

一、创新方法的概念

创新方法，又叫作创新技法，是通过创造思维发展规律总结出来的原理、技巧和方法，用于指导实践获得成功。

一个人只有创新的潜力和意识，没有创新的办法，创新就只能停留在计划阶段，无法付诸行动。创新方法，可以启迪人们的智力，开发创新思维的广度和深度，培养和提高人们的创新能力和创造力，促进创新成果的实现和转化。

二、常见的创新方法

目前，据不完全统计，已经被人们运用的创新方法有 300 余种，本书主要介绍几种常见的创新方法。

（一）头脑风暴法

1. 头脑风暴法的概念

头脑风暴法，又称“智力激励法”“自由思考法”，是世上最早付诸实践的创新方法。它由美国创造学家亚历克斯·奥斯本于 1939 年首先提出，1953 年正式发表。该方法的显著特征是发挥集体智慧，集思广益，目的在于产生新的观念或激发创新念想。

2. 头脑风暴法的训练

头脑风暴法的训练步骤如表 3 - 3 所示。

表 3 - 3　头脑风暴法的训练步骤

阶　　段	步　　　　骤	注 意 事 项
准备阶段	(1) 确定会议主题	做好会前准备是头脑风暴法成功的关键
	(2) 确定与会人员人数	
	(3) 明确会议时间和地点	
	(4) 准备好会议材料	
	(5) 布置好会议场所	
头脑风暴阶段	(1) 主持人介绍会议主题及相关问题	以探讨求索为主要目的,不要进行评价
	(2) 与会人员畅所欲言发表意见(一人一言轮流表达)	
	(3) 记录人员做好会议记录	
	(4) 结束会议	
选择评价阶段	(1) 整理意见与想法,根据相关标准筛选有效信息整理成方案	对选出来的方案进行评价
	(2) 经过对比讨论,择优选出最佳方案并进行评价	

3. 头脑风暴法应遵守的基本原则

(1) 自由畅想原则。创造一种自由、活跃的气氛,激发参加者提出各种想法,各抒己见,使与会者思想放松,这是头脑风暴法的关键。

(2) 庭外判决原则(延迟评判原则)。认真对待任何一种设想和提议,先不管其是否适当和真正可行,对各种意见、方案的评判延迟到最后阶段进行,不要提前对别人的意见提出批评和评价。

(3) 以量求质原则。尽可能多地提意见,从中产生更多的好意见,这是获得高质量创造性设想的条件。

(4) 综合改善原则。把握取长补短和改进的尺度,除了自己要提意见,也要鼓励参加者提出自己的意见和看法,并对他人已经提出的设想进行补充、改进和综合,这是头脑风暴法能否成功的标准。

(5) 标新立异原则。突出求异创新,鼓励大胆求异、积极创新,创设一种创新氛围,这是头脑风暴法的宗旨。

(6) 限时限人原则。要设立一个相对稳定的空间,规范会议的时间、参与人数和主题,适当给予一定的思维压力,提高头脑风暴的爆发力,使之获得较高的成功率。

4. 头脑风暴法的优缺点

头脑风暴法是一种最为常见、能够激发群体创造力的方法,能够行之有效、快速简单地得到结果。但是,在实施过程中,往往也是最容易失败和放弃的,以至于让大众认为这个方法已经过时了。

(1) 优点。头脑风暴法极易操作实行,能够有效地解决实际问题;每位参与者的思维都得到了开发与创新,培养了参与者的归纳总结能力;集中了集体的智慧与力量,达到了创新启发的目的。

(2) 缺点。头脑风暴法实施的成本(时间、费用等)很高;主题目标不明确,会影响最终结果;要求参与者有较好的素质,否则容易陷入"群体思考"的怪圈,思维得不到创新和拓展;由权威者或者领导者引领主题,无法激发其他参与者的积极性和创新性;过早进行评判,不能得到新颖有效的方案。

(二) 奥斯本检核表法

1. 奥斯本检核表法的概念

奥斯本检核表法是由头脑风暴法的创始人奥斯本提出来的一种带有假设性的创新方法。当人们要去完成一个既定的、复杂的目标时,习惯性提前做准备,如罗列清单以方便核对,避免遗漏。同样地,在进行创新活动时,也需要围绕要解决的问题或特点列出表格,用逐一提问的方式进行创新设想。奥斯本检核表法能够收集相关疑问,开阔思路,启迪智慧,促使人们产生新的创新设想,获得新的方法。

2. 奥斯本检核表法的优缺点

运用奥斯本检核表法时,要注意几个问题。一是要和具体的知识经验相结合。奥斯本只是提示了思考的一般角度和思路,思路的发展还要依赖人们的具体思考。二是要结合改进对象(方案或产品)来进行思考。三是可以自行设计大量的问题,提出的问题越新颖,得到的主意越有创意。

(1) 优点。奥斯本检核表法的优点很突出,它使思考问题的角度具体化了,是一种具有较强启发创新思维的方法;奥斯本检核表法提供了创新活动最基本的思路,可以使创新者尽快集中精力,朝提示的目标方向去构想、去创造、创新;奥斯本检核表法使人们突破了不愿提问或不善提问的心理障碍,在进行逐项检核时,强迫人们扩展思维,突破旧的思维框架,开拓创新的思路,有利于提高发现创新的成功率。

(2) 缺点。奥斯本检核表法是改进型的创意产生方法,必须先选定一个有待改进的对象,然后在此基础上设法加以改进。它不是原创型的创新方法,但有时候也能够产生原创型的创意,产生大量的原始思路和原始创意,它对人们的发散思维有很大的启发作用。

3. 奥斯本检核表法的实施过程

(1) 实施步骤。① 确定创新对象要解决的实际问题;② 参照表中列出的问题,强制性地一个个核对、讨论,写出新设想;③ 对新设想进行筛选,将最有价值和创新性的设想筛选出来。

(2) 注意事项。① 结合实际逐条进行检核,不要有遗漏;② 多次检核,更准确地选择出所需创新、发明的内容;③ 在检核每项内容时,要尽可能地发挥自己的想象力和联想力,产生更多的创造性设想;进行检索思考时,可以将每大类问题作为一种单独的创新方法来运用。④ 检核方式可多样化,一人检核可以,三至八人共同检核或更多人集体检核也可以,人多更能互相激励,产生头脑风暴,更有希望创新。

奥斯本检核表如表 3-4 所示。

表 3-4 奥斯本检核表

检核项目	含义
能否他用	现有的东西(如发明、材料、方法等)有无其他用途?保持原状不变能否扩大用途?稍加改变,有无别的用途?
能否借用	能否从别处得到启发?能否借用别处的经验或发明?外界有无相似的想法,能否借鉴?过去有无类似的东西,有什么东西可供模仿?谁的东西可供模仿?现有的发明能否引入其他的创造性设想之中?
能否改变	现有的东西是否可以做某些改变?改变一下会怎么样?可否改变一下形状、颜色、音响、味道?是否能改变一下意义、型号、模具、运动形式?……改变之后,效果又将如何?
能否扩大	现有的东西能否扩大使用范围?能不能增加一些东西?能否添加部件,拉长时间,增加长度,提高强度,延长使用寿命,提高价值,加快转速?……
能否缩小	缩小一些怎么样?现在的东西能否缩小体积,减轻重量,降低高度,压缩、变薄?……能否省略,能否进一步细分?……
能否替代	可否由别的东西代替,由别人代替?用别的材料、零件代替,用别的方法、工艺代替,用别的能源代替?可否选取其他地点?
能否调整	从调换的角度思考问题。能否更换一下先后顺序?可否调换元件、部件?是否可用其他型号,可否改成另一种安排方式?原因与结果能否对换位置?能否变换一下日程?……更换一下会怎么样?
能否颠倒	从相反方向思考问题,通过对比也能成为萌发想象的宝贵源泉,可以启发人的思路。倒过来会怎么样?上下是否可以倒过来?左右、前后是否可以对换位置?里外可否倒换?正反是否可以倒换?可否用否定代替肯定?……
能否组合	从综合的角度分析问题。组合起来怎么样?能否装配成一个系统?能否把目的进行组合?能否将各种想法进行综合?能否把各种部件进行组合?

(三) TRIZ 理论(发明问题解决理论)

1. TRIZ 理论的概念

TRIZ 理论,又名“发明问题解决理论”,是苏联发明家根里奇·阿奇舒勒(G. S. Altshuller)在 1946 年提出创立的。中文名译为“萃取智慧”“萃取思考”,是基于知识的、面向人的发明问题解决系统化方法学。实践证明,TRIZ 理论的强大作用正在于它为人们创造性地发现问题和解决问题提供了系统的理论和方法工具,通过 TRIZ 理论,可以加快人们创造发明的进程,得到高质量的创新产品。

2. 现代 TRIZ 理论体系

现代 TRIZ 理论体系具有以下特点:

（1）创新思维方法与问题分析方法。TRIZ 理论中提供了如何系统分析问题的科学方法，如多屏幕法等；而对于复杂问题的分析，则包含了科学的问题分析建模方法，即物场分析法，它可以帮助快速确认核心问题，发现根本矛盾所在。

（2）技术系统进化法则。针对技术系统进化演变规律，在大量专利分析的基础上，TRIZ 理论总结提炼出八个基本进化法则。利用这些进化法则，可以分析确认当前产品的技术状态，并预测未来发展趋势，开发富有竞争力的新产品。

（3）技术矛盾解决原理。不同的发明创造往往遵循共同的规律。TRIZ 理论将这些共同的规律归纳成 40 个创新原理，针对具体的技术矛盾，可以基于这些创新原理，结合工程实际，寻求具体的解决方案。

（4）创新问题标准解法。针对具体问题的物-场模型的不同特征，分别对应有标准的模型处理方法，包括模型的修整、转换，物质与场的添加等。

（5）发明问题解决算法。主要针对问题情境复杂、矛盾及其相关部件不明确的技术系统。它是一个对初始问题进行一系列变形及再定义等非计算性的逻辑过程，实现对问题的逐步深入分析，问题转化，直至问题的解决。

（6）基于物理、化学、几何学等工程学原理而构建的知识库。基于物理、化学、几何学等领域的数百万项发明专利的分析结果而构建的知识库可以为技术创新提供丰富的方案来源。

3. 现代 TRIZ 理论的核心思想

首先，无论是一个简单产品还是复杂的技术系统，其核心技术的发展都遵循着客观的规律发展演变，即具有客观的进化规律和模式。

其次，各种技术难题、冲突和矛盾的不断解决是推动这种进化过程的动力。

再次，技术系统发展的理想状态是用尽量少的资源实现尽量多的功能。

4. 现代 TRIZ 理论的优势

相对于传统的创新方法，TRIZ 理论能够成功地揭示创造发明的内在规律和原理，着力于澄清和强调系统中存在的矛盾，其目标是完全解决矛盾，获得最终的理想解，而不是采取折中或者妥协的做法。而且，它是基于技术的发展演化规律研究整个设计与开发过程，而不再是随机的行为。

TRIZ 理论可大大加快人们创造发明的进程，得到高质量的创新产品，能够帮助人们系统地分析问题情境，快速发现问题本质或者矛盾，准确确定问题探索方向，突破思维障碍，打破思维定式，以新的视觉分析问题，进行系统思维，能根据技术进化规律预测未来发展趋势，帮助我们开发富有竞争力的新产品。

（四）5W2H 分析法

1. 5W2H 分析法的概念

5W2H 分析法，又叫“七问分析法”，美国陆军最早提出并使用了此方法。其典型特征是简单、方便，易于理解、使用，富有启发意义。目前广泛用于企业管理和技术活动中，对于决策和执行性的活动措施也非常有帮助，也有助于弥补考虑问题的疏漏。

2. 5W2H 分析法的具体内容

发明者用五个以“W”开头的英语单词和两个以“H”开头的英语单词进行设问，发现解决问题的线索，寻找发明思路，进行设计构思，从而搞出新的发明项目，这就叫作 5W2H 法。

(1) WHAT——是什么？目的是什么？做什么工作？

(2) WHY——为什么要做？可不可以不做？有没有替代方案？

(3) WHO——谁？由谁来做？

(4) WHEN——何时？什么时间做？什么时机最适宜？

(5) WHERE——何处？在哪里做？

(6) HOW——怎么做？如何提高效率？如何实施？方法是什么？

(7) HOW MUCH——多少？做到什么程度？数量如何？质量水平如何？费用产出如何？

3. 5W2H 分析法的优势

5W2H 分析法的优势在于：如果现行的做法或产品经过七个问题的审核已无懈可击，便可认为这一做法或产品可取。如果七个问题中有一个答复不能令人满意，则表示这方面有改进余地。如果哪方面的答复有独创的优点，则可以扩大产品这方面的效用。新产品已经克服原产品的缺点，扩大原产品独特优点的效用。具体而言，表现在以下四个方面：

(1) 可以准确界定、清晰表述问题，提高工作效率。

(2) 有效掌控事件的本质，完全地抓住了事件的主骨架，把事件打回原形思考。

(3) 简单、方便，易于理解、使用，富有启发意义。

(4) 有助于思路的条理化，杜绝盲目性；有助于全面思考问题，从而避免在流程设计中遗漏项目。

5W2H 分析法偏向于调查研究和思考问题，有固定的提问模式和技巧，提问题要严格把关问题回答的正确性和真实性，否则将会影响最终的结果导致失败。

5W2H 分析法的内容如表 3-5 所示。

表 3-5　5W2H 分析法

提问项目	提问内容	情况说明	改进措施
WHAT(做什么)	是什么？目的是什么？做什么工作？		
WHY(为什么)	为什么要做？可不可以不做？有没有替代方案？		
WHO(何人)	谁？由谁来做？		
WHEN(何时)	何时？什么时间做？什么时机最适宜？		
WHERE(何地)	何处？在哪里做？		
HOW(怎样)	怎么做？如何提高效率？如何实施？方法是什么？		
HOW MUCH(多少)	多少？做到什么程度？数量如何？质量水平如何？费用产出如何？		

（五）综摄法

1. 综摄法的概念

综摄法，又称类比思考法、类比创新法、比拟法、分合法、集思法、群辨法、强行结合法、科学创造法，是由美国麻省理工学院教授威廉·戈登（W. J. Gordon）于 1944 年提出的一种利用外部事物启发思考、开发创造潜力的方法。它以外部事物或已有的发明成果为媒介，将毫无关联且不同的知识和要素结合起来，综合利用激发出灵感，发挥潜在的创造力和想象力来发明新事物或解决问题。

2. 综摄法的思考原则

运用综摄法进行创造性思考时，要摆脱旧框框的束缚，通过类比探讨，得到"变熟悉为陌生"和"变陌生为熟悉"的两个过程。

（1）异质同化（变陌生为熟悉）。在发明没有成功前或问题没有解决前，他们对我们来说都是陌生的，异质同化就是要求我们在碰到一个完全陌生的事物或问题时，要用所具有的全部经验、知识来分析、比较，并根据这些结果，做出很容易处理或很老练的态势，然后再用合适的方法，达到解决问题的目的。

（2）同质异化（变熟悉为陌生）。所谓同质异化就是指对某些早已熟悉的事物，根据人们的需要，从新的角度或运用新知识进行观察和研究，以摆脱陈旧固定的看法的桎梏，产生出新的创造构想，即将熟悉的事物化成陌生的事物看待。

3. 综摄法的实施步骤

综摄法的实施步骤如图 3－1 所示。

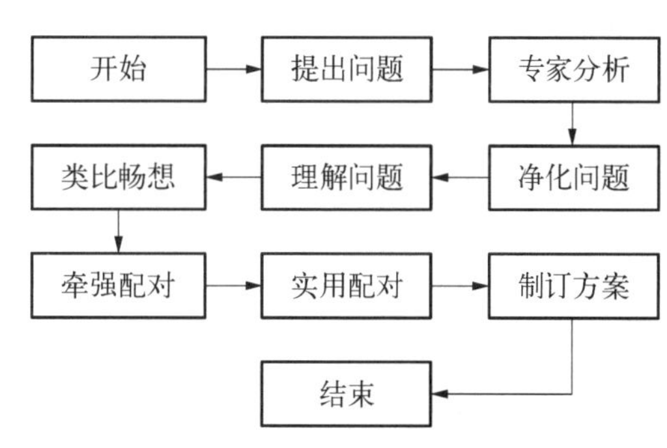

图 3－1　综摄法的实施步骤

（六）和田十二法

1. 和田十二法的概念

和田十二法，又叫"和田创新法则""十二种聪明办法"，是我国学者许立言、张福奎在奥斯本检核表法基础上，借用其基本原理，加以创造而提出的一种思维技法。它既是对奥斯本检核表法的一种继承，又是一种大胆的创新，并且比奥斯本检核表法更通俗易懂，简便易行，也更具有推广性和适用性，适合不同文化程度的人学习推广。比如，其中的"联一联""定一定"等，就是一种新发展。

2. 和田十二法的具体内容

（1）加一加：加高、加厚、加多、组合等。

（2）减一减：减轻、减少、省略等。

（3）扩一扩：放大、扩大，提高功效等。

（4）变一变：改变形状、颜色、气味、音响、次序等。

(5) 改一改：改缺点，改不便、不足之处。

(6) 缩一缩：压缩、缩小、微型化。

(7) 联一联：原因和结果有何联系，把某些东西联系起来。

(8) 学一学：模仿形状、结构、方法，学习先进。

(9) 代一代：用别的材料代替，用别的方法代替。

(10) 搬一搬：移作他用。

(11) 反一反：能否颠倒一下。

(12) 定一定：定个界限、标准，能提高工作效率。

3. 和田十二法的训练办法

(1) 基本步骤。① 对现有事物按照十二个"一"的顺序进行思考；② 及时做好创意设想记录；③ 做好新思想的补充。

(2) 注意事项。① 要注意抓住一个或几个重要启示进行深入研究，寻找创新点；② 对好的、有创新的设想做详细记录；③ 注意综合运用十二种方法，一对一、点对点进行深度思考。

(七) 六顶思考帽法

1. 六顶思考帽法的概念

六顶思考帽法，是"创新思维学之父"爱德华·德·博诺(Edward de Bono)博士开发的一种思维训练模式，或者说是一个全面思考问题的模型。它提供了"平行思维"的工具，避免将时间浪费在互相争执上，强调的是"能够成为什么"，而非"本身是什么"，是寻求一条向前发展的路，而不是争论谁对谁错。运用德博诺的六顶思考帽法，将会使混乱的思考变得更清晰，使团体中无意义的争论变成集思广益的创造，使每个人变得富有创造性。

2. 六顶思考帽法的基本思维模式

六顶思考帽，是指用六种不同颜色的帽子代表六种不同的思维模式。任何人都有能力使用以下六种基本思维模式，见表 3-6。

表 3-6　六顶思考帽法的基本思维模式

思考帽类别	代表内容	思维模式
折叠白色思考帽	中立而客观	关注客观的事实和数据
折叠绿色思考帽	创造力和想象力	具有创造性思考、头脑风暴、求异思维等功能
折叠黄色思考帽	价值与肯定	从正面考虑问题，表达乐观的、满怀希望的、建设性的观点
折叠黑色思考帽	否定、怀疑、质疑的看法	合乎逻辑地进行批判，尽情发表负面的意见，找出逻辑上的错误
折叠红色思考帽	情感的色彩	表现自己的情绪，表达直觉、感受、预感等方面的看法
折叠蓝色思考帽	控制和调节思维过程	负责控制各种思考帽的使用顺序，规划和管理整个思考过程，并负责做出结论

3. 六顶思考帽法的优势

(1) 能够提出建设性的意见或观点。

(2) 从不同角度思考同一问题，从而创造高能有效的解决方案。

(3) 用“平行思维”取代批判式思维和垂直思维。

(4) 提高团队成员集思广益的能力。

4. 六顶思考帽法的应用步骤

(1) 陈述问题（白帽）。

(2) 提出解决问题的方案（绿帽）。

(3) 评估该方案的优点（黄帽）。

(4) 列举该方案的缺点（黑帽）。

(5) 对该方案进行直觉判断（红帽）。

(6) 总结陈述，做出决策（蓝帽）。

练习 3-2

1. 以小组为单位，每组选择一种创新方法进行创新实践，并上台展示创新方法的运用过程。

2. 阅读《流程创新：100 种实用创新方法和案例分析》（作者：什洛莫・迈特尔，2018 年机械工业出版社出版），掌握并运用其中的方法来实施创新。

讨论 3-2

运用以下几种创新方法，思考解决方案。

(1) 头脑风暴法——如何改善校园环境卫生。

(2) 奥斯本检核表——讨论跨境电商的创新思路。

(3) “5W2H”分析法——思考大学生养成教育的实施策略。

(4) 六顶思考帽法——举办一场大学生迎新晚会。

(5) TRIZ 理论——讨论华为、淘宝、京东等发展大事记。

(6) 和田十二法——讨论手机的发展历史。

(7) 综摄法——为学校扩招献计献策。

第三节　躬身实践——创新思维的训练

> 对于创新来说，方法就是新的世界，最重要的不是知识，而是思路。
>
> ——郎加明

学习目标

(1) 了解创新思维障碍的产生；
(2) 辨别创新思维障碍的类型；
(3) 把握创新思维的训练。

一、创新思维障碍的产生

人们在解决日常的学习、生活和工作问题时，会通过问题的解决，获得一定的经验教训，形成相对稳定的、定型化的思维模式、方法、思路和思维规律，在大脑中留下深刻的印象，一旦遇到同类型问题，能迅速做出反应，久而久之便形成思维定式。

思维定式既有积极意义，也有消极意义。从学习迁移的角度来讲，新旧问题之间有必然的联系，问题是能否得到成功解决，解决问题的效率如何，很大程度上取决于解决问题的过程中迁移作用的知识、经验、方式的多少、高低、好坏，形成正迁移(积极的促进作用)和负迁移(消极的阻碍作用)。

思维障碍就是在思维定式作用下的负迁移中产生的，必定会对创新思维形成阻碍作用，不利于我们创造性地解决问题。我们要进行创新思维的训练，必须突破创新思维障碍。

二、创新思维障碍的类型

创新并不复杂，但是为什么大部分人做不到呢？一项对20～50岁年龄段的成年人进行的创新能力测试发现，只有5%左右的人合格；对5～20岁年龄段的人进行同样的测试，发现大部分的人都是合格的，而且年龄越小，创造能力越强。这说明每个人都是具备创新能力的，而且随着年龄的增长，创新能力受到其他因素的影响会越来越弱。可见，思维定式对人们的影响是非常大的。我们必须要从经验定式、书本定式、权威定式中走出来，才能开出创新思维之花，收获创新思维的果实。下面介绍几种常见的思维障碍。

(一)“依葫芦画瓢”经验型

经验型思维障碍是生活中常见的一种思维定式。小到日常生活，大到规章制度，人们不自觉地习惯于用已有的思维方式去思考问题。在许多场合，经验具有相对稳定性，是前人不断研究探索的结果，有助于帮助人们更快地解决问题，少走弯路，进行创新。同时，也要认识到经验的局限性，不要过度拘泥于经验、依赖经验，以免禁锢了创新的思想和方法。

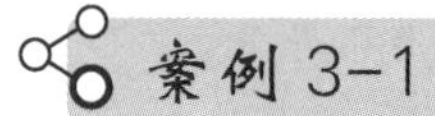

卖草帽的老人

从前，有一个卖草帽的人，每一天他都很努力地卖帽子。有一天，他卖得很累，刚好旁边有一棵大树,他就把帽子放在树下,坐在树下打起盹来。等他醒来的时候,发现身旁的帽子都不见了。抬头一看,树上有很多猴子,每个猴子的头上都有一顶草帽。

他很惊慌,因为如果帽子丢了,他无法养家活口。突然,他想到猴子很爱模仿别人,他就试着举起左手,果然猴子也跟他举起左手;他拍拍手,猴子也拍拍手。

他心想:“机会来了!”于是赶紧把头上的帽子拿下来丢在地上。

猴子也纷纷将帽子丢在地上,卖帽子的高高兴兴地捡起帽子回家去了。

回家之后,他将今天发生的这件奇特的事告诉他的儿子和孙子。

多年后,卖草帽的孙子继承了家业。有一天,在他卖草帽的途中,也跟爷爷一样在大树下睡着,帽子被猴子拿走了。于是,孙子想到爷爷曾经告诉他的方法。他举起左手,猴子也举起左手;他拍拍手,猴子也跟着拍拍手。果然,爷爷说的话很有用,最后,他脱下帽子丢在地上。可是,奇怪了,猴子竟然没有跟着他做,还瞪着他看!很快,猴王出现了,把他丢在地上的帽子也拿了过来。猴王对卖草帽的孙子说:“你以为只有你有爷爷吗?”

案例解析: 时代在进步,人的思维也要与时俱进,“如法炮制”不一定能够促进发展。想要克服经验型创新思维障碍,必须改变思维方式和行为习惯,拓宽眼界,持怀疑态度,不要被经验的框框,框住了前进的步伐。

(二)“盲目崇拜”权威型

权威,是对权力的一种无条件盲从和服从。在思维领域,人们习惯于“引经据典”来佐证观点的正确性。久而久之,不敢怀疑权威,不敢越权,这极度不利于创新思维的发展。“纸上得来终觉浅,绝知此事要躬行。”权威也会有被经验和知识限制的时候,不惧权威,突破权威,有可能获得意想不到的结果,反而更有利于成功。

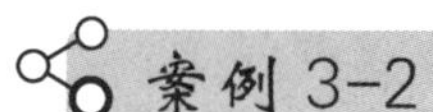

袁隆平与他的杂交水稻

1953 年,袁隆平从西南农学院毕业,被分配到湖南湘西雪峰山麓的湖南省安江农校教书。最初,他研究红薯、西红柿的育种栽培。就是在这里,袁隆平看到有人饿死在路边,意识到只有水稻才是农民的救命粮。为了让人民不再挨饿,他挑战权威,发现了水稻的雄性不孕性。

1960 年,发生了全国性的大饥荒,袁隆平和他的学生们也同样面临着饥饿的威胁。一天中午,走出校门,他远远地看到马路边围了一堆人,走近一看,路边横躺着两具骨瘦如柴的尸体,围观的人脸上都满是忧伤。袁隆平目睹了严酷的现实,感到了“饿殍”两个字的刺痛。他深切地体会到什么叫“民以食为天”,他觉得自己应该也必须做点什么。

当时,米丘林、李森科的“无性杂交”学说——无性杂交可以改良品种,创造新品种——

这一传统论断垄断着科学界。袁隆平继续做了许多试验，依然没有任何头绪。他开始怀疑“无性杂交”的一贯正确性，决定改变方向，沿着当时被批判的孟德尔、摩尔根遗传基因和染色体学说进行探索，研究水稻杂交。而在当时，作为自花授粉的水稻被认为根本没有杂交优势。“别人都讲我是‘鬼五十七’（长沙方言，意为不务正业），我也不理。”从此，他义无反顾地选定了杂交水稻这个科研课题。

1960 年 7 月，盛夏的一天，在安江农校实习农场的早稻田中，袁隆平像往常一样下课后挽起裤腿到稻田查看。突然，他发现了一株植株高大、颗粒饱满的水稻“鹤立鸡群”。他如获至宝，马上用布条加以标记，反复观察，并采集花药进行镜检。

第二年，他把收获的种子种下去，结果长出的水稻高的高、矮的矮。“当时我非常失望地坐在田埂上……突然灵感来了，水稻是自花授粉的，不会出现性状分离，所以这一定是个天然杂交种！”

袁隆平马上想到，把雌雄同蕊的水稻雄花人工去除，授以另一个品种的花粉，就能得到有杂交优势的种子了！但单凭人力不可能大量生产这样的种子，如果专门培育一种雄花退化的水稻，将其和其他的品种混种在一起，用竹竿一赶花粉就落在雌花上了，就能大量生产杂交稻种了！

想到这里，袁隆平欣喜若狂，也更加充满信心。接下来几年的夏天，水稻扬花吐穗的时候，他都拿着放大镜，顶着烈日在田间苦苦寻觅。1964 年 7 月 5 日，他在安江农校实习农场的洞庭早籼稻田中找到一株奇异的“天然雄性不育株”，这是国内首次发现。经人工授粉，结出了数百粒第一代雄性不育材料的种子。

1965 年 7 月，又在安江农校附近稻田的南特号、早粳 4 号、胜利籼等品种中，逐穗检查 14 000 多个稻穗，连同上年发现的不育株，共计找到 6 株。经过连续两年的春播与秋收，共有 4 株繁殖了 1～2 代。

1966 年 2 月 28 日，袁隆平发表第一篇论文《水稻的雄性不孕性》，刊登在中国科学院主编的《科学通报》半月刊第 17 卷第 4 期上。这是他关于杂交水稻的第一篇论文，直击禁区。

案例解析：科技创新既需要仁者的胸怀、智者的头脑，更需要勇者的胆识、智者的坚韧。要尊重权威，但不迷信权威。我们就是要敢想敢做能坚持，相信自己能够依靠科技的力量和自己的本事自主创新，做科技创新的领跑人，这样才会取得成功。

（三）“一板一眼”直线型

用直线型思维去解决问题是大部分人的惯用做法。前人的经验教训、具有权威的理论，生搬硬套，不善于从侧面、反面或迂回地去思考问题。

在现实生活中，直线型思维的人经常会吃亏。在学习上，一旦遇到复杂的难以解决的难题，习惯性类比同类型的问题，寻求解决办法；在对待社会问题、历史问题等方面，习惯于死记硬背，不会灵活处理；在生活上，喜欢用“一就是一、二就是二”的简单处理方式。如果不破除直线型思维的思考方式和实践方法，即使有经验，有权威验证，也难免陷入思维的误区。

(四)“全盘接受”书本型

丰富而广博的知识是进行创新的重要基础。对于大部分人来说，其所接受到的教育，都来自书本知识，这些知识都凝聚着无数人智慧的结晶和实践的成果，具有一定的科学性和真理性，能够指导人们进行正常的学习、生活和工作。然而，从创新的角度来说，一个人通过书本接收的知识越多，思维就越容易受到限制和束缚。我们要从书本上认识到理论与实践的差距，要通过书本知识学会反思和创新，活学活用，勇于跳出书本型创新思维障碍的限制，突破自我。

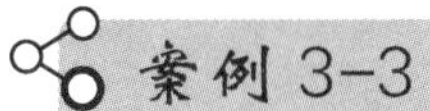

纸上谈兵

赵括是战国时期赵国名将赵奢之子。他从小就学习兵法。他曾与父亲赵奢谈论军事，赵奢挑不出他的毛病，但也不曾夸赞他。赵括的母亲问赵奢其中缘故，赵奢说：“战争是关乎生死存亡的大事，赵括却把它说得很简单。赵国不用赵括为将还好，如果用他为将，必使赵军遭受危难。”

公元前 260 年，秦国与赵国在长平激战，双方总计出动兵力超过百万。赵军首战失利，主将廉颇下令固守。廉颇深知赵军实力偏弱，不可与秦军硬拼，他依托有利地形，命令士兵固守营垒，以消磨秦军的锐气，然后伺机反攻。

秦、赵两军在长平僵持了好几个月，赵国渐渐难以负担大军的粮草费用，赵孝成王迫切希望速战速决。赵孝成王认为廉颇坚守不出是因为胆怯，几次命令他主动出击。秦国得知此事，就派人到赵国散播谣言，声称秦军最怕赵括，如果赵括统领赵军，秦军一定不能抵挡。赵孝成王信以为真，立即撤了廉颇，命赵括接领所有职权。

廉颇一走，赵括便照着他从兵书上学到的兵法干了起来。他不看当时的实际情况，便照着兵书上说的去做。他先是把廉颇所筑的星状营垒合并成一个大营，随后又颁布了这样一条军令：“秦兵若来，要奋勇当先，猛打紧追，不胜不回。回者，斩!”赵括刚刚布完兵，秦将王龁便带着三千人马前来叫战。赵括出万人迎战。敌寡我众，一回合不到，秦军便大败，望风而逃了。旗开得胜，赵括高兴得手舞足蹈，赶紧写信把捷报传回了邯郸。赵王听闻也非常高兴，觉得用赵括为将果然没错。这边赵括欣喜之余，又派人到秦营去下战书，结果王龁不但不来迎战，反而退军十数里。“秦军是怕我了。”赵括得意地想。于是命令军吏宰牛杀羊，犒劳军上，并传令：“来日大战，一定要先擒王，显一显我们赵军的威风!”

然而，赵括哪里知道，此时此刻，他已身处秦军的天罗地网之中。为了歼击秦军，赵括天刚微明就整军出发，才西行五里路，就碰到了秦军。霎时间，战鼓雷鸣，两军交战。秦军先派了两员大将出战，这边赵括也派了两将迎战。才一照面，秦将就败走了。赵括乘胜追击，追了十余里后，来到一座秦营跟前。赵括传令猛攻秦营，但连攻数日，秦军坚守，牢不可破。赵括就让人催调后军，想再来一次硬攻。但是这时，他接到消息说后军已被秦将引兵冲散，不能前来。与此同时，这边秦营中冲出许多秦军大喊着把赵括团团围住了，并大呼道："赵括你中了我白起将军的计了，还不赶快投降！"一听"白起"二字，赵括不禁心中一惊，赵括既无粮草，又无救兵，腹背受困，四十五万赵军在坚持了三个月后终于全军覆没，赵括本人也在战乱之中被乱箭射死。

赵王接到消息后痛悔不已。他本想治赵括全家的罪，但因赵父有言在先，便没有再追究了。赵国经此一役，国力日渐衰落，后终于被秦国吞并。

案例解析："尽信书，则不如无书。"脱离实际，照搬书本，必然困于书本知识中，束缚创新思维的发展。

（五）"人云亦云"从众型

从众心理，是现实生活中大部分人的状态。具体表现为在认知能力、个人行为和判断力上服从大部分人的选择。思维从众比较强烈的人，在认知事物、判断是非时，往往以附和他人意见为主要做法，缺乏独立思考的个性。真理的获得是极其艰难的，这也决定了追求创新的人们要冲破从众心理，学会独立思考，具有批判和创新精神，勇于突破从众型创新思维障碍。

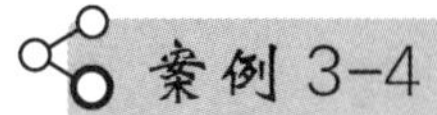

新乌鸦喝水的故事

人们从小就知道乌鸦喝水的故事，讲的是乌鸦为了喝到瓶子里的水，用嘴把衔到的小石子放到瓶子里，使没装满水的瓶子里的水位得到提升，喝到了水。大家都夸乌鸦聪明。

几年后，老乌鸦的后代三只小乌鸦之间进行了一场新乌鸦喝水竞赛。

第一只小乌鸦得到了老乌鸦的嫡传，采用被大家公认为好的办法，到处去找小石子，用数量多的小石子来提升水位，水是喝到了，就是有点费时费力。在场的观众都叫好，说还是老办法好。

第二只小乌鸦善于观察，看了看瓶子放的倾斜角度，在倾斜的基底处用嘴凿了凿，然后把瓶子推了推，产生一个倾斜角，水就流出来了一些，它也喝到了水，而且要比第一只快一些。这时，台下的观众开始七嘴八舌地议论起来了，说这是什么办法呀，不算数。

就在大家议论的时候，第三只小乌鸦心想我得动点脑筋，要是仿照前两只小乌鸦的做法最多和它们打个平手。灵感一闪，它衔了个麦秆，直接放到瓶子里，吸着喝，结果最快。此时，台下观众像捅了马蜂窝一样，大多数人都说这是违规，应该判第一只赢，但也有的说比赛就是看谁最先喝到水谁就赢。

最后，老乌鸦颇为感慨，真是“长江后浪推前浪，一代更比一代强”。想当初，自己不也是打破常规才被大家表扬的嘛，遂判第三只小乌鸦赢。

其实，并不是大家都说好的办法才是最佳的，第二、三只小乌鸦打破从众惯性和老乌鸦敢于承认的勇气都值得人们反思。

案例解析：如果在处理和决断事情时，缺乏独立思考的能力，没有或不敢坚持主见，仅仅是服从众人，最终形成的是人的惰性和盲从性。

（六）其他类型思维障碍

除了以上常见的五种创新思维障碍，还有一些创新思维障碍也要有所了解。例如，自我中心型、文化禁忌型、自卑型、麻木型、偏执型等创新思维障碍，也存在于我们的生活、学习和工作中，需要有一定的解决办法扫清障碍。

三、创新思维的训练

对任何一个人来说，创新思维都是可以训练的，区别在于通过训练取得实效程度的高低不同。高校大学生完全可以通过科学合理的培养和培训，增强自身的创新思维能力。创新思维由多种思维方式组成，进行创新思维的培训是我们成功的基础。下面介绍几种常见的创新思维训练。

（一）逆向思维训练

逆向思维，也称“求异思维”，它是对司空见惯的似乎已成定论的事物或观点反过来思考的一种思维方式。敢于“反其道而思之”，让思维向对立面的方向发展，从问题的相反面深入地进行探索，树立新思想，创立新形象。它具有普遍性、批判性和新颖性等特点。逆向思维的结果常常会令人大吃一惊，喜出望外，别有所得。

案例3-5

司马光砸缸

有一次，司马光跟小伙伴们在后院里玩耍，捉迷藏。院子里有一口大水缸，有个小孩爬到缸沿上玩，一不小心掉到缸里。缸大水深，这可把大家吓呆了。如果不赶快把这个小朋友救上来的话，他就会淹死在水缸里！大家围着水缸伸出手去，想把他拉上来。可是，水缸太高，小朋友们个子矮，根本就够不着，没有办法把小伙伴救上来。去叫大人吧，又怕时间来不及。怎么办呢？眼看那孩子快要没命了。别的孩子们一见出了事，吓得边哭边喊，跑到外面向大人求救。司马光想了想，急中生智，从地上捡起一块大石头，使劲向水缸砸去，“砰！”水缸破了，缸里的水流了出来，被淹在水里的小孩也得救了。小小的司马光砸缸救小朋友的事情传开以后，大家都夸司马光又聪明又勇敢，遇事沉着冷静。

案例解析：人们习惯于沿着事物发展的正方向去思考问题并寻求解决办法，但是往往会忽略解决问题的关键点，不利于问题的顺利解决。“司马光砸缸”的故事告诉我们：换个角度看问题，用逆向思维来解决问题，或许是使问题趋于简单化、更有效地解决问题的办法。

（二）横向思维训练

横向思维是一种打破逻辑局限，将思维往更宽广领域拓展的前进式思考模式，它的特点是不限制任何范畴，以偶然性概念来逃离逻辑思维，从而可以创造出更多匪夷所思的新想法、新观点、新事物的一种创造性思维。横向思维则可以创造多点切入，甚至可以从终点返回起点式的思考！横向思维其实就是一种难题解决方法，它的职能只有一个，就是创新！

眼睛只盯着一个问题领域，往往会阻碍自己找出更新鲜、更充分、更漂亮的材料，因为思维的惯性很容易使自己在一个特定的问题领域中循环思索，这时就需要跳出来，看一看其他领域，从别的地方寻找一些材料以启发自己。具有横向思维特点的人，思维面都不会太窄，且善于触类旁通，举一反三。

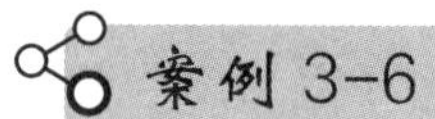

田忌赛马

齐国的大将田忌很喜欢赛马。有一回，他和齐威王约定进行一场比赛。各自的马都可以分为上、中、下三等。比赛的时候，齐威王总是用自己的上马对田忌的上马，中马对中马，下马对下马。由于齐王每个等级的马都比田忌的马强一些，所以比赛了几次，田忌都失败了。

有一次，田忌又失败了，觉得很扫兴，比赛还没有结束，就垂头丧气地离开赛马场。这时，田忌抬头一看，人群中有个人，原来是自己的好朋友孙膑。孙膑招呼田忌过来，拍着他的肩膀说：“我刚才看了赛马，威王的马比你的马快不了多少呀！”

孙膑还没有说完，田忌瞪了他一眼：“想不到你也来挖苦我！”孙膑说：“我不是挖苦你，我是说你再同他赛一次，我有办法准能让你赢了他。”田忌疑惑地看着孙膑：“你是说另换一匹马来？”孙膑摇摇头说：“连一匹马也不需要更换。”田忌毫无信心地说：“那还不是照样得输！”孙膑胸有成竹地说：“你就按照我的安排办事吧。”

齐威王屡战屡胜，正在得意扬扬地夸耀自己马匹的时候，看见田忌陪着孙膑迎面走来，便站起来讥讽地说：“怎么，莫非你还不服气？”田忌说：“当然不服气，咱们再赛一次！”说着，“哗啦”一声，把一大堆银钱倒在桌子上，作为他下的赌钱。齐威王一看，心里暗暗好笑，于是吩咐手下把前几次赢得的银钱全部抬过来，另外又加了一千两黄金放在桌子上。

齐威王轻蔑地说：“那就开始吧！”一声锣响，比赛开始了。孙膑先以下等马对齐威王的上等马，第一局田忌输了。齐威王站起来说："想不到赫赫有名的孙膑先生，竟然想出这样拙劣的对策。"孙膑不去理他。接着进行第二场比赛。

孙膑拿上等马对齐威王的中等马，获胜了一局。齐威王有点慌乱了。第三局比赛，孙膑拿中等马对齐威王的下等马，又战胜了一局。这下，齐威王目瞪口呆了。比赛的结果是三局两胜，田忌赢了齐威王。还是同样的马匹，由于调换了比赛的出场顺序，就得到转败为胜的结果。

案例解析： 横向思维是利用事物间的相互关联性，经由常人始料不及的思路达到预定的目标，这就要求思维的主体头脑灵活，善于触类旁通。其实，齐威王与诸公子代表的正是传统的纵向思维方式，而孙膑则代表了运用了横向思维的创新方式，即不按照传统的由好到次的顺序派出战的赛马，从而为他带来胜利的成果。

(三) 求同思维训练

求同思维也称聚合思维、辐合思维、集中思维，是一种有方向、有范围、有条理的收敛性思维方式。这种思维方式与求异思维相互依存、相互补充，结合形成完整缜密的思维体系和程序。注意从多种不同角度、不同信息源中引出一种结论，有助于对思维对象的把握和思维层次的发掘。求同思维与思维定式完全不同。思维定式是让传统性和习惯性思路引向僵化、重复模拟、狭隘片面的惰性歧途；求同思维则要求既求真、求变、求新，又不唯"异"独尊，把求异当成一种时尚和追求。

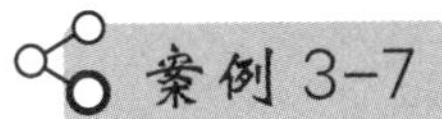

妙用"求同存异"

1962 年 6 月，毛泽东主席设宴招待阿尔巴尼亚劳动党代表团全体成员。宴会开始时各种菜品一次性地端上了桌子，毛主席面前还放了他特别喜欢吃的小辣椒等四个小盘。

一切就绪后，毛主席举杯对大家说："欢迎阿尔巴尼亚劳动党的同志们！今天请大家一道吃饭。我们餐桌上有这么多的菜，同时我这里还有小辣椒等小盘食品。阿尔巴尼亚劳动党的同志们要是不怕辣，也可以尝一尝。大盘大碗里的是我们共同的食品，四个小盘则不同于它们。这就是说，我们两党这里既有大同，取得了一些共识，这是主要的，也有小异啊，那是次要的。我们共产党人如果不善于求同存异，怎么可以团结广大群众进行革命事业呢？"

案例解析： 世界上没有两片完全相同的树叶，我们要善于发现事物的共同点、相似之处，以获得新的创意和效果。

(四) 发散思维训练

发散思维，又称辐射思维、放射思维、扩散思维或求异思维，是指大脑在思维时呈现的一种扩散状态的思维模式，它表现为思维视野广阔，呈现出多维发散状。可以通过“一题多解”“一事多写”“一物多用”等方式培养发散思维能力。不少心理学家认为，发散思维是创造性思维最主要的特点，是测定创造力的主要标志之一。发散思维的主要优势是流畅性、变通性、独特性和多感官性。

发散思维的训练，最重要的是找准发散点，一般通过关系、用途、结构、功能、组合、因果等方面进行扩散化训练。

案例 3-8

大脑的发散思维图如图 3－2 所示。

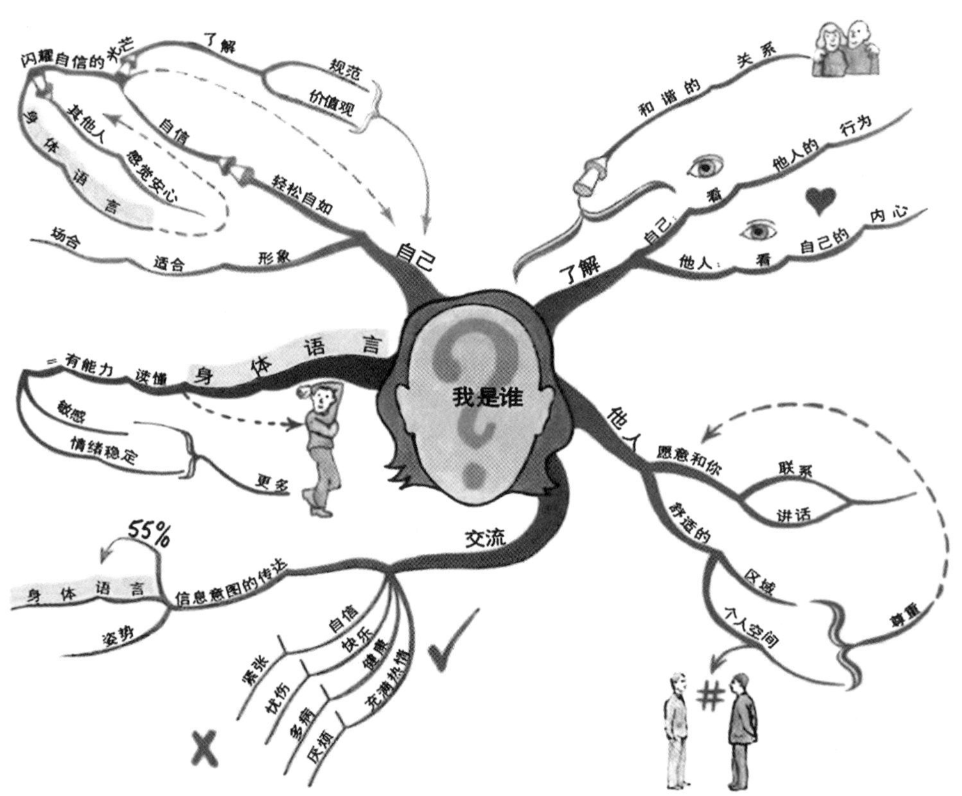

图 3－2　大脑发散思维图

案例解析： 俗话说，“条条大路通罗马”。人的思维也是一样的，面对一个问题，要善于多角度、多方面进行思考，产生大量的不同设想，以便为之后的研究提供尽可能多的思路和解决方案。

（五）迂回思维训练

迂回思维，就是在面对问题时，避免正面的直接交锋，暂时离开直线思考轨迹，绕道而行，力争在曲折中寻求捷径和解决办法。用迂回思维处理问题，其实就是在寻求更恰当的方法，获得更好的结果。

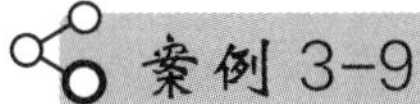

巧谏庄王

一年，楚庄王准备攻打晋国，争夺霸主的地位。进军之前在国庙的祭祀会上宣布："谁敢劝说不同晋国交战，我就杀了他的头！"孙叔敖考虑到国家连年征战给百姓带来了不少的灾难，目前晋国势力大，楚国的经济还不太发达，战争只会给楚国带来失败，给百姓带来痛苦，就对大臣们说："我听说害怕鞭打而不敢阻止父亲做不该做的事，就不是孝子；害怕杀头而不敢阻止君王做不该做的事情，就不是忠臣。"

于是，他找到楚庄王说："大王，我的后院有棵榆树，树上有只蝉，它高声鸣叫，要去饮食清露，却不知道有个螳螂在后边，伸着脖子正准备捕食它；螳螂正在捕食蝉的时候却不知道它的身后有个黄雀伸着头准备啄食螳螂；黄雀准备啄食螳螂的时候，却不知道树下有个小孩正拿着弹弓瞄准了黄雀；小孩正要用弹弓打黄雀的时候，却没有留心脚前有个深坑，身后有个土窟洞。这些都是说明为了眼前的利益而不顾事后的危害。这种只顾眼前利益的情况，不光是昆虫或者一般的平民百姓们会这样，就是做了君王，有时不全面考虑问题也会只顾眼前。大王如今只知道贪占晋国的土地，却没想到要爱惜士卒的生命，没想到战争带来的后果和祸患。"楚庄王听了之后，觉得很有道理，就听从了孙叔敖的劝诫，决定不去伐晋了。

案例解析：中国人说话喜欢绕弯子，不直说，这一点一般是被看成缺点的。但是，当问题到了极端敏感的尖锐时刻，人们就该考虑另一种思维方式来求得成功了。解决问题的办法，不是只有直线，还有曲线。曲折蜿蜒、绕道而行，同样可以前进，获得意想不到的结果。

（六）换位思维训练

换位思维是人对人的一种心理体验过程。将心比心、设身处地是达成理解不可缺少的心理机制。它客观上要求我们将自己的内心世界，如情感体验、思维方式等与对方联系起来，站在对方的立场上体验和思考问题，从而与对方在情感上得到沟通，为增进理解奠定基础。它既是一种理解，也是一种关爱。

案例 3-10

闻名于世的励志成功学大师拿破仑·希尔，某一年需要聘请一位秘书，于是在几家报刊上刊登了招聘广告，结果应聘的信件如雪片般飞来。

但这些信件大多如出一辙，比如第一句话几乎都喜欢这样开头：

“我看到您在报纸上的招聘秘书的广告，我希望可以应征到这个职位。

我今年＊＊岁，毕业于＊＊学校，我如果能荣幸被您选中，一定兢兢业业。”

拿破仑·希尔对此很失望，正琢磨着是否放弃这次招聘计划时，一封信件给了她全新的希冀，认定秘书人选非信主人莫属。

她的信是这样写的：

“敬启者：您所刊登的广告一定会引来成百乃至上千封求职信，而我相信您的工作一定特别繁忙，根本没有足够时间来认真阅读。

因此，您只需轻轻拨一下这个电话，我很乐意过来帮助您整理信件，以节省您宝贵的时间。

您丝毫不必怀疑我的工作能力与质量，因为我已经有十五年的秘书工作经验。”

后来，拿破仑·希尔说：“懂得换位思考，能真正站在他人的立场上看待问题、考虑问题，并能切实帮助他人解决问题，这个世界就是你的。”

案例解析：换位思考，设身处地为他人着想，是一种高级的处理人际关系的思维方式。人们在思考问题时，常常受所处的地位、立场和情感等因素的影响。因此，要打破常规思维，学会换位思考，说不定就能想出解决办法，问题也就迎刃而解了。

（七）逻辑思维训练

逻辑思维，又称为抽象思维，是指人们在认识过程中借助于概念、判断、推理等思维形式，能动地反映客观现实的理性认识过程，也叫作理论思维。它是人的认识的高级阶段，即理性认识阶段，具有概念、判断和推理的特征。

练习 3-3

1. 反口令游戏。

游戏目的：根据“口令”做相反的动作，训练学生思维的逆向性及思维的敏捷性。

游戏玩法：你说“起立”，学生就要坐着不动；你说“举左手”，学生就要举右手；你说“向前走”，学生就要往后退……总而言之，学生要和你做相反的动作才行。如果学生做错了就算输了。这可是一个非常好的课堂游戏哦！

2. “放大镜”游戏。

（1）找出你和好朋友的相似之处。

（2）找出具有创业精神的人的共同点。

（3）通过五个关键词，设计一款校园文化衫。

3. 猜一猜是什么。

（1）图 3－3 是花瓶还是女孩？

图 3-3　花瓶 VS 女孩

（2）图 3-4 是“6”还是“9”？

图 3-4　“6”VS“9”

（3）图 3-5 是老妇还是少女？

图 3-5　老妇 or 少女

4. 模拟训练几种创新思维。

(1) 逆向思维训练——哭笑娃娃的训练(5个同学为一组,两组对抗一起玩“石头、剪子、布”,每局赢的人做“哭”的动作,输的人做“笑”的动作,谁先做错谁就被淘汰,最后剩下的人多的一组获胜)。

(2) 发散思维训练——绘制湖南外国语职业学院校园图/请在五分钟尽可能多地说出与湖南外国语职业学院相关的词汇(二选一)。

(3) 换位思维训练——教师、学生身份互换,上一堂课。

(4) 逻辑思维训练——一个人花了8块买了一只鸡,9块钱卖掉了。后来他觉得不划算,又花10块钱买了回来,并以11块钱的价格卖给了别人。请问他赚了多少钱?

讨论 3-3

1. 猜一猜运用迂回思维的人是怎么成功的。

故事一

毛姆是英国著名的小说家和戏剧家,他的作品深受人们的欢迎,不仅小说一再脱销,他的戏剧作品也为人们所称道。曾经有一段时间,他的四部戏剧作品同时在伦敦上演,一时传为佳话。但是,像许多伟大的作家一样,毛姆在成名前也过着穷困潦倒的生活,他的作品也无人问津。

有一次,毛姆饿着肚子写完一部很有价值的小说,但是出版以后却根本没人买。毛姆连买面包的钱都没有了,他不得不厚着脸皮来到一家报纸的广告部。找到主任后,他结结巴巴地说:“先生,我想推销我的小说,想来想去只能在报纸上登广告了,你可不可以帮我在各大报纸上登个广告?”“什么? 各大报纸?!”广告部主任吃惊地瞪大了眼睛:“亲爱的毛姆先生,你现在真是财大气粗啊,你知道要多少钱吗?”

“其实,我现在正在挨饿呢,我连一英镑都没有。”毛姆惭愧地说:“但是主任先生,广告刊登后我的小说一定会销售一空的,到时候我给你双倍的广告费。”

面对广告部主任哭笑不得的表情,毛姆递上了自己的广告词。广告部主任飞快地看了看,猛地拍了拍桌子,兴奋地说:“真是一个绝妙的广告! 可以试一试。”

到底是什么绝妙的广告呢?

解析: 费尽心血完成的著作却没有人理会,其实只要人们能稍微留意,就会发现这确实是一部意义深刻的好书。但是,令人沮丧的是,忙忙碌碌的人们,根本不会注意到那本默默无闻的好书,所以当前最重要的任务就是让人们注意到它。

第二天,伦敦各大报纸都在醒目的位置上刊登了一条征婚广告:“本人喜欢音乐和运动,是个年轻又有教养的百万富翁,希望能和毛姆小说中主角完全一样的女性结婚。”未婚的女士读者们,甚至来不及看第二遍广告,就冲进书店四处搜索毛姆的小说。她们想立即知道,自己是不是年轻富豪所要找的目标。而男士朋友们也不甘落后,想了解一下令富豪痴迷的完美女士,到底是什么样的。三天以后,毛姆的小说销售殆尽,而购书的读者依然数量不减,书店的工作人员只好抱歉地说："书已经脱销三次了！现在正在向出版社增订呢！"

毛姆利用少女们渴望美满爱情的心理和男士们好奇的心理，成功地实现了自己的目的。

故事二

甘茂是战国时期秦惠王时期的一名将领。后来秦武王即位后，甘茂因为平定蜀地的战功被秦武王任命为左丞相。甘茂因早年跟随史举学习诸子百家的学说，颇具智谋，因此将秦国治理得很好，被后世称作名相。

但是，后来纵横家公孙衍来到秦国后，秦武王开始器重起公孙衍来，而将甘茂冷落在一旁。并且，甘茂还通过宫里的线人得到消息，秦武王准备正式任命公孙衍为相。甘茂得知这一消息后，采取了一个巧妙的举动，使得秦武王不仅没有任命公孙衍为相，反而将其流放了。

甘茂是怎么做到的呢？

解析：原来，甘茂听说了这一消息后，立刻前去拜见秦武王，祝贺秦武王得到了新的宰相。秦武王一听，吃了一惊，这件事自己只和公孙衍提过，于是问甘茂是从何处得知这一消息的。甘茂便称是公孙衍说的。秦武王一听，感到十分恼火，觉得公孙衍这人沉不住气，不可靠，便将他流放了，并重新倚重甘茂。

2. 1毛钱1个桃子，3个桃核换1个桃，你拿1块钱能吃几个桃子呢？

解析：1块钱买10个桃子，吃完剩下10个桃核；再换3个桃子，吃完剩下4个桃核；再换1个桃子，吃完剩下2个桃核；赊1个桃子，吃完剩下3个桃核，把桃核给卖桃子的人（刚刚赊了一个桃子），总共吃了15个。

其实，还有其他办法，你想到了吗？

本章小结

创新思维是人类思维中的高级表现。它不仅能够推动人类社会的进步和发展，还能使人们突破思维定式的束缚、从新的思路去寻找更好的解决办法。本章从创新思维的概念、模式、特征、常见方法、训练等方面，全面阐释了创新思维。青年大学生要积极培养创新思维，积极投身创新实践，夯实创新基础，使创新思维成为一种习惯和本能，并在付诸实践的过程中学会总结提高。

大学生创新思维能力调查问卷

同学：

您好！

为了解当前我国大学生创新创业创优的实际情况及存在的现实问题，更好地促进大学生开展自主创新创业创优，我们开展了这项调查。本次调查采用不记名方式，我们也会对您的回答采用相应的专业保密原则，请您如实填答问卷，不必有任何顾虑。除了特别注明的题目外，选择题一律为单项选择题。若题目选项中没有你的答案，你可以自己在“其他”选项中填写答案。

感谢您的积极参与！

（1）您的性别？

A. 男　　B. 女

（2）您现在所在的年级？

A. 大一　　B. 大二　　C. 大三

（3）您的专业方向？

A. 文科　　B. 理科　　C. 艺术类　　D. 体育类

（4）您觉得您是否具有较高点的创新能力？

A. 有　　B. 没有　　C. 有一点吧

（5）在学习中需要记些重要知识点时，您是否会想起用一种新的方法来记它而不是死记硬背？

A. 是　　B. 否

（6）如果您要做一件自己认为对的事时，有人反对，有人支持，您是坚持做还是犹豫不决？

A. 坚持去做　　B. 犹豫不决

（7）您是怎样学习专业知识和技能的？

A. 随着老师学，记重点

B. 自己分类概括，总结方法

C. 多看相关的专业资料，课外总结

（8）生活中您是否尝试过用小发明或小创造解决实际问题？

A. 尝试过

B. 没有，但很想试试

C. 没有，也不想试

（9）在解决问题时，您会怎么做？

A. 只求选择一种办法去解决问题

B. 想出尽量多的方法

C. 不知道

（10）您认为创新能力中最主要的能力是什么？

A. 发现问题的能力

B. 设计解决方案的能力

C. 综合评析的能力

(11) 您会通过什么方式来训练自己的创造性思维？

A. 看相关书籍等资料　　B. 平时刻意地增加思考

C. 观察、模仿他人，再进行创新　　D. 参加创新类比赛或社会实践

(12) 您认为大学生创新实践能力比较弱的主要原因是什么？

A. 自身缺乏实践锻炼　　B. 老师过于注重应试教学，忽视实践教学

C. 学校提供的实践锻炼机会太少　　D. 社会上与专业对口的实践活动有限

(13) 您认为制约青年创新的主要因素有哪些？

A. 没有进行科技创新的氛围　　B. 资金、科研经费投入不足

C. 政策、学校硬件设备不健全　　D. 专业指导力量不足

E. 青年自身缺乏创新意识　　F. 人才评价机制不完善

G. 组建团队比较困难

(14) 当我们遇到类似或相同的问题时，会有一定的思维惯性，这种固定的思维模式我们称为思维障碍。你觉得你的思维障碍强吗？

A. 较强　　B. 一般　　C. 较弱

(15) 若有关于“创新思维”的课程(或讲座)，您觉得哪类方式比较容易接受？

A. 板书　　B. 幻灯片　　C. 游戏互动　　D. 校外参观实习

E. 其他

(16) 您认为哪种培养创新思维的方式最有效？

A. 参加课内外实践活动　　B. 阅读有关书籍

C. 参加社团活动　　D. 参加有关的培训课程

E. 其他

(17) 您认为创新对一个人意味着什么？

A. 更好的发展空间　　B. 优于别人的条件

C. 更易得到领导青睐　　D. 有取得更大成就的可能性

E. 不利于企业的稳定发展

(18) 您认为应如何提升当代中国大学生的创新意识？

A. 在高校开设相关课程　　B. 与知名企业联合培养创新人才

C. 通过“创新工场”等项目提供平台　　D. 政府积极引导

E. 全靠个人的主动意识　　F. 其他

(19) 您觉得自身的创新意识如何？

A. 相当强　　B. 较强　　C. 一般　　D. 不强

(20) 答完这份问卷后，你是否会注重创新思维？

A. 是　　B. 否

说明：此项问卷调查没有答案参考，仅供学生课后练习使用。

练习 3-4

1. 以班级为单位组织开展创新思维“新点子”大赛。

2. 请用本章介绍的几种创新方法论证大学生创业的利与弊并提交学习报告。

3. 阅读《创新思维训练500题》(作者：王哲，中国言实出版社2009年出版)，完成书中的创新思维自我训练题。

讨论 3-4

1. 一个聋哑人到五金店去买钉子。他先用左手做持钉状，接着两根手指放在柜台上，然后用右手做捶打状。售货员见状，递给聋哑人一把锤子。聋哑人摇了摇头，指了指做持钉状的手指，售货员明白了他想买钉子，于是把钉子给了聋哑人。过了一会，来了一位盲人顾客，请问这位盲人顾客应该如何用最简单的方法买到一把剪刀呢?

2. 用五个关联词编故事，看谁的思维最发散，并选出最好的故事(规则：每个关键词必须用到，无先后次序，长短不限，看谁编得又合理又好)。

第四章
知人者智，自知者明
——创业者的能力素质

对于不少大学生来说，创业是他们“挥之不去”的一个梦想，然而，有不少大学生在还未做好准备的情况下，怀揣激情，仓促走上创业之路。创业不仅要靠激情，还要靠广博的知识、良好的素质和必备的技能，更重要的是要做好迎接困难的心理准备。创业成功的大学生身上具有一些相同的特质，如富有激情、志向高远、昂扬向上、非常自信。一位创业成功的大学生坦言：“能力和专业可以后天学习培养和弥补，性格和自信心相对更为重要。”如果把创业过程中筹集的资金、选择的项目、寻找的场地、经营的产品比作“硬件”的话，那么知识、能力和心理素质则是创业的“软件”。

第一节　天生我材必有用——创业者的素质

对所有创业者来说，永远告诉自己一句话：从创业的第一天起，你每天要面对的是困难和失败，而不是成功。我最困难的时候还没有到，但有一天一定会到。

——马云

学习目标

（1）了解什么是创业意识；
（2）掌握成功者的十大素质；
（3）了解创业的文化素质。

（一）创业意识和激情

要想取得创业的成功，创业者必须具备自我实现、追求成功的强烈创业意识和激情，这能帮助创业者克服创业道路上的各种艰难险阻，将创业目标作为自己的人生奋斗目标。只有具备了创业意识和激情，才能不断挖掘和寻找创业资源，不断解决经营过程中遇到的各种矛盾。

创业意识是指在创业实践活动中对人起动力作用的个性心理倾向，包括商机意识、转化意识、战略意识、风险意识、敬业意识。创业意识支配着大学生对创业活动的态度和行为，并规定着创业行为的方向和力度。正确的创业意识是大学生从事创业活动强大的内驱力，是创业成功的重要原因之一。

激情是一种让人兴奋不已的意识状态，是一个人取得成功的原动力。一个创业者的激情越高，对周边人的感化和带动作用就越强。美国成功学大师拿破仑·希尔曾说："如果你拥有能力和激情，那你就真的会所向无敌；如果你没有能力，却有激情，你依然可以使有才能的人聚集到你身边来；如果你没有资金或设备，却有激情说服人，还是会有人回应你的梦想。"

（二）心理素质

心理素质是创业成功的奠基石。心理素质是指创业者的心理条件，包括个人的自我意识、气质、性格、情感等心理构成要素。作为一名创业者，他的自我意识应自信、自主，性格应刚强、坚持、果断、开朗，情感应更丰富、更趋于理性。在创业的过程中难免会遇到这样或那样的苦恼、挫折、压力甚至失败，这就要求创业者必须具备承受挫折、适应变化、迎接挑战的心理素质，而这些素质的培养要靠自己的创业信心。对创业者来说，必须树立这样一个理念：自己一定会赢。困难、挫折乃至失败，都只是暂时的，关键是如何吸取教训继续前进。

（三）身体素质

几乎所有的企业家都认为良好的身体素质是成功创业的第一大前提。在创业之初，受资金、环境和社会关系等各方面条件的限制，许多小事都需要创业者亲力亲为。创业者要不断通过思考来改进工作方法。当面对巨大的风险与压力时，如果没有充沛的体力、旺盛的精力及敏捷的思维，必然会力不从心、难以承担创业重任。身体健康与创业发展同时兼顾，对创业者来说是一个挑战。

（四）成功创业者十大素质

《科学投资》通过研究上千成功创业者的案例发现，他们具有许多共同特性，以下总结出最明显、最重要的十种，即为中国创业者十大素质。

（1）欲望——创业成功的内在动力。

（2）忍耐——创业成功的必备品质。

（3）眼界——创业成功的前提。

（4）明势——创业成功的基础。

(5) 敏感——创业成功的必备心理。

(6) 人脉——创业成功的保障。

(7) 谋略——创业成功的法宝。

(8) 胆量——创业成功的精神支柱。

(9) 与他人分享的愿望——创业成功的明智选择。

(10) 自我反省的能力——创业成功的后劲。

(五) 文化素质

文化素质主要体现在思想道德修养和专业知识上。这里讲的道德修养，指创业者对待客户、对待社会的态度。创业者要以诚实守信、优质的产品、真诚的服务来赢得客户的忠诚。创业不管是大是小，都要遵循市场规律。大学生创业也要懂法律、会管理、懂销售、懂财务。因此，创业者的知识结构在创业过程中起着举足轻重的作用。这些知识包括以下几个方面。

1. 与创业相关的法律法规

与创业相关的法律法规主要包括《中华人民共和国公司法》《中华人民共和国合同法》《中华人民共和国劳动法》《中华人民共和国保险法》《中华人民共和国知识产权法》《中华人民共和国担保法》《中华人民共和国票据法》《中华人民共和国税法》《中华人民共和国会计法》《注册资本登记制度改革方案》等，创业者应十分熟悉这些法律法规及相关条款。

2. 专业知识

创业一般选择自己熟悉的行业。当进入这个行业时，就应该尽快掌握这个行业的专业知识，熟悉这个行业的情况，了解这个行业所必需的从业能力和技能，熟悉专业领域的发展动态，以提高创业的成功率。中国的互联网从最先的门户时代到社交时代，再到电商时代，仅用了 15 年左右的时间，这种变化也对互联网人提出了更高的要求。因此，当前互联网人需要具备的 12 项技能包括文学素养、数据分析、设计思维、编码能力、信息搜索、市场营销、用户心理、经济思维、财务思维、网络安全、法律法规和学习能力。

3. 管理知识

新企业的生存与平稳发展，很大程度上取决于新开办企业的有效管理。因此，创业者应掌握相关的企业管理知识，尤其是新的企业管理知识。例如：如何对组织的人力、物力、财力进行合理的配置及有效利用？新企业中出现冲突及矛盾时应如何调节？企业面对危机和挑战时应如何应对？日常管理风险有哪些防范应对技巧等。

4. 商务礼仪知识

在创业过程中，经常会涉及商务活动，因此创业者应了解宴请礼仪、电话礼仪、举止谈吐礼仪等方面的知识，并在创业过程中熟练运用，这些细节也会展示创业者的教养与素质。

5. 企业信用

随着国家社会信用体系建设的不断完善，全社会“知信用、用信用、守信用”的诚信氛围正在形成。在工商执照、税务登记证、组织机构代码证“三证合一、一照一码”实现突破后，企业的信用信息准确性大大提高。有的城市公共信息服务大厅可以为企业出具信用报告。因此，创业企业良好的信用为日后“以税授信”“以信贷款”“以贷扶企”等方面得到支持奠定了很好的基础。

立本而道生

“从小我就受到中国传统文化的影响，我的外公是写书法的，我爸爸的硬笔字写得也很好，所以我从小就受到家人的熏陶。我的班主任是中国美术学院书法专业毕业的，我有幸又得到了他的指导。而且我在学习过程中也经常看一些关于中国传统文化的书籍，最早从《增广贤文》开始，后来陆续接触《道德经》《易经》《金刚经》《坛经》《唯识学》等，于是慢慢对中国传统文化产生了兴趣。”小王与我们分享，“没想到，现在我由于受中国传统文化的影响而成功创业。”

现在正在湖南经营某文化有限公司的小王，回忆起自己的奋斗历程，往事依然历历在目。如今的成功并非一蹴而就，小王的第一次创业因与合作伙伴之间权责不分明、合作机制不明确而以失败告终；但这次挫折并没有阻止他逐梦的脚步，从小熟悉中国传统文化这一优势再一次带给了他创业灵感。

“我爱好书法，有人提议可以从这方面着手，教学生学习书法。这句话给了我很大的启发，因为书法是我最擅长的。”小王说道，“也就是在教学生写字的过程中，我发现了‘国学’的市场。”小王说创业初期很困难，找不到开拓市场的途径，也不知道突破口在哪里。但是作为一名创业者，小王认为要坚持、坚持、再坚持，要耐得住寂寞，要有忍耐的毅力和广阔的人脉。因小王还擅长古琴，于是，他以书法和古琴为突破口，发动身边的同学、朋友为其做口碑宣传。在长达一年的时间里，生源数由开始的几人扩展到几十人，渐渐有了规模。

起始于书法，又不止于书法。小王一直致力于中国传统文化的普及与传播。为了丰富自己的国学内涵，在创业期间，小王一方面拓展市场，一方面学习易学和中医养生等知识。一位世家祖传的中医医生被他所感动，业余时间去小王的工作室讲授有关中医养生的知识并提供理疗服务。另外，小王还聘请了国学不同领域的老师，为自己团队的服务产品增添新的内容。

当然，创业过程中也会有一些起伏，也会遇到各种困难，但是每当遇到困难，小王就会想起我们的先贤是怎么突破困难的，从中汲取力量。在他的不懈坚持下，“国学课堂”的内容越来越丰富，品牌突出书法、古琴、古筝、易学和中医养生，学员除了中小学生外，还有不少白领阶层。小王凭着积累下来的管理经验，很快建立起完整的教学、培训体系，创想中的公司展现出雏形，并以惊人的速度发展壮大，他还成功地在另一个城市创建了新的工作室。

“中国传统文化的熏陶影响深远，这么好的东西不能丢弃，国学文化要发扬”，坚守着这个信念，小王一步步走到了今天。

案例解析：在采访小王的过程中，我们发现小王做事具有强烈的正能量和明确的目标，并且能为这个目标坚持不懈，这正是创业者所必备的基本心理素质。从事文化创业的小王，开始只是对书法和国学有兴趣，然而要把爱好和兴趣变成创业项目有很大的困难和不确定因素。小王通过自我兴趣发现市场机遇、捕捉商机，将兴趣爱好与创业意识和激情相融合，将自我价值与社会价值相结合，最终变成人生的奋斗目标。因此，维持长久创业的基本素养是将创业与自我的人生价值相结合。

测试 4-1

创业者心理素质自我测验

1. 测试题目

(1) 你在哪一种条件下会决定创业？

A. 等有了一定工作经验以后

B. 等有了一定经济实力以后

C. 等找到天使或风险投资以后

D. 现在就创业，尽管自己口袋里没有几个钱

E. 一边工作一边琢磨，等想法成熟了就创业

(2) 你认为创业成功的关键是什么？

A. 资金实力　　B. 好的创意

C. 优秀团队　　D. 政府资源和社会关系

E. 专利技术

(3) 以下哪项是创业公司生存的必要因素？

A. 高度的灵活性　　B. 严格的成本控制

C. 可复制性　　D. 可扩展性

E. 健康的现金流

(4) 开始创业后你要做的第一件事情是什么？

A. 找风险投资　　B. 撰写商业计划书

C. 物色创业伙伴　　D. 着手研发产品

E. 选择办公地点

(5) 你认为创业公司应该怎么做？

A. 低调埋头苦干　　B. 努力到处自我宣传

C. 看情况顺其自然　　D. 借别人的势进行联合推广

(6) 你认为创业公司招聘员工时最重要的是什么？

A. 学历高低　　B. 朋友推荐　　C. 成本高低　　D. 工作经验

(7) 你认为产品进入市场的最佳策略是什么？

A. 价格低廉　B. 广告投入　C. 口碑营销　D. 品质过硬

(8) 你认为和投资人交流最有效的方式是什么?

A. 出色的现场 PPT 演示　B. 详细的商业计划书和财务预测

C. 当场测试样品　D. 有朋友的介绍和引荐

E. 通过财务顾问的代理

(9) 你认为选择投资人的关键因素是什么?

A. 对方是一个知名投资机构　B. 投资方和团队不设对赌条款

C. 谁估值高就拿谁的钱　D. 谁出钱快就拿谁的钱

E. 只要能拿到钱,谁的都一样

(10) 你认为以下哪一项是风险投资决策中最重要的因素?

A. 商业模式　B. 定位　C. 团队　D. 现金流

E. 销售合约

(11) 从哪句话里可以知道风险投资其实对你的公司并没有实际兴趣?

A. "我们有兴趣,但是最近太忙,做不了此项目。"

B. "你们的项目还偏早,后来我们可以考虑跟投一些。"

C. "你们如果找到领投的公司,我们可以考虑跟投一些。"

D. "我们对这个行业不熟悉,不敢投。"

E. 上面的任何一句话

(12) 创业团队拥有 51%的股份就绝对控制公司了吗?

A. 是　B. 不是

(13) 你认为创业公司的 CEO,首要的工作责任是什么?

A. 制订公司的远景规划　B. 销售、销售、再销售

C. 人性化的管理　D. 领导研发团队

E. 拿到投资人的钱

(14) 你认为凝聚创业团队的最好办法是什么?

A. 期权　B. 公司文化

C. CEO 的魅力　D. 工资和福利

E. 团队的激情

(15) 你认为创业公司的财务预测中最重要的是什么?

A. 销售增长　B. 毛利率

C. 成本分析　D. 资产负债表

(16) 你认为创业公司的日常运营中,以下哪项工作是最重要的?

A. 会议记录的及时存档　B. 业绩指标的合理安排和及时跟踪

C. 团队的经常性培训　D. 合理的奖惩制度

E. 管理流程的 ISO9000 认证

(17) 你认为在创业公司的日常运营中，最棘手的问题是什么？

A. 人的管理　　B. 销售业绩增长

C. 研发的速度　　D. 资金到位情况

E. 扩张力度

(18) 你认为创业公司产品市场推广效果的衡量标准是什么？

A. 广告的投入量和覆盖面　　B. 营销推广的精准程度

C. 产品出色的品质保证　　D. 广告投入和产出比例

E. 产品价格的打折力度　　F. 品牌的市场渗透率

(19) 你认为防止竞争的最有效手段是什么？

A. 专利　　B. 产品包装

C. 质量检查　　D. 不断研发新产品

E. 比竞争对手更快地占领市场

(20) 如果你的创业公司的第一个客户是一个“土财主”，你会怎么做？

A. 一视同仁地对他提供你公司的标准服务

B. 指导他如何来积极配合你的工作

C. 为了他的提高，给他些颜色看看

D. 提供全面服务＋免费成长辅导

(21) 你认为创业公司的最大风险是什么？

A. 市场的变化　　B. 融资的成败

C. 产品研发的速度　　D. CEO 的个人能力和素质

(22) 当创业公司账面上的现金不足以支撑三个月时，你认为应该采取哪项措施？

A. 立刻启动股权融资　　B. 通知现有公司股东追加投资

C. 立刻大幅削减运营成本，包括裁员　　D. 打电话给银行请求贷款

E. 把自己的存折和密码交给公司会计

(23) 当创始人之间发生矛盾时，你会怎么做？

A. 坚持原则，据理力争　　B. 坚决离开，另起炉灶

C. 委曲求全，弃异求同　　D. 引入新人，控制局势

(24) 你认为投资创业公司的理想退出方式是什么？

A. 上市　　B. 被收购　　C. 团队回购　　D. 高额分红

E. 以上都是

2. 测评标准

(1) D　(2) C　(3) E　(4) D　(5) B　(6) D　(7) D　(8) C　(9) E　(10) C　(11) E　(12) B　(13) B　(14) B　(15) A　(16) B　(17) A　(18) D　(19) E　(20) D　(21) D　(22) C　(23) C　(24) E

测评结果

1～8 分：你还不具备创业的基本知识，不要贸然创业。9～16 分：你还游走在创业的梦想和现实之间，继续打磨吧！17～24 分：你已经做好了创业的基本准备，大胆往前走吧！

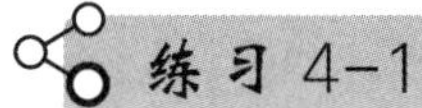

创业者应有的素质

1. 活动目标

总结创业者所需的素质。

2. 活动要求

(1) 活动场地：班级教室。

(2) 参加者：班级同学、创业人士。

(3) 活动准备：大白纸、彩色笔、A4 白纸若干。

3. 活动过程

(1) 每个小组推荐一位同学做引导员。

(2) 每个小组利用团队列名方法归纳出本组同学讨论出的创业者素质。

(3) 各组交流。

讨论 4-1

(1) 在这个活动过程中，你的感受是什么？

(2) 你们小组的集中意见与其他小组的不同之处有哪些？

第二节　千磨万击还坚韧——创业者的能力

> 任何时候做任何事，定最好的计划，尽最大的努力，做最坏的准备。
>
> ——李想

学习目标

(1) 了解创业过程中的工作方法；

(2) 了解创业者应具备的基本能力。

创业者应具备的基本能力包括方法能力和社会能力两个方面。

（一）方法能力

方法能力是指创业者在创业过程中使用的工作方法。创业者的方法能力主要体现在以下几个方面：

1. 信息搜集和处理能力

大学生创业需要学会搜集、运用、加工与整合信息。1998 年，清华大学举办亚洲首届大学生创业计划大赛后，自主创业一时成为社会各界关注的焦点，大学生创业在全国迅速蔓延开来。近年来，中央和地方的政府机关、税务部门以及各个高校都对大学生自主创业给予了许多优惠条件，大学生的自主创业热情高涨，但其中真正用心去搜集信息、学习知识、培养自身能力并且积极寻找合适机会的人数却不到 10%。

2. 学习能力

许多创业者都有良好的学习习惯，如每天阅读，善于提问、思考，经常向专家请教学习，有再教育计划等。创业者在创业过程中会遇到许多不曾遇到过的问题，所以大学生要创业，就需要有再学习的动力。

3. 学习意识

学习意识是我们对学习的一种潜在看法。当看到一种新事物时，有良好学习意识的人便会去探究为什么。学习意识是真理和知识的探测器。有学习意识的人时刻都保持着一种对周围事物探本究源的最敏锐的神经，一旦得到学习的信号，内心对知识的求知激情便燃烧起来，去追寻那最终的、最根本的自然奥秘。

4. 捕捉市场机遇的能力

求变求新的“互联网＋”大时代，已经改造和影响了多个行业，如大众耳熟能详的电子商务、互联网金融、在线旅游、在线影视、在线房地产等。“互联网＋”不仅正全面应用到第三产业，而且正在向第一产业和第二产业渗透。在市场中发现机会、把握机会、利用机会、创造机会，是年轻的成功创业者的主要特征。

5. 经营管理能力

大学生创业者在资金问题已解决的情况下，还需要具备经营管理能力。经营管理能力涉及资金聚集、核算、分配、使用以及人员的选择、使用、组合、优化和流动。作为创业者，只有学会效益管理、知人善用并充分合理地整合资源，才能形成市场竞争优势。

6. 领导决策能力

领导决策能力是一个人综合能力的表现。一个创业者首先要成为一个领导决策者，如同战场上的指挥员，要具有分析能力和风险决策能力。在市场环境中，创业者要根据自己的财力、业务范围、关系网做出分析与决策，实现自己的目标。

7. 联想、迁移和创新能力

创业者应该无思维定式，不墨守成规，能根据客观情况的变化开拓进取、不断创新，以活跃的思维不断吸取新的知识与信息，也可以在别人的创业过程中得到启发，通过联想、迁移和创新进行项目上的创新,使自己的事业充满活力,盎然生机。

8. 发现和使用人才的能力

一个创业者不可能孤军奋战,要有合作伙伴、同事、下属等。创业者要对这些人进行挑选、使用和优化组合,通过利益、感情、事业等杠杆,将他们结合在一起,以形成这个群体的最大内聚力。

9. 理财能力

资金是创业的核心要素之一,因此创业者的理财能力对整个创业环节至关重要。理财能力包括在创业实践中资金的筹措、资金的使用、资金的流动、资金的分配以及增值等各个方面。

(二)社会能力

1. 社交能力

社交能力是衡量一个人能否适应现代开放社会的标准之一。如今,“人脉圈”日益成为创业信息、资金、经验的“蓄水池”。扩大社交圈,通过朋友掌握更多信息、寻求更大发展,日益成为成功创业的捷径。因此,交往协调能力、资源整合能力在创业中显得尤为重要。创业者对内要化解员工之间出现的矛盾,考虑员工之间的团结,获得员工的支持与理解;对外要有和工商、税务、供应商、客户及各个社会组织打交道的能力。大学生创业者应该在学校就学会建立良好的人际关系,掌握社交的技巧方法。

2. 表达能力

在企业商务活动中,创业者表达能力强,能在各种场合做到谈吐优雅、应对自如,让听者对自己的谈话感兴趣,成功吸引到创业所需的相关资源,也是一种职业素养的表现。

3. 沟通能力

通用电气公司总裁杰克・韦尔奇曾讲道:“管理就是沟通、沟通、再沟通!”有效沟通是一个双向交流的过程,在表达自己想法的同时,也要抓住对方传达的信息。这需要知识的累积,学会倾听、相互尊重、适当赞赏对方、抓住重点等技巧。

4. 谈判能力

做企业必然会忙于与外界的沟通和谈判,涉及供、产、销和售后服务等多个环节。沟通谈判中有心理学、营销学等知识,要善于抓住谈判对手的心理和实际需求,通过不断的学习和实践总结,才能提高沟通技巧与谈判能力。

5. 企业形象策划能力

在激烈的市场竞争中,企业的形象至关重要,创业者如何在公众中树立良好的企业形象是非常值得学习的。创业者要善于借助各种新闻媒体和传播渠道,宣传自己的企业,不断提高企业的知名度,扩大品牌影响力。

6. 合作能力

创业者只有合作才能成就事业。合作不仅包括企业内部员工的合作和与企业发展有关机构的合作，还包括和同行竞争者的合作。因此，善于站在对方的立场上理解对方、体谅对方，会迎来更多的合作机会，为自己的公司获得更大的利益空间。

7. 自我调节控制能力

在创业过程中，创业者要与社会上的各种人士打交道，难免会受到无端的责备，倘若缺乏控制自己情绪的能力，不能做到豁达大度、忍耐容人，心平气和地听取他人的指责、意见和建议，势必会影响企业的形象。

8. 挫折承受能力

创业是一个风险与机遇并存的过程，在这条道路上会遇到许多不可测的因素以及挫折与失败，这些都需要创业者有很好的心理抗挫能力。创业者要懂得如何从受挫中反思、从挫折中学习，要做好受挫后的心理调节，找到解决问题的对策、下一步行动的方向等。创业没有捷径，创业的过程就是坚持、坚持、再坚持！

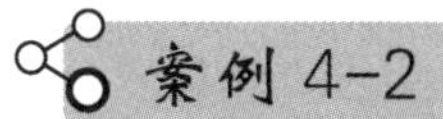

从数码控到校园百万富翁

和许多“90后”男生一样，小李对手机情有独钟。初三那年，他就背着家人买了一部智能手机，到了高中，更是不停地换手机玩。最多的时候，一年“玩”20多部手机。小李说他“玩”手机的方式，主要是通过网络买卖二手手机。低价购进后，进行拆机装机，玩明白了再找机会卖出，不仅不亏本，反而还有点小赚头。

2009年9月，小李进入某师范学院软件学院学习。虽然他学的是动漫设计专业，可是因为在学校有机会接触大量电子设备，他对各类电子产品更加着迷，成为标准的“数码控”。在校园里，他是同学们眼中的“手机达人”，一些同学常常把坏了的手机给他维修。“拆装多了，苹果手机有几个螺丝，我闭着眼就能数出来”，说起这个，小李有点得意。

为了了解手机市场的经营状况，他利用课余时间到朋友开的手机店里做兼职，与客户交流手机操作的经验。在大量的接触中，头脑灵活的小李发现了手机市场的商机所在。于是，他选择在大二的暑期开始自己的创业计划。因为大二结束后有一段较长时间的实习期，同学们纷纷找企业实习，而小李另辟蹊径，在老家湖南开起了一家专业的智能手机体验店。刚开始，小李的父母持反对态度。“在他们看来，将来我能找一份安稳的工作就行，没有必要去冒险创业。”小李说，“后来我求父亲让我试一试，他才借了9万元给我作为开店的启动资金。”

为了降低营运成本，创业之初的小李单打独斗。他每天早上起来第一件事就是查询各款手机的浮动价格，然后将店里的手机价格同步调好再开始营业，晚上也总要忙到零点过后才关门，做完门店的卫生和经营小结都已经是后半夜了。起初因为销路不明朗，资金也有限，店里没有囤货，客户订一部，小李就要去拿一件货。

小李总结自己创业成功的经验主要有两点：一是定位准确。做手机生意，要么做低端，卖国产手机或山寨机，要么做高端，卖苹果之类的进口智能机；而在他的家乡那一带，市场上卖的几乎都是些低端手机，所以他就开了一家与众不同的智能手机体验店。二是服务至上。先让顾客体验，他们不明白的，小李就当场解答，指导他们买到真正适合的产品。有的顾客慕名来买 iPad，可是通过交流后发现平板电脑对他并不适用，小李就建议顾客买笔记本。

从第一天营业赚到 286 元，到后来每天盈利数千元，小李慢慢开始筹划开第二家连锁店。下一步他还想组建自己的团队，实现销售、维修、售后一条龙服务。

案例解析：在校大学生相比社会创业者而言，大多缺乏足够的资金和人脉支持，不得不尽量发挥创业者自身的专长和能力。创业者利用自己的专长和能力进行创业大大降低了创业成本，在创业的同时对自身技能又是一种很大的提高。大学生创业同样要结合自己的兴趣和专业来做，如果干自己不喜欢的工作，选择自己不擅长的项目，肯定干不好，至少也是事倍功半。小李就是结合自己的兴趣加上自己确实有这方面的能力的前提下开始创业并取得成功的。

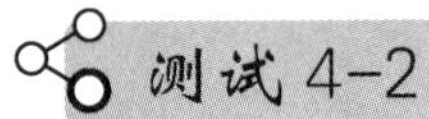

创业能力自我测评

1. 测评说明

(1) 无论是刚从学校毕业进入就业市场的年轻人，还是在社会上经历了多年打拼的上班族，许多人都希望拥有一份属于自己的事业。当老板不是一件容易的事。你是否适合创业？有无创业潜力？快来做一下创业能力自我测评吧！

(2) 本测试由一系列简单疑问句组成，请根据实际情况，选择最符合自己特征的答案。

(3) 在选择时，一定要根据第一印象回答，不要做过多的思考。

2. 测评题

(1) 你是否曾经为了某个理想而定下两年以上的长期计划，并且按计划进行直到完成？

(2) 在学校和家庭生活中，你是否能在没有父母及师长的督促下就可以自动地完成被分派的工作？

(3) 你是否喜欢独立完成自己的工作，并且做得很好？

(4) 当你与朋友在一起时，你的朋友是否常寻求你的指导和建议？你是否曾被推举为领导者？

(5) 求学时期，你有没有赚钱的经验？

(6) 你是否能够专注地投入个人兴趣连续 10 小时以上？

(7) 你是否有保存重要资料的习惯，并且井井有条地整理，以备需要时可以随时提取查阅？

(8) 在平时生活中，你是否热衷于社会服务工作？

(9) 你是否喜欢音乐、艺术、体育以及各种活动课程？

(10) 在求学期间，你是否带动过同学完成一项由你领导的大型活动，如运动会、歌唱比赛等？

(11) 你喜欢在竞争中生存吗？

(12) 当你为别人工作时，发现其管理方式不当，你是否会想出适当的管理方式并建议改进？

(13) 当你需要别人帮助时，是否能充满自信地提出要求，并且能说服别人来帮助你？

(14) 当你要完成一项重要的工作时，总是给自己足够的时间仔细完成，而绝不会在匆忙中草率完成？

(15) 参加重要聚会时，你是否总能准时赴约？

(16) 你是否有能力安排一个恰当的环境，使自己在工作时能不受干扰、有效地专心工作？

(17) 你是不是一个有远见、老成稳重型的人物？

(18) 你在工作或学习团体中，被认为是受欢迎的人物吗？

(19) 当听到别人夸奖你或者批评你时，你的内心反应是不是很激烈？

(20) 你认为自己是一个理财高手吗？

(21) 你是否可以为了赚钱而牺牲个人的娱乐时间？

(22) 你是否总是独自挑起责任的担子，彻底了解工作目标并认真完成工作？你在工作时，是否有足够的耐心与耐力？

(23) 你是否能在很短时间内结交许多朋友？

3. 测评标准

回答“是”得 1 分，“不是”不得分。

4. 测评结果

0～5 分：目前不适合自己创业，可训练自己更好地为别人工作，认真学习技术和专业知识。

6～10 分：需要在旁人指导下创业才有成功的可能性。

11～15 分：适合自己创业，但是在回答“不是”的测评中，必须分析自己的问题并加以调整。

16～20 分：可以从小事业慢慢开始，并从日常事务的妥善处理中积累经验，逐渐成为成功的创业者。

21～24 分：有无限的潜能，只要懂得掌握时机，很有可能成为未来的商业巨子。

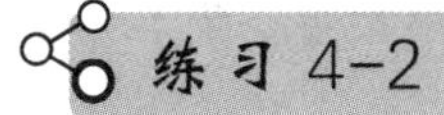

练习 4-2

我 能 行

1. 活动目标

自我能力的展示。

2. 活动要求

(1) 活动场地：室内。

(2) 参加者：班级同学及创业导师。

(3) 活动准备：每组选一个大学生喜欢的小礼物作为准备推销的产品，小奖品若干。

3. 活动过程

(1) 将班级同学分组，以小组为单位抽签，各小组准备推销抽中的那款产品。

(2) 每组依次向班级其他小组的同学和创业导师推销产品。

(3) 每组有一位同学用手机跟踪拍摄。

(4) 活动结束后各组将拍摄情况在班级中展示。

(5) 评出最佳销售小组。

(6) 创业导师点评。

讨论 4-2

(1) 推销产品时碰到尴尬的场面你会如何处理？

(2) 如果这种销售活动延伸到社会，你会怎样应对？

第三节　我欲上下而求索——大学生创业测评

> 思路决定出路，布局决定结局。
>
> ——牛根生

学习目标

(1) 了解什么是 MBTI 性格测试；

(2) 熟悉卡特尔 16 种人格因素测验；

(3) 掌握霍兰德职业兴趣理论的六种类型。

大学生创业测评大多使用 MBTI 职业性格测试、卡特尔 16 种人格因素测验和霍兰德职业兴趣理论。

(一) MBTI 职业性格测试

MBTI(Myers-Briggs Type Indicator)是根据荣格的心理类型理论形成的一种自我报告式的性格评估测试，用以衡量人们在获取信息、做出决策、对待生活等方面的心理活动规律和性格类型。MBTI用四个维度偏好二分法评估一个人的偏好，每个维度偏好二分法均由两极组成，包括：

（1）对世界的倾向：外向型——人的激励型；内向型——自我或记忆激励型。

（2）信息选择倾向：感觉型——运用五官感觉获取信息；直觉型——依靠本能获取信息。

（3）决策的倾向：思考型——通过逻辑分析解决问题；情感型——考虑他人，有同情心，缺乏逻辑性。

（4）搜索信息或做决定的倾向：知觉型——灵活、即兴、随遇而安；判断型——有计划、有条理，快速决定。

MBTI理论将人的性格特征从四个维度进行分类，每个维度有两个方面，即有八种人格特点，分别为"外倾"（E）—"内倾"（I）、"感觉"（S）—"直觉"（N）、"情感"（F）—"思考"（T）、"判断"（J）—"知觉"（P），两两组合，可以组成16种类型。

（二）卡特尔16种人格因素测验

16种人格因素问卷是由美国伊力诺州立大学人格及能力测验研究所卡特尔教授编制的用于人格检测的一种问卷。卡特尔认为，人格的基本结构元素是特质。特质是从行为推出的人格结构成分，表现出特征化的或相当一致性的行为属性。从向度来分，可分为以下4种：

（1）表面特质和根源特质。表面特质就是可以观察到的各种行为表现，具有相关性；根源特质是行为的最终根源和原因。

（2）能力特质、气质特质和动力特质。能力特质与认知和思维有关；行为的情绪、情感方面则表明了气质和风格的特质；动力特质与行为的意志力和动机方面有关。

（3）个别特质和共同特质。卡特尔认为人类存在着所有社会成员的共同特质和个体独有的特质。

（4）体质特质和环境特质。16种人格因素中有些是由遗传决定的，称为体质特质；有些来源于经验，称为环境特质。

在每一个特质因素中都可以看到前面四个向度的意义。这16个因素分别为乐群性（A）、聪慧性（B）、稳定性（C）、恃强性（E）、兴奋性（F）、有恒性（G）、敢为性（H）、敏感性（I）、怀疑性（L）、幻想性（M）、世故性（N）、忧虑性（O）、实验性（Q1）、独立性（Q2）、自律性（Q3）和紧张性（Q4）。

（三）霍兰德职业兴趣理论

著名生涯辅导理论家霍兰德认为，职业选择是人格的一种表现，某一类型的职业通常会吸引具有相同人格特质的人，而且具有相同人格特质的人对生活事件的反映模式是相似的，这种人格特质反映在职业上就是职业兴趣。

霍兰德将人的职业兴趣分为六种类型：实际型、研究型、艺术型、社会型、企业型和常规型。

1. 实际型

共同特点：愿意使用工具从事操作性工作，动手能力强，做事手脚灵活，动作协调；偏好于具体任务，不善言辞，做事保守，较为谦虚；缺乏社交能力，通常喜欢独立做事。

典型职业：喜欢使用工具、机器，擅长于需要基本操作技能的工作。要求具备机械方面的才能、体力，或对从事与物件、机器、工具、运动器材、植物、动物相关的职业有兴趣，并具备相应的能力，如技术性职业（计算机硬件人员、摄影师、制图员、机械装配工）、技能性职业（木匠、厨师、技工、修理工、一般劳动）等。

2. 研究型

共同特点：思想家而非实干家，抽象思维能力强，求知欲强，肯动脑，善思考；喜欢独立和富有创造性的工作，知识渊博，有学识才能，不善于领导他人，富有批判精神，考虑问题理性，做事精确，喜欢逻辑分析和推理，不断探讨未知的领域。

典型职业：喜欢智力的、抽象的、分析的、独立的定向任务，要求具备智力或分析才能，并将其用于观察、估测、衡量、形成理论、最终解决问题的工作，如科学研究人员、教师、工程师、电脑编程人员、医生和系统分析员等。

3. 艺术型

共同特点：有创造力，乐于创造新颖、与众不同的成果，渴望表现自己的个性，实现自身的价值；做事理想化，追求完美，不重实际；具有一定的艺术才能和个性；善于表达、怀旧，心态较为复杂。

典型职业：喜欢的工作要求具备艺术修养、创造力、表达能力和直觉，并将其用于语言、行为、声音、颜色和形式的审美、思索和感受，如艺术方面（演员、导演、艺术设计师、雕刻家、建筑师、摄影家、广告制作人）、音乐方面（歌唱家、作曲家、乐队指挥）和文学方面（小说家、诗人、剧作家）的工作。

4. 社会型

共同特点：喜欢与人交往，不断结交新的朋友，关心他人，个性随和；关注社会问题，渴望发挥自己的社会作用；比较看重社会义务和社会道德。

典型职业：从事提供信息、启迪、帮助、培训、开发或治疗等事务，并具备相应的能力，如教育工作者、心理咨询师和社会工作者等。

5. 企业型

共同特点：喜欢竞争，敢冒风险，有抱负；有较强的成就动机，追求权力、权威和物质财富，具有领导才能；做事积极主动，为人务实，习惯以利益得失、权力、地位、金钱等来衡量做事的价值，做事有较强的目的性。

典型职业：喜欢要求具备经营、管理、劝服、监督和领导才能，以实现机构、政治、社会及经济目标的工作，并具备相应的能力，如企业领导、项目经理、销售人员、政府官员、法官和律师等。

6. 常规型

共同特点：喜欢按计划办事，细心、有条理，尊重权威和规章制度；较为谨慎和保守，缺乏创造性，不喜欢冒险和竞争；在各项工作中能够高效认真地完成任务；习惯接受他人的指挥和领导；喜欢关注实际和细节情况，富有自我牺牲精神。

典型职业：根据特定要求或程序组织数据和文字信息的职业，如秘书、办公室人员、会计、行政助理和图书馆管理员。

大多数人的兴趣爱好并非集中在某一种类型上，每个人或多或少都具备几种兴趣，因此，为了全面地描绘一个人的兴趣，通常用三个字母来表示，而这三个字母的顺序则代表了个人兴趣的强弱，这个代码称为“霍兰德职业兴趣代码”。

霍兰德六边形模型如图 4－1 所示，可用来解释六种类型之间的关系，即相邻关系、相隔关系和相对关系。

除上述职业测试工具外，其他创业方面的测试还包括创业动机的测试，管理知识、创业法律知识的测试，理财意识、经营管理工作的测试，交往能力、学习能力、创新能力的测试，领导能力的测试，坚韧性、团队合作能力的测试，冒险精神、自信心的测试，敏锐力、行动力的测试等。

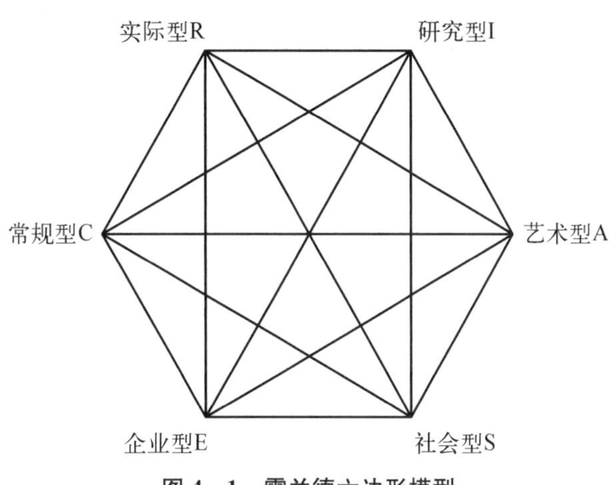

图 4－1　霍兰德六边形模型

本 章 小 结

创业是一种积极主动的行为，创业者的整体素养对于创业成功与否起着至关重要的作用。大学生创业者更应注重自身创业能力与创业素质的培养，“事在人为”就是这个道理。

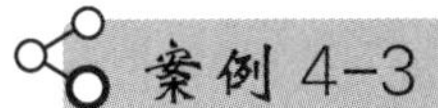

二手书店的成长

从 2015 年毕业到现在，小李开办的二手书店的书籍总量超过了 10 万册，其首创的销售模式已经延伸到了另外两所高校。2015 年 9 月～10 月，总销售额突破了 18 万元。年轻的小李能有这番成就，得益于刚踏入大学校园时上的一门创业指导课。

来自偏远农村的他，抱着要在城市立足的心愿，顺利考上了湖南某省会大学。来到这个陌生的城市后，面对着高楼林立、车水马龙的景象，他陷入了迷茫。这时，听闻学校里开办了创业培训班，小李感觉看到了一盏明灯，便下定决心要在湖南自主创业，开辟属于自己的一片天地。

在创业培训班，小李“初生牛犊不怕虎”，以极大的热忱尝试了多个项目，希望自己的项目能够“百花齐放”。但他很快发现，光凭热忱并不能搞定一切，他的创业雄心还是被资金不足、经历有限等问题给限制住了。在这个阶段，他感觉自己的体力、经历都快被消耗殆尽了，而创业项目却没有很好的起色。这时，他的创业导师仔细分析了小李的性格并提出了专业的意见。他认为小李好奇心强，有一股拼劲儿，对所有项目都抱有极大的热情，这有好的一方面，也有不好的一面，那就是容易分心、不够专一。如果小李能将这份热情集中在一个项目上，定能有所作为。

导师的建议在二手书店的经营过程中得到了很好的体现。小李将所有的时间和精力都集中在二手书店上，终于取得了不俗的成绩。不同于传统的二手书店摆放基本靠堆砌、卖书基本靠顾客自己淘、存货基本靠猜的现状，小李引入了“书籍摆放”的思想，研发了一套书籍摆放管理系统，这样不仅大大方便了顾客选书，也方便了自己的库存管理和后期经营。

传统二手书店还经常会遇到这种情况：一本好书就因为外表太脏，让人没有了阅读欲望。于是小李通过多方搜寻材料和调查，终于发现可以用消毒柜对书进行消毒，提升书籍的卫生质量。正因为引进了消毒柜，自己也敢于对外喊出“我的书最干净”的口号。小李表示，现在至少有三分之一的顾客，特别是一些女性顾客，都是冲着“书籍干净”而选择到店里消费。

细节决定成败，重点培养一家二手书店的收获远比“普遍撒网”好得多。当小李一门心思扑在自己的二手书店上时，幸运女神便悄悄地来到了他的身边。遵从选书、购书、消毒、修复、销售、宣传、选址这样一个个环节，小李能快速复制出一个二手书店。

案例解析：大学生在创业初期容易迷茫，找不到方向，盲目地奋斗很容易“赔了夫人又折兵”。小李选择相信学校的创业培训班是非常明智的。导师们的专业建议能给创业者指出一条更明朗的道路，专业的心理测试与分析能更好地剖析创业者的性格，为创业者量身定制培养计划。在这个案例中，专业导师帮助小李做的性格分析为他的创业之路指明了方向，正如小李所言“开弓没有回头箭”，一旦确定了正确的方向，并朝着它一路走下去，终将走到成功的终点。

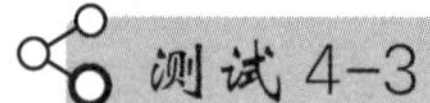

测试 4-3

创业者综合素质测试

1. 测评说明

在准备开始创业之前，先问自己几个问题，看看自己是否具备创业素质。美国创业协会设计出的这份测评试卷，可以让人在作出创业决策之前对自己有个初步的了解。

2. 测评题目

(1) 在急需做出决策的时候，你是否在想：再让我考虑一下吧？

经常（ ）　有时（ ）　很少（ ）　从不（ ）

(2) 你是否为自己的优柔寡断找借口："是应该慎重考虑，怎能轻易下结论呢?"

经常(　)　　有时(　)　　很少(　)　　从不(　)

(3) 你是否为了避免冒犯某个或某几个相当有实力的客户而有意回避一些关键性的问题，并变得曲意奉承呢?

经常(　)　　有时(　)　　很少(　)　　从不(　)

(4) 你是否无论遇到什么紧急任务，都是先处理琐碎的日常事务?

经常(　)　　有时(　)　　很少(　)　　从不(　)

(5) 你是否非得在巨大压力下才肯承担重任?

经常(　)　　有时(　)　　很少(　)　　从不(　)

(6) 你是否无力抵御或预防妨碍你完成重要任务的干扰与危机?

经常(　)　　有时(　)　　很少(　)　　从不(　)

(7) 你是否在决定重要的行动计划时常忽视其后果?

经常(　)　　有时(　)　　很少(　)　　从不(　)

(8) 当你需要做出可能不得人心的决策时，是否找借口逃避，不敢面对?

经常(　)　　有时(　)　　很少(　)　　从不(　)

(9) 你是否总是在快下班时才发现有要紧的事没办，只好晚上回家加班?

经常(　)　　有时(　)　　很少(　)　　从不(　)

(10) 你是否不愿意承担艰苦的任务而寻找各种借口?

经常(　)　　有时(　)　　很少(　)　　从不(　)

(11) 你是否有来不及躲避或预防的困难情形发生?

经常(　)　　有时(　)　　很少(　)　　从不(　)

(12) 你是否拐弯抹角地宣布可能得罪人的决定?

经常(　)　　有时(　)　　很少(　)　　从不(　)

(13) 你是否喜欢让别人替你做自己不愿意做的事?

经常(　)　　有时(　)　　很少(　)　　从不(　)

3. 测评标准

计分："经常"得 4 分，"有时"得 3 分，"很少"得 2 分，"从不"得 1 分。

50 分以上：你的个人素质与创业相差甚远。

40～49 分：你不算勤勉，应该彻底改变拖拉、效率低的缺点，否则创业只是一句空话。

30～39 分：大多数情况下充满自信，但有时犹豫不决，不过没关系，有时候犹豫是成熟、稳重的表现。

15～29 分：你是一个高效率的决策者和管理者，更是一个成功的创业者。

小于 15 分：你过分自信，目空一切，只能获得短暂的成功。

4. 测评结果

如果你完成了上述测评后还是没有把握的话，还可以进行下面的自我分析：

(1) 你是否认为，如果没有必要，别有太多的钱；如果有必要，别没有太少的钱？

(2) 如果家长让你去打酱油，你半路上被吹面人手艺吸引，把买酱油的钱买了面人，结果回去挨了批评，但你仍觉得值得。

(3) 当你工作时，你是不是会说“真好，又到星期一了”？

(4) 你是否有白日梦？

(5) 你去一个小岛上开拓皮鞋市场，当你发现岛上人没有穿鞋的习惯时，你会兴奋地向总部回电“太好了，这个岛上的人还没有穿过鞋”，而不是说“真失望，这里的人不穿鞋”。

(6) 当你考虑一个问题没有答案时，能不能换个角度，甚至是从逆向角度考虑？

(7) 下雨的时候，你能不能看一天蚂蚁搬家？

(8) 你喜不喜欢解决问题？

(9) 你是否感到孤独，是不是自己的想法常常不能被别人理解？

(10) 你上学时，是否尝试过骑自行车长途旅行？

(11) 对于一桩生意，你绝不会认为来得太晚。

(12) 你对于成功的理解是“尝试第三十二次还没有成功，那么成功就是尝试第三十三次”。

(13) 你是否认为得到 20%比 100%什么都没有要强得多？

(14) 给别人做事，你是不是受不了别人的约束？

(15) 你是否相信“因为不可能，所以可能”，常人的不可能、常规的不可能，意味着更多的机会、更大的可能？

(16) 你是否在做一件事之前，不考虑做另一件事？

(17) 你总是相信“车到山前必有路”，而义无反顾地往前走。

(18) 你是不是总是在看到世界上有什么需要做的，然后就开始做？

(19) 你做老板，仅仅是为了钱，还是因为你喜欢做这件事？

自己对照一下，如果符合 10 条以上而且有一两条非常突出，你就有可能比较适合创业。

自信风暴

1. 活动目标

体验自我认知的愉悦。

2. 活动要求

(1) 活动场地：室内。

(2) 参加者：班级同学。

(3) 活动准备：每人一张空白奖状、一张 A4 纸、一张自信方法增强表。

3. 活动步骤

(1) 每位同学根据自己的经验填写表 4-1。

表 4-1　自信方法增强表

序　号	自己亲身经历提高自信的方法	听别人讲自己也相信可以提高自信的方法	通过想象自认为可以提高自信的方法
1			
2			
3			
4			
5			
6			

(2) 每位同学在本组交流分享。

(3) 每组推荐一位小组同学认为其各方面都比较优秀且较为成功的同学，分享过去的岁月中最让他感到信心十足的事情。

(4) 自我奖励。请每位同学根据自己的特长和优势拟订一份自我奖励的奖状。

(5) 喊出自我。请每位同学站到中间来大声地喊出自己的颁奖词。

讨论 4-3

1. 什么时候发生的什么事情让你感到自己是有力量的？

2. 自己的颁奖词与小组同学对你的评价有什么差异？

第五章

优势互补，同舟共济

——创业团队组建

俗话说："一个篱笆三个桩，一个好汉三个帮。"在创业初期，拥有一个好的创业团队，对于企业迅速站稳脚跟和发展壮大有着至关重要的作用。创业团队的凝聚力、合作精神、立足长远目标的敬业精神都会帮助新创企业渡过危难时刻，加快成长步伐。另外，团队成员之间的互补、协调以及与创业者之间的补充与平衡，也能对新创企业起到降低管理风险、提高管理水平的作用。但如果团队没组织好，就容易出现"一个和尚挑水吃，两个和尚抬水吃，三个和尚没水吃"的尴尬局面。能否找到合适的创业伙伴，怎样创建一个优秀的创业团队，如何管理创业团队等问题，都是创业成功与否的重要因素。

第一节　莫愁前路无知己——选择合适伙伴

大成功靠团队，小成功靠个人。

——比尔·盖茨

学习目标

(1) 了解合作伙伴的内涵；

(2) 怎样选择创业的合作伙伴；

(3) 学会维持合作伙伴的关系。

一、合作伙伴的内涵

合作伙伴是指在相互信任的基础上，双方为了实现共同的目标而采取的共担风险、共享利益的长期合作关系。由此定义可以看出，合作伙伴实际上就是利益的休戚与共。合作伙伴不仅仅局限于人与人之间，当事业发展到一定阶段，公司与公司之间也可以成为合作伙伴。

了解清楚合作伙伴的内涵能帮助我们弄清楚，到底应该把自己的理想抱负和身家事业托付在谁的身上。从广义上讲，合作伙伴关系有以下几层含义：

(1) 发展长期的、信赖的合作关系。一切为了双方的长远利益着想，不在蝇头小利上过多地纠缠。这种关系由明确的书面或口头的合约确定，双方共同确认并且在各个层次都有相应的沟通。

(2) 双方有着共同的目标，并且为着共同的目标有挑战性地改进计划。

(3) 双方相互信任、共担风险、共享信息。

(4) 共同开发、创造，获得的成果双方共享。

(5) 以严格的尺度来衡量合作表现，不断提高。

二、怎样选择合作伙伴

在创业过程中，人是决定性因素，找到好的合作伙伴至关重要。比尔·盖茨用"因为有更多的成功人士在为我工作"一句话总结了他的成功经验。陈安之的"超级成功学"也有提道"先为成功的人工作，再与成功的人合作，最后是让成功的人为你工作"。那么创业应怎样选择合作人呢？以下是成功人士总结的七条选择创业合作人的标准。

(一) 与自己志同道合

合作伙伴之间需要的是相互信任、相互支持、共同成长，这是能够形成合作的前提条件。没有信任、支持基础的合作，大多不会长远。所以，选择信任的、能够和自己共同成长的合作伙伴非常关键。大学生差不多都有着相似的成长经历，很容易谈到一起，但从长远来看，每个人的人生观、世界观都有差异，个人背景的差异也会影响到团队之间的合作。

(二) 志向远大

志向远大是创业者最应具有的特质。人的追求目标越高，自身的潜能才能得到充分的发挥，才能发展越快。团队成员有共同的志向，目标才能一致，这样事业发展之路才能走得长远。

(三) 快速学习

创业本身带有诸多不确定性，作为创业者，就要不断尝试与学习。成功的创业者，是愿意学习并有能力快速学习、愿意接受新事物的人。只有拥有新知识、新技能，并有学习能力的人才能掌握未来。

(四) 勇于实践

只有行动才会有结果。行动不一样，结果才会不一样。创业需要有头脑的实干家，而不是空想家。创业路上的实际情况往往比预想的要复杂得多。要善于总结,不停地修正,直到达到理想的目标为止。在大学里面,很多人其实并没有下定决心去创业,只是觉得平常生活没意思、没新鲜感,有一种创业的冲动,但是又害怕失败,从而行事犹豫、做事拖沓、不够果敢,这样的合作伙伴会对创业产生不可估量的后果。

(五)舍得付出

创业初期都很艰苦,条件很差,而且付出了有可能得不到理想的效果,这时特别需要团队有奉献精神,要能不计回报地付出。拥有这样的合作伙伴,企业才能在激烈的市场竞争中站稳脚跟,慢慢发展起来。

(六)善于沟通

有创业者坦言,在团队合作中,要沟通、沟通、再沟通!善于沟通是一种态度。伙伴之间相互沟通至关重要。创业初期肯定会遇到各种困难,这就需要合作伙伴慢慢磨合。每个人都有不同的立场,不可能要求想法都一致,但坦诚沟通和互相理解才是继续合作的最好基石。

(七)诚信

有调查显示,几乎所有的创业者都认为,诚信这个心理品质的至关重要,与年龄及从事的行业等无关。一个企业在创业之初到发展过程中,都要经受诚信的考验,团队成员个人的诚信常常会影响到整个团队的诚信及信誉。

三、怎样维持良好的合作伙伴关系

(一)明确职责

在合作初期,创业合作者要明确合作伙伴各自的职责,不能模糊,要能拿出书面的职责要求。因为是长期的合作,明晰责任最重要,这样在后期的经营中才不至于互相推诿,甚至反目成仇。

(二)按股权比例分配利润

股权比例是合作开始时双方根据各自的资金、资源和能力的作价而产生的。股权比例和利润分配密切相关,需要在公司章程中明确。将来如果需要,可以根据公司的经营情况、人员等级变动及贡献的大小,经全体股东一致同意后,作适当的调整。

(三)股东的退出机制

当合作出现问题,一方要退出时,什么时候退出,退出时的投入比与退出比是多少,以及怎样补偿,由谁承担等要提前书面明晰,需要在公司章程或投资协议中明确。创业不应该意气用事,若抱着大家是朋友不必计较的心态,一旦合作过程中出现摩擦,一方想要退出时,就会横生出许多不必要的冲突。所以说,合理的退出机制是合作成功的重要组成部分。

(四) 合作过程中摩擦的预防

合作双方之间的摩擦主要是后期经营权和利润分配的矛盾,应合理地安排合作职责,明晰合作双方的利益。公司建立之初,在公司的章程中或投资协议中要约定公司的决策机制。

(五) 合作之间建立互信

在明确职责和利润分配的基础上,通过各种方式加深合作伙伴间的感情,从简简单单的商业关系升华为相互依赖、相互扶持的友谊,这样合作关系才能更加牢固。

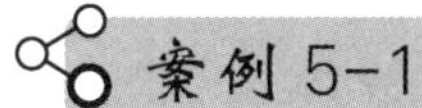

寻找目标一致的伙伴

小强来自江西,就读于湖南某大学工商管理专业,是一位十分有经商头脑的学生。大一时,他就发现该大学位置比较偏远,周围缺乏购物商场,很多同学想逛街购物都要出门坐一个多小时的汽车去市中心。如果网购,寄来的商品都存在学校规定的收发室内,需自行提取,这样一来,商品不仅容易被其他物品挤压损坏,有时还因同学拿错而丢失物品。另外,有些同学的宿舍离收发室比较远,遇到下雨天或东西太重太多时,领取非常不方便,很多同学对此都怨声载道。

小强分析了目前学校购物不便的状况,萌生了自己搭建电商平台,为同学提供购物送货到宿舍一条龙服务的想法。大二上学期一开学,小强找来同校的几个朋友小峰、小凡、小天和小美,邀请他们加入他组建的创业团队。小峰是计算机专业的学生,在团队里担任微信电商平台的开发和维护工作。小凡和小天也是工商管理专业的学生,都是湖南本地人,他们运用本地人优势寻找到当地大学生比较喜欢的零食或小物品的供应商。小美是设计专业的学生,在团队里负责美工设计、传单设计等工作。当有同学下单时,他们会拿货并直接送货上门,免去了同学们领快递的麻烦。特别是在特殊节日,如“520”“双 11”“圣诞节”等,他们都会提前进好玫瑰花、巧克力、苹果等畅销品,在活动当天送到同学宿舍或教室。创业团队成立不久,因其提供的商品性价比高、服务优质,很快便打响了知名度。很多同学都在他们的微信平台购买,特别是在一些特殊的节日里,生意尤为火爆。在第一个“双 11”过后,他们积累了创业的第一桶金。被小强拉进来的小峰、小凡、小天和小美第一次尝到了创业的甜头,越干越起劲。

可是到了大二下学期,小峰被学校选派去参加全国计算机大赛;小美因为校企合作关系,经常为企业和学校组织的活动进行海报设计等工作;小凡也因为家庭缘故经常回家,不常在学校:这三位同学已无心再做创业团队的工作。结果,他们的货品更新速度越来越慢,送货速度慢也经常被同学投诉，慢慢地生意越来越差，小强和小天也感到维持经营越来越吃力。到了大二下学期期末，他们的创业团队正式宣告解散，电商平台也无人再管。

小强表示他很想把这个创业项目做下去，之前他们做得真的很不错。但是如今团队成员走的走，散的散，剩下的也都无心创业了，他也没能力再把大家组织起来。带好一个团队，仅凭一时的热情远远不够。创业关键还是要有一批目标一致的同伴。此次的失败，会让他成长起来，以后如果再创业，一定要寻找和自己志同道合的伙伴，谨慎选择，努力给团队成员提供做事的机会、赚钱的机会、成长的机会、发展的机会。

案例解析：这原本是一个有着极佳组合的创业团队，有着精明的商业头脑，有懂电脑互联网技术的，有懂设计的，有货源，有渠道，有充足的人力，但创业失败的最大原因也恰恰是因为这个团队。团队最初的根基就不稳，这个创业项目只是小强自己的想法，其他同伴并没有过多想法或提出意见，只是因为“关系好，玩得好”，被小强拉过来做事而已。虽然之后团队有获得收益让大家为之振奋，但并没有形成一股凝聚力，这也是为什么后来因为比赛等一些事情很轻易地就把团队拆散了。创业核心人物小强自身也缺乏创业理论相关知识，所以才会导致团队出现危机时没有能力扭转局面，任其发展，从而走向最终的失败。

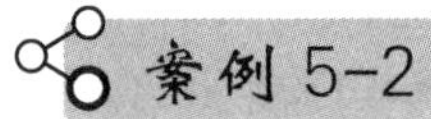

寻找最佳创业伙伴

某大学大二的学生小黄参加了某市政府举行的全市落实创业政策恳谈会。会上，他道出自己想建立一个大学生求职网站的想法得到了市长的赞赏和支持。在市长的鼓励下，这个充满了创业激情的小伙子迅速完善了先前酝酿许久的创业计划书，架构起未来网站的基本框架。但一个绕不开的问题是，自己并不会编程，网站的建立必须由专业的技术人员来完成，这名技术上的核心人物在哪里呢？苦苦找寻数月无果，小黄只好暂时收起创业梦想，先找份工作，给别人打工。“对创业条件分析不足，这是我最大的失败。”小黄这样总结自己失败的起步。

大学最后一学期，迎接小黄的是一场接一场的招聘会和一次又一次的失望而归。小黄表示：“我们不停地奔波于各种招聘会，在海量的招聘信息里想要找到一个适合自己的企业却很难。”在与企业的接触中，小黄了解到企业也存在类似的烦恼。因为缺乏对学生的了解，企业仅通过一次招聘会或一两次简单的面试就签订用人协议，事后却发现招聘来的员工并不适合这份工作，为此浪费了大量的人力、物力。于是，他萌发出这样一个想法——办一个不同寻常的求职网站。小黄认为，在网站中，他将为企业和大学生搭建起一个长期稳定的接触平台，只要大学生和企业登录注册，双方就可以通过这个平台相互了解。企业甚至可以跟踪大学生在校期间的各方面表现，决定毕业时是否录用。接下来的几个月，小黄开始了广泛的市场调研。他登门20多家企业，与人力资源管理部门的负责人沟通了这一想法，有70%的人肯定网站的特色服务内容。“我会用两到三年的时间向外界推广网站，吸纳大学生和企业登录，并向企业收取一部分会员费。三年后，点击量有了一定提升，广告将成为网站盈利的又一渠道。未来，在继续完善网站服务内容的基础上，推出一系列连带产品，我相信这会有更大的发展前景。”实际上，小黄已明确了网站的盈利模式。至于网站的长远规划，小黄表示他已制定了相应的计划。尽管制定了自己的创业计划、确立了盈利模式、进行了市场调研，也得到了父母兄长的资金支持，但小黄却忽视了创业最为关键的因素之一——寻找合适的创业伙伴，组建团队。小黄以为这不是问题，懂程序的人多，肯定能吸引到这样的人。直到制定创业计划的后期，小黄才向身边好友发布信息，结果只找到一个做网站的高中好友。“人太少了，编好这个网站的程序至少要两年。”小黄说。目前高校内具备这方面技术的人太少，而有丰富经验和能力的人却不愿意放弃工作跟他一起创业，好比没有左膀右臂，小黄孤军奋战的结果只能是退下阵来。

目前，小黄暂时放下了自己的创业计划，开始忙于找工作。“等有了几年工作经验，我还会继续完成创业梦想。这几年，我会构建自己的生活圈，寻找最佳的创业伙伴，组建最佳的创业团队。”

案例解析：创业前对自己要有一个清醒的定位，这个定位不仅仅是对自己能力的定位，对创业成功与失败也要有一个清醒的定位。在做一件事时，我们首先要看的是合不合法，然后考虑的是经济上行不行，最后是这个团队能不能承接，这是一个步骤。但由于我们太急于把这件事情做成，或者说前两个因素太好，就忽略了后面团队的问题，而最后往往是这个因素使项目功亏一篑。因此，对合作伙伴的性格特性及能力一定要有清晰的认识，这对于团队的核心人物来说至关重要，要把合适的人放在合适的位置。

第二节　众人划桨开大船——创建创业团队

> 任何组织和企业的成功，都是靠团队而不是个人。
>
> ——罗伯特·凯利

学习目标

（1）了解创业团队的基本要素；

（2）掌握创业团队的基本原则；

（3）掌握组建创业团队的程序和主要工作。

一、创业团队的内涵

团队并不等同于一般意义的“群体”，两者的根本差别在于，团队中成员所做的贡献是互补的；而群体中成员之间的工作在很大程度上是互换的。团队是群体的特殊形态，是一种为了实现某一目标而由相互协作、依赖并共同承担责任的个体所组成的正式群体。

为了应对激烈的竞争环境，单凭一个人是不够的，必须要有各种不同的人员才能拥有足够的技术、能力和资源。因此，创业团队的成功组建成为至关重要的环节。一个成功的创业团队能提高机会识别、开发和利用能力，提高新企业的运作能力，发挥协同效应，有利于组织发展和管理工作，有利于营造更轻松愉快的内部环境。

在团队概念的基础上，很多学者从不同角度对创业团队给出了自己的定义。

从所有权角度出发，创业团队是两个或两个以上参与公司创立过程并投入同比例资金的个人。但从各国高科技创业团队的情况来看，创业团队成员的出资比例因个人经济条件不同而各不相同。

从企业创立和投入资金角度看，创业团队是指两个或两个以上参与公司创立过程并投入资金的个人。在该定义中，就明确提出了创业团队成员股权并不一定相等的观点。

从人员构成的角度出发，创业团队应该包括对战略选择产生直接影响的个人，也就是应该将把持董事会，尤其是占有一定股权的风险投资人包括在内。

从企业创立过程的角度出发，创业团队定义为“参与且全身心投入公司创立过程，并共同克服创业困难和分享创业乐趣的全体成员”。至于律师和会计师等外部专家，由于只参与公司创立的部分工作，因此不能算作创业团队成员。

从参与实践的角度出发，创业团队指的是在公司成立之初执掌公司的人，或是在公司营运的头两年加盟公司的成员，但不包括没有公司股权的一般雇员。在创业初期(包括企业成立时和成立前)，履行执行职务的成员都可被认为是创业团队的成员。

综合上述各种观点，创业团队是指由两个或两个以上具有一定利益关系的，彼此间通过分享认知和合作行动以共同承担创建新企业责任的，处在新创企业高层主管位置的人共同组建形成的有效工作群体。

二、创业团队基本要素

(一) 人员

团队最终能否获得成功取决于人员本身。在选择和确定团队成员的时候，必须认真细致地从多方面考察候选者。候选人的技能、学识、经验和才干等要素应尽可能符合团队的目标、定位、职权和计划的要求。创业团队至少包括三方面的人才：管理人才、技术人才和营销人才。当这三个方面的人才形成良好的沟通协调关系后，该创业团队才是稳定且高效的。创业者在组建创业团队时，不但要考虑成员个人的能力、品德、志向和爱好，还要考虑成员之间的兼容性。

(二) 目标

所谓“目标”，即为什么要建立团队，希望通过团队达到什么目的。所有团队都有一个共同的目标：把工作上相互联系、相互依存的人组成一个群体，能够以更加有效的合作方式达成个人的、部门和组织的目标。创业团队是一个特殊的项目团队，目标是完成创业阶段的公关、技术、组织、管理、市场、规划等各项工作。创业团队的工作要有创造性，使得企业从无到有，从起步走向成熟。企业建立发展成型之后，创业团队会随之转变为管理团队，团队目标则由创业转变为管理。

（三）定位

所谓"定位"，即团队通过何种方式同现有的组织结构相结合，从而创造出新的组织形式。团队定位首先要确定由谁选择和决定团队的组成人员，其次就是团队要对谁负责，再次就是如何采取有效措施激励团队及其成员，最后要形成一套制度规范，规定团队任务，确定团队同组织结构结合的方式。创业者在做创业计划时，以及在对初创企业进行管理的过程中，要选择和决定合适的人员组成创业团队，把他们安置到创业组织当中去，使成员得其所、在其位、谋其政、尽其用。

（四）职权

所谓"职权"，是指团队中职、责、权的划分和管理。它实际上是团队目标和定位的延伸。就整体而言，创业团队的权限比较大，它的工作范围几乎包括各个领域，如公关、管理、生产、销售、财务、人力资源开发等，所处理的事务会影响到整个新创企业现在的状况和未来的成败。创业团队的各项职权要分轻重缓急。在创业初期，为使企业尽快步入正轨，申请创建、生产、销售等团队职权相对来说显得更为重要。至于技术创新，新产品开发，就相对次要一些，可以先缓一缓。最重要的一点，创业团队成员的职权一定要明确，既要避免职权的重叠和交叉，又要做到经常在一起沟通与协调。

（五）计划

在确定了团队的职责和权限后，就需要决定如何把这些职责和权限具体分配给团队成员，这就需要通过计划来实现。也就是说，要通过计划来指导各个团队成员分别做哪些工作，以及怎样做。创业团队的计划是以创业团队的整体来考虑的计划，它包括创业团队的领导和规模，领导职位设立的方式，领导者的权限与职责，创业团队各成员特定的职责与权限，各成员投入团队工作的时间等内容。

以上创业团队构成的"5P"要素是团队的基本组成部分。创业之初，团队的建设并不像想象中的那么简单，有时创业过程中会与团队组建一起完成。由于创业活动的特殊性，创业团队不必具备每一个因素，但是建议创业者组建团队时应尽可能满足这"5P"要素。创业者应当时刻牢记一句俗语"三个臭皮匠，顶个诸葛亮"，这正说明创业团队在创业过程中的重要性。

三、创业团队组建的基本原则

创业团队的组建，没有统一的标准化规程，每个团队都有自己独特的建立方式，不可复制。创业者走到一起都是机缘巧合，兴趣相同、技术相同、同事朋友甚至是有相同想法的人都可以合伙创业。作为创业者，要找到一支最适合自己的创业团队，应遵循以下几个方面的原则。

（一）共同的创业理念

共同的创业理念是组建创业团队的一个基本准则，指导着团队成员如何工作和如何取得成功，决定着创业团队的性质、宗旨和获取创业的回报，并且关系到创业的目标和行为准则。从某种意义上讲，创业理念甚至比机会、商业计划、融资等细节问题更为重要。许多拥有杰出的技术或其他相关的技能以及良好教育背景的人在一起创业，往往由于缺乏共同的创业理念，成为高度个人主义竞争的牺牲品。他们的极端个人主义与团队的一致性格格不入，最终将导致创业的失败。实践表明，虽然促使团队成功的理念和态度并无定式，但却具备一些共同点，如凝聚力、合作精神、长远发展意识、致力于价值创造等。

（二）共同的创业愿景

所谓创业团队的共同愿景，是指这个组织中所有成员共同的发自内心的意愿，它能够激发所有成员为实现这一共同愿望而奉献全部的精力，完成共同的任务、事业或使命。真正的共同愿景能激活每个人的愿望并产生共鸣，使全体成员紧紧地连在一起，淡化人与人之间的个人利益冲突，从而形成一种巨大的凝聚力。只有当人们致力于实现某种他们深深关切的事业和使命时，他们才会忘掉自己的私利，才会真正地团结起来。例如，梁山好汉的共同愿景是“劫富济贫，替天行道，有难同当，有福同享”。在宋江的带领下，梁山好汉有兄弟般的凝聚力，有非常强的战斗力。共同的愿景包括蓝图勾画、价值观认同、使命感、目标导向等部分。

（三）相互信任

没有信任，合作是进展不下去的。创业团队要想成功组建，需要团队成员之间的相互信任。也就是说，团队成员彼此相信各自的品格、个性、特点和工作能力。然而，我们在日常的人际关系中都能体会到：信任是相当脆弱的，需要花大量的时间去培养而又很容易被破坏，被破坏之后要恢复又很困难。而且，只有信任他人，才能被他人信任。所以，群体内的相互信任必须引起足够重视。

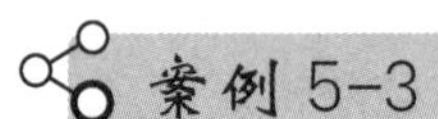

没有完美的个人但可以有完美的团队

小王是湖南某职业院校烘焙专业大二的学生，从小就对烘焙、甜点、咖啡饮品感兴趣，梦想有一天能开一家自己的咖啡店。为了实现自己的理想，小王大一便在学校创业中心开设的某咖啡厅打工。由于自身勤奋好学，小王大二时被创业中心指导教师任命为咖啡厅店长，接替了马上要毕业的上届店长的工作。

当上店长的小王发现店里的工读生和他一样都是烘焙专业的学生，但是他们所具备的经营一家咖啡店的知识和技能都很有限。于是，他向全校发起招聘帖子，希望有更多对创业感兴趣的小伙伴加入。一时之间，吸引了来自机电、设计、商贸、酒店旅游会展等专业对咖啡店感兴趣的同学应征。最后，经过一个月的试用期的考察，小王留下了懂机电的小方、懂设计的小波、懂市场的小如、懂服务的小萌和懂活动策划的小静。虽然每一位成员都要懂得店面的基本营运和产品的制作，但是侧重点又略有不同：小王带领的烘焙团队主要职责是原料进货、产品研发和制作；小方主要负责店里咖啡机、冰柜、烤箱、榨汁机、投影仪、电脑、路由器、电灯等机电设备的维护保养和简单维修；小波主要负责店面宣传海报、产品宣传海报的设计，以及微信公众号的运营和摄影摄像等工作；小如主要负责制订每学期咖啡店的营销计划和财务方面的事务；小静主要负责制订活动推广计划；小萌主要负责前厅的服务和顾客互动，执行店里的推广活动。每位同学在咖啡店各司其职，贡献自己的一分力量。小王虽是店长，但从来不会用职权强压同伴，每当遇到问题或有决策需要定夺的时候，都是大家一起开会讨论，遇到自己不太明白的专业问题也会虚心请教，听取擅长此事的同学的意见。大家的基本工资按值班工时来算，每月结余的钱则成为下个月的流动资金、营销推广活动资金，以及团队外出学习参观的费用。

在新团队的打拼下，咖啡店业绩比上学期有了明显的提高，每位同学的能力也得到了极大提升。创业中心指导教师对学生们已能够独立自主地经营起一家咖啡店感到非常欣慰和自豪。再过一年小王也将毕业了，他打算先到别家咖啡馆打工，全面了解市场后再寻找适合的店面，召集咖啡厅创业伙伴一起加入经营。

案例解析：世界上没有完美的个人，但可以构建完美的团队。这是一个比较新颖的创业项目，利用学校提供的场地实际经营一家咖啡店，自负盈亏，给还没有出社会又想创业的同学提供了一个真实的平台，让学生的创业思想更加成熟，而不是在象牙塔里空想。小王在经营时意识到个人的力量是不够的，需要更多具有不同能力的人完美结合，才能经营出一家好的店面，于是召集志同道合的各路人才汇集在咖啡厅。通过小王对团队每个人员的职能划分，制定管理制度，明确薪资，让同伴们能安心工作，有规可循，即便遇到矛盾也可以很好地协商解决。同时通过经营，他们也意识到自己的不足，所以决定在社会上创业前先去企业磨炼，等打磨好了再聚首创业。

四、创建团队的程序及主要工作

(一) 完成市场调查，确定总的目标与阶段性任务

创业团队建立的第一步就是要明晰自己的市场有多大，是否长久，从而保证这个团队的

发展壮大。在总目标确定之后，为了推动团队最终实现创业目标，将总目标加以分解，设定若干可行的、阶段性的子目标。

（二）制订创业计划

在确定了总目标和一个个阶段性子目标之后，紧接着就要研究如何实现这些目标，这就需要制订周密的创业计划。创业计划是在对创业目标进行具体分解的基础上，以团队为整体来考虑的计划。创业计划确定了在不同的创业阶段需要完成的阶段性任务，通过逐步实现这些阶段性目标来最终实现创业目标。

（三）招募合适的人员

关于创业团队成员的招募，应主要考虑两个方面：一是互补性，二是适度规模。一般而言，创业团队至少需要管理、技术和营销三个方面的人才，但这三个方面人才的性格可以说是各有千秋。管理人员应情商较高，有大局观念，为人谦和但不失魄力，心思缜密、处事公正。科研技术人员则应认真负责，勤勤恳恳，有耐心，而且要有创新精神。对于营销人员来说，乐观开朗是必备的基本素质，还应懂得与客户沟通的策略，不轻易放弃，当然，良好的口才更能锦上添花。适度的团队规模是保证团队高效运转的重要条件。团队成员太少则无法实现团队的功能和优势，过多又可能会产生交流的障碍，使团队分裂成许多较小的团体。

（四）职权划分

创业团队的职权划分就是根据执行创业计划的需要，具体确定每个团队成员的职权。在创业过程中，面临的创业环境是动态复杂的，会不断出现新的问题，团队成员可能不断更换，因此创业团队成员的职权也应根据需要不断进行调整。大学生作为年轻人，或多或少都有一些权力欲，所以团队的领导者既要尊重他们正常的心理需求，又不能影响到日常的管理，要想方设法进行疏导。

（五）构建创业团队制度体系

创业团队制度体系体现了创业团队对成员的控制和激励能力，主要包括团队的各种约束制度和各种激励制度。一方面，创业团队通过各种约束制度（主要包括纪律条例、组织条例、财务条例、保密条例等）避免成员做出不利于团队发展的行为，实现对成员行为有效的约束，保证团队的稳定秩序。另一方面，创业团队要实现高效运作要具备有效的激励机制（主要包括利益分配方案、奖惩制度、考核标准、激励措施等），使团队成员能看到随着创业目标的实现，其自身利益将会得到怎样的改变，从而达到充分调动成员的积极性、最大限度发挥团队成员作用的目的。要实现有效的激励，首先必须把成员的收益模式界定清楚，尤其是关于股权、奖惩等与团队成员利益密切相关的事宜。需要注意的是，创业团队的制度体系应以规范化的书面形式确定下来，以免带来不必要的混乱。

（六）团队的调整融合

完美组合的创业团队并非创业一开始就能建立起来，很多时候是在企业创立一定时间以后随着企业的发展逐步形成的。随着团队的运作，团队组建时在人员匹配、制度设计、职权划分等方面的不合理之处会逐渐暴露出来，这时就需要对团队进行调整融合。问题的暴露需要一个过程，因此团队调整融合也应是一个动态持续的过程。在进行团队调整融合的过程中，最为重要的是要保证团队成员间经常进行有效的沟通与协调，培养强化团队精神，提升团队士气。

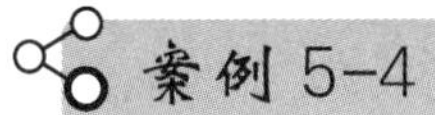

案例 5-4

团队建设从何处入手

2018年小张创立拓展公司前曾在一家电子公司担任分公司营销经理，负责华东某地区的营销工作。由于工作勤奋，加之在他负责的营销团队中有两位比较得力的助手，部门销售业绩一直在全公司名列前茅，深得公司总经理的好评。2018年6月，公司进行业务与人事调整。新上任的片区王经理管理能力较强，但不善于拓展营销业务。为弥补自己业务相对薄弱的尴尬，王经理以人事调整为由把小张部门的那两位得力助手调出，使他们成为自己的助手，由此导致小张所管理的部门业绩大幅度下降，提成奖金也受到了影响。为此，小张与王经理商议，希望把那两人再调回来。但由于沟通过程中言语方式欠妥，王经理不但没有批准，还与小张起了争执，双方各持己见，互不相让。最后，一气之下，小张就辞去了营销经理的职务，回到湖南。

回到湖南后，小张思前想后，想起曾经一心向往的培训行业与户外拓展训练行业，于是在基本没有与任何人商量的情况下，决心自己创出一片天地。2018年下半年，小张注册了属于自己的拓展训练公司。

公司开业不久，小张为拓展业务就在某市高新区及曲江分别租下了两处办公场所，任命自己的爱人负责内务管理，招聘了几位员工担任拓展教练，并租下了户外拓展训练场地，购置了一批训练器材。

也许是由于在职场上的工作习惯，小张认为只要自己公司的规模大了，业务自然就会好起来，那时企业的竞争力也就会更强大，品牌也才会更易打响。因此，小张一边自己联系客户，一边想方设法在基础建设上动脑子、想办法，希望租下更大的场地，购置更好的器械，招聘更优秀的员工。然而，由于企业初创，没有成形的管理制度体系，员工的薪资体系不够健全，企业文化的建设也没有放在本该放的位置上，员工也没有清晰地认识到企业未来发展的方向与目标。小张希望员工能像自己一样为企业着想，但由于各自的价值观念没能达成共识，最终员工还是以薪水问题为由陆续离开了企业。当企业只剩下夫妻二人时，经营的难度可想而知。此时曾有相关导师建议公司将业务范围进一步拓展，强化团队的建设，走合作共赢的营销模式，降低固定资产投入等。小张当时也认为有道理，可在运营时还是走到了老路上。时间一久，团队再也建设不起来了。当员工难招、设备闲置、业务不畅、财务紧张等一系列问题一起出现时，小张终于认识到公司已经到了生死边缘。未来的路如何走？是该做出决策了。而就在此时，小张曾经任职的电子公司的王总多次找到他，希望他再回到原公司担任更高一级的管理职务。家人也在他创业这两年的点滴中认识到小张不适合自主创业，希望他重返职场做一名职业经理人。

机会只有这么一次，何去何从？小张陷入了深思。在真实的情况中，小张最终选择了放弃继续经营公司，重返原单位任职。在小张的后续回忆中，他认为，一方面现在生存压力很大，当时创立公司就是想多挣些钱，并没有太多地考虑其他因素。公司运行近三年，不仅没有挣到钱还亏了 30 余万元，即使创业成功后每年能有 20 万元～30 万元的收入，仍不能满足他的日常支出，当时对创业的一腔热情此时全被眼下的收入高低局限。另一方面，选择重返职场可能每年收入不会低于公司经营收入，且压力要小得多，自己的优势也更能充分发挥。正是基于此，最终小张还是选择了放弃创业。

案例解析：本案例中的创业者小张是一家新办企业的董事长、总经理，由于缺乏团队建设基本知识与基本训练，创业初期团队建设出现重大失误，人员纷纷离去，业绩下降，决策失效。其间，导师曾提出经营建议，但未被他重视并采纳，致使创业项目推进艰难，公司最终被迫关闭。通过本案例的学习，创业者要明白创业初期团队建设的重要性，并能从团队核心成员构建、创业带头人价值观、团队的共同愿景目标出发，打造富有战斗力的创业团队，培养并稳定团队的核心人物，并以此为基础完善初创企业的内部管理体系，及时修正创业项目的不足，拓展业务领域，使企业安全度过生存期。

第三节　团结就是力量——管理创业团队

> 制定正确的战略固然重要，但更重要的是战略的执行。
>
> ——杨元庆

学习目标

(1) 掌握怎样打造团队精神和培养团队的凝聚力；

(2) 掌握创业团队组织机构的设置；

(3) 掌握如何优化创业团队的运作机制。

创业团队的管理重点是在维持团队稳定的前提下，发挥团队的多样性优势。有效的团队管理能使具有不同能力、不同个性的人组成一个有共同目标且相互协调的整体；能发挥出每一个人的才能，使团队能够不断革新，不断发展和进步。一般来说，管理创业团队主要从以下几个方面进行。

一、打造团队精神

（一）重视团队精神

团队精神是各个成员的精神支柱，是创业成功的基石。和谐向上的团队精神能充分调动各个成员的团队意识，使其相互理解和支持，为实现彼此共同的目标而努力。一个没有团队精神的团队或企业，一切美好的想法和愿望都将成为“零”；一个没有团队意识的员工，无论学历有多高、技术有多精，对企业来讲也是“零”。只有具备团队精神，创业团队才能形成向心力、凝聚力，才能产生创造力。

（二）培养团队精神

1. 培养团队成员的敬业精神

敬业精神要求创业者具有“三心”，即耐心、恒心和决心。任何事情都不是一蹴而就的，不可只凭一时的热情来做，也不能在情绪低落时马马虎虎、应付了事。尤其在创业初期，每个团队成员都要勇敢地面对并解决困难，而不是一遇到困难就退缩。

2. 建设学习型团队

每一次的团队讨论，就是团队成员思想不断交流、智慧火花不断碰撞的过程。如果团队中的每一个成员都能把自己掌握的新知识、新技术、新思想与其他团队成员分享，团队的学习能力就会大于个人的学习能力，团队的智商就会大大高于个人的智商，集体的智慧势必大增，从而达到“1＋1＞2”的效果。

3. 建设竞争型团队

团队成员之间必须具有竞争意识，要敢于正视自己和面对强手，以不断提高自身的水平和技能，有效地完成团队目标。在建立团队的内部竞争机制时，要注意成员之间的关系是建立在理性基础上的竞争，而不是斗争。协作是团队的核心，要用争论来激活团队的气氛，激发成员的竞争意识；要以发展来吸引人，以事业来凝聚人，以工作来培养人，以业绩来考核人，用有情的鼓励和无情的鞭策使团队的每个成员都能以积极向上的心态面对工作，从而实现自我和超越自我，最大限度地发挥团队的实力。

（三）塑造团队文化

团队文化是指团队成员在相互合作的过程中，为实现各自的价值，并为完成团队共同目标而形成的一种潜意识文化。它包括团队在发展过程中所形成的价值观、最高目标、工作方式、思维习惯、管理制度、行为准则和道德风尚等内容。

正所谓“人在一起不叫团队，心在一起才叫团队”，团队文化会影响整个团队的精神、意志、情绪、凝聚力和效率，因此创业者必须重视团队文化的建设。通常来说，一个良好的团队文化应满足“换位、沟通、信任、慎重、快乐”五个基本要素。

1. 换位

团队成员之间要能够换位思考，相互尊重、彼此理解，否则，一个团队将无法正常运行；团队的管理者要能够为团队创造一种换位思考、相互尊重的氛围，确保团队成员凡事站在对方的角度上思考，尊重彼此的技术和能力，尊重彼此的意见和观点，尊重彼此对团队的贡献，从而使团队的工作更有效率。

2. 沟通

相互沟通是维系团队成员之间关系的一个关键要素。因此，有什么话不要憋在肚子里，多与同事、员工交流，也让同事、员工多了解自己，这样可以避免许多无谓的误会和矛盾。尤其是团队的管理者，要致力于创造民主、平等的团队氛围，以使各成员能够畅所欲言，从不同角度提出不同的意见和方案，进而帮助团队实现更加科学合理的决策。如果团队员之间不能很好地沟通以形成统一的意见，那么事后难免相互埋怨。相互间的矛盾会随着时间的增加越来越大，甚至可能导致团队的分裂。而优秀的团队并不回避不同的意见，而是进行充分的沟通和交流，最后达成一致意见，这也使得这样一个有默契的团队能够具有比一般的团队更有弹性、更快速解决问题的能力。

3. 信任

团队成员间要相互信任，彼此相信各自的品格和工作能力，并相互帮助和支持。管理者要保证组织过程中的透明度和公开性，以民主的管理作风、自主的工作环境，使成员之间能够坦诚、开放地相处。

4. 慎重

每个团队成员都要秉持着谨慎、认真、负责的态度和意识，遇到事情要冷静对待，尤其是遇到问题和矛盾时，要保持理智，不可冲动。因为冲动不仅不能解决问题，反而会使问题变得更糟，最后受损失的还是整个团队。

5. 快乐

只有拥有快乐的心情，才能构建起团结、友爱、有朝气的团队。因此，每个团队成员都要保持乐观向上的心态，充满热情与活力地参与到工作中。

案例 5-5

重视团队合作精神

小张是湖南某知名大学的博士毕业生，在某公司实习期间，他工作兢兢业业，能力出众，得到了公司领导的较高评价。不过，小张平时总是自己埋头工作，不喜欢与大家交流。如果同事需要他的协助，他不是拒绝就是极不情愿地参与。他事事亲力亲为，困难再大也不向其他同事求助。实习结束后，他没有被公司聘用，这让小张百思不得其解。

讨论：为什么小张努力工作却没有被公司聘用？小张应当怎样解决这个问题？

案例解析：公司没有聘用小张是因为他缺乏团队合作的能力。团队合作能力是指团队成员以团队利益为首要任务，自觉地以组织的利益和目标为重，能够时刻维护团队的利益，并在各自的工作中尽职尽责，通过团队业绩的提高来实现个人价值，自愿并主动与其他成员积极协作、共同努力奋斗的能力。21世纪，随着经济、科技的迅速发展，团队合作已成为许多企业的企业文化必不可少的重要组成部分。用人单位在招聘大学生时，也把是否具有团队合作能力作为录用的标准之一。

二、团队凝聚力的培养

一个初期的创业团队，多数是未来的核心成员，少则三人，多则十余位。从风险投资人及创业贷款的角度来看，如果一个团队中有技术、管理、财务及营销等专业人才，会让投资人感觉到这是一个有希望的团队，或是单一技术硬底子的团队也不错，至少投资人看到了这个技术本位的团队，也能从旁协助引进适当的管理人才资源。

翻开历史，纵观古今中外的帝王将相，在成功的初期都拥有凝聚众人的“特殊魅力”，他们不是只会用金钱的老套路，而是用信念促使部下愿意跟随。这是组建创业团队最需要具备的能力之一，也是创业团队建设的基石。新创企业领导者需要明确地提出企业愿景与经营理念，并将此理念转化为团队及员工的共同信念，形成一种共同的理想目标及组织文化，使团队成员逐渐成为生命共同体与利益共同体的紧密组织。因此，新创企业领导者对于组织团队与奠定团队基石，承担着非常重要的责任。

（一）团队凝聚力建设常见问题

影响团队凝聚力建设的因素主要有以下三个方面。

1. 领导者的威信丧失

成熟的企业会有一套组织伦理与纪律，遇到部属、同僚起争执时有公平的协调机制从中调和。虽然创业初期的组织成员都以创业者为首脑，但团队需要有权威的主管，也需要有强力的领导人。那么，大家一起创业，应该由谁来扮演协调者、主导者？最后决定由谁来拍板？若是产生严重的利害冲突或者成员间意见很难达成共识，由谁来仲裁决定？

其实，合伙创业就好像一段家庭婚姻关系一样，需要彼此同甘共苦、相互扶持，但也一定会有意见冲突、起争执的时候。在创业过程中，常见成功的个案总是说团队成员相互勉励、彼此提携，分享共同的价值观，追求共同的目标，但是很少谈论如果有争执的时候，该如何去化解、是否由领导者来仲裁。因此，这是创业企业领导者要学习的第一课，也是最容易出现团队裂痕的地方。新创企业的领导者应成为支撑创业团队的精神力量，形成共同的愿景、共同的价值观、共同的目标及共同的承诺，稳固自身的领导威信。

2. 团队成员间彼此猜忌

团队成员间的互信是形成绩效的基础，但互信除了需要长期合作形成外，更重要的是需要一套公正的奖惩制度来维护，让成员得以服从命令，做事尽心尽力。但在组织运作的实务上，成员间多数表现出的是自私自利，能义无反顾地将团体利益置于个人利益之前者，恐怕为少数。

团队中常见的情况是，团队成员过于执着于自己的构想，极力强调自己的主张，结果自己的缺点在组织里凸显，没多少时间就会出现成员之间固执己见、争权夺利、逃避弱点等人性缺失，造成团队难以追求解决问题的最佳解决方案。尤其是初期就参加创业的成员，很难接纳比自己更为优秀的新成员加入团队。

3. 共建共享机制缺失

初始创业团队中有的成员难以建立分享机制，不愿意将股权出让给能够提升事业价值的新伙伴。有时创业者不愿意放弃对企业的所有权，不愿意用股权来获取更有优势的成员或是战略联盟伙伴，这是非常不明智的行为。应该要明白，创业的目的不是要掌控企业，因此，个人所拥有的股权比重高低并非关键，反而要懂得利用股权交易来增加企业的价值。拥有一家普通企业 100%的股权与拥有一家巨大成就企业 20%的股权相比，或许后者的价值是前者的数十倍以上。

另外，在企业创业初期如何适当地将股票分给创业初期的团队成员，这关系到每位成员间的公平性、归属感，因为成员间对于股权的分配是非常敏感的，但在创业初期这又是十分重要的议题。当几个人一起创业，经常会采取平均分配股权的方式，但这种平均主义也会带来许多负面影响。事实上，成员间因为能力与动机的差异，贡献程度必然不一，当贡献与收获不成正比时，平均分配股权会影响成员愿意真心投入的程度，团队的力量就难以充分发挥。

（二）提升团队凝聚力

1. 确保团队利益第一

保障团队利益是每一位团队成员必须首先考虑且需要身体力行的。如果每位成员都是自私自利、个人主义、本位思考，则很难在有利益冲突的时候为团队做出牺牲和退让，团队就很难达成一致的经营共识。如果每位成员都将团队利益放置于个人利益之上，而且能充分认识到个人利益是建立在团队利益的基础上的，那么创业团队的合作会更加顺利。团队中没有个人英雄主义，每一成员的价值都表现在其对团队整体价值的贡献上。

2. 坚守创业理念及原则

创业团队成员应坚守共同的创业理念，达成共同的创业理想与愿景，并持之以恒地追求与实践。新希望集团总裁刘永好所带领的团队坚持在畜牧等民生领域创业，期望“团队成员一手抓一只鸡，另一手捉只鸭，肩上还能扛头猪”，因而，集团发展目标清晰而明确，长期投身于粮食与畜牧产业。在发展的过程，形成了一些先进优秀的创业理念及原则。如“坚守消费者优先”“质量至上”“保障工作安全”“增进员工福利”“交易安全”等，可以作为组成团队的理念基础。坚持共同的理念与原则，可以促进团队成员之间同甘共苦、活力分享，对于提升团队成员之间的凝聚力将会有很大的作用。

3. 兑现团队成员的长期承诺

大部分创业团队在创业初期不会有充沛的资金支持，很多初期创业团队成员以半薪、供餐、供住宿等条件留住伙伴。在创业企业进入成熟发展期之前，创业者与团队都将会面临很长一段时间的挑战，创业者应重视对留下来努力的成员的承诺，在有一些成就的时候，奖金、股权等必须如期地给予这些初期团队成员。

4. 识别团队成员的才能与潜力

创业初期，在面临各种复杂问题与困难时，能否识别团队成员的才能，激发成员的潜力，将决定企业能否渡过难关，顺利成长。创业者应拥有识才、惜才、用才的能力，能激发团队成员的潜力，形成优势互补。好的创业团队，成员间的能力能形成良好的互补，而这种能力互补也会有助于强化团队成员间彼此的合作，弥补资源上的不足。

三、设置创业团队组织机构

设置创业团队的组织结构时，必须以团队的战略任务和经营目标为依据。具体来说，要注意以下几点。

(一) 权责分明

团队的任何一项工作都离不开团队成员的配合，只有彼此互相协作，才能方便管理，顺利开展工作。对于初创的创业团队来说，人员分工一般都比较粗放，很多事情不分彼此，往往是一起决策、共同实施，但此时一定要注意权责分明、落实责任，以避免出错或者出现失误后团队成员间互相推诿，进而产生矛盾的现象。

(二) 分工合理

团队成员的分工一般按照个人能力、专业优势等标准进行安排，同时合理、均衡地分配工作任务量。但要注意的是，不要强行分配工作，否则容易产生矛盾。此外，分工也不是越细越好，因为分工过细会导致工作环节的增加，引起工作流程延长，从而削弱分工带来的好处。

(三) 适时联动

适时联动是指为了完成特定任务，成立打破部门分工、跨越部门职能的专门工作小组。该小组成员具有双重身份，既要向本部门主管汇报工作，又要对跨部门小组组长负责。这种模式适用于已经具有一定规模的创业企业。

创业初期，由于企业规模较小，团队成员只需各司其职，就可以保持企业平稳运行。但随着企业规模的不断扩大，尤其是在新产品更新速度不断加快的过程中和处理一些重大项目时，若缺乏全盘的统筹和协调，就会造成企业运转困难。因此，对于具有一定规模的创业企业来说，设立一个专门负责新项目或一些重大项目的组织协调工作的跨部门小组是非常有必要的。

四、优化创业团队的运作机制

(一) 做好决策权限分配

创业团队内部要妥善处理各种权力和利益关系，确定谁适合从事何种关键任务和谁对关键人物承担什么责任。在治理层面，主要解决剩余索取权和剩余控制权的问题。同时，还必须建立进入机制和退出机制，约定以后团队成员退出的条件和约束，以及股权的转让、增股等问题。

而在创业团队的管理层面，其最基本的工作原则有以下三条：一是平等原则，即制度面前人人平等；二是服从原则，即下级服从上级，行动要听指挥；三是秩序原则，即不能随意越级指导，也不能随意越级请示。虽然大学生创业团队内部的管理界限没有那么明显，但一定要把决策权限厘清，做到有权有责。

(二) 制订员工激励办法

创业团队需要妥善处理团队内部的利益关系。大学生创业的资金筹措本来就是难题，分配就更应合理和谨慎。团队的管理者要认真研究和设计整个团队的报酬体系，使之具有吸引力，并使报酬水平能够反映出团队成员的贡献大小。此外，还应注意使报酬体系不受人员增加的限制，即能够保证按贡献付酬和不因人员增加而降低报酬水平。

(三) 建立业绩评估体系

业绩考核必须与个人的能力、团队的发展、扮演的角色和取得的成绩结合起来。传统的绩效评估体系和绩效管理只关注个人绩效，而不考虑个人绩效与团队绩效的结合。造成这种状况的原因多种多样，包括评估不及时、各方意见不能真实反映实际情况、评估含糊不清、易掺入情感因素、忽略了被评估人的绩效给他人带来的影响等。成功的绩效管理不应限定于只注重个人的绩效，而应更加注重整体表现，这样才能让员工充分意识到团队合作的重要性，从而不断地进行自我调整，以适应不断变化的环境和业务发展。

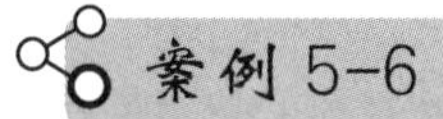

《西游记》取经团队成员角色分析

“团队管理”这一名词是随着工商管理的概念进入中国的，但实际上最早阐述团队理念的是中国，那就是我们早已熟知的《西游记》，这部书本身就是一个团队合作的深刻案例。

《西游记》中的师徒四人组成了一个团队,而现代管理学认为:一个团队的最佳组成人数为4～25人。看来我们的祖先已经认识到这一点,只是没有总结。下面来分析一下他们的组织架构。

先分析唐僧,他是这个团队的最高领导,是决策层,在企业里面就好比是总经理。他运用自己的强硬管理方式和制度(紧箍咒)来管理团队,并且通过"软权力"和"硬权力"的结合来调动整个团队。从根本上讲,几个徒弟很服从他,佩服他的学识(软权力),因为唐僧是当时著名的高僧,而且是个翻译。按现在衡量高层管理人员的标准,他是同声传译员而且是个工商管理硕士,德高望重,绝对是个优秀的管理者,他领导团队去西天取经并获得成功。

悟空应该是这个团队中的职业经理人,具体一点就是部门经理。他本领高强,到哪里都能混口饭吃,而且社会关系和社会资源极其丰富,但性格有点"猴急"。从个人素质上讲,孙行者是非常优秀的,总经理(唐僧)布置的任务都能高效完成,而且处处留下美名,颇有跨国公司职业经理人的风范。

八戒虽然不太受人喜欢,但是作为团队中的小人物,他本人还是有很多优点的,而且在许多方面还在团队中起了不小的作用,比如调节矛盾、运用公共关系的方法来协调众人之间的关系,这些都是他对团队的贡献。他本人幽默、可爱,充当着团队润滑剂的角色,所以在团队中功不可没。没有八戒的团队是残缺的,而且也是不完美的。用一句话来概括:八戒是公司中跨部门沟通的典范!

沙僧自不必说,他朴实无华,工作踏实,从企业的角度讲,他是"广大劳动者"的典范,工作兢兢业业,虽然没有职业经理人的风光与协调关系者的公关本领,但是他所做的工作却是最基础的。在团队中,每个人都应该向他学习,主动挑起自己的责任,努力工作,从而为团队做出自己的贡献。

白龙马更是一个默默无闻的劳动者身份,任劳任怨,主要工作就是唐僧的司机兼座驾,偶尔在关键时刻挺身而出,表现一下。

案例解析: 这是一个典型的团队管理合作案例,在认同他们优秀的同时,还要认识到他们的缺点。例如,唐僧性格优柔寡断,不明是非;悟空个人英雄主义严重,无视组织的纪律和制度;八戒悟性较差,贪吃、好色;沙僧缺乏主见,工作欠灵活等。这些都是我们应该注意的,只有熟悉自己的缺点,认可伙伴的优点,取长补短,我们才能将工作做好。

本章小结

选择合适的伙伴是团队成功的重要基石——合适的伙伴应在团队中体现自身的优势价值,互相取长补短,发挥作用,目标一致并充满活力;创建团队——在明确合作伙伴的基础上,创建创业团队,明确团队的基本要素,掌握创业团队的基本原则,分工明确,了解创建团队的具体程序和工作;管理团队——明确组织架构,提倡团队精神,培养团队成员的凝聚力,创建并明确激励体制,建立评估体系。

综上所述,成功的创业团队的基础是人,由人组成团队,由团队发起创业,最终达成目标。从选择合适的合作伙伴,到组建团队,再到管理团队,环环相扣,每一个环节都至关重要,直接影响到团队的活力和延续性。

练习 5-1

1. 活动目标

了解自己和小组同学的性格特点。

2. 活动要求

(1) 活动场地:室内。

(2) 参加者:全班同学。

3. 活动过程

(1) 班级同学分组。

(2) PPT 中呈现老虎、猫头鹰、孔雀、考拉四种动物的图片。

(3) 请每位同学根据自己的性格选择一种动物。

(4) 在小组中介绍为什么选择这种动物,这种动物的特征是什么。

(5) 由指导教师设置一个突发事件的情境,看看选择不同动物图片的同学有什么不同反应。

4. 讨论与分享

(1) 在刚才的突发事件中,你们小组同学的反应不同在哪里?有什么特征?

(2) 如果你选择创业,在四种动物性格特点中,哪些因素会助你创业?

练习 5-2

1. 活动目标

增强团队凝聚力。

2. 活动要求

(1) 活动场地:团体辅导室。

(2) 参加者:班级同学。

(3) 活动准备:一首轻音乐(背景),咖啡及水杯若干,每人两张彩纸条,每组一张大白纸、一盒彩笔。

3. 活动过程

(1) 学生分组,自然选举出组长、记录人。

(2) 各小组聚焦关于团队建设的主题——为"世界咖啡"命名。

(3) 按照"世界咖啡"行动学习经典技术流程,有创新性地完成聚焦的主题论坛。

4. 讨论与分享

(1) 你怎样看待这样的论坛活动?

(2) 以开放的思路参与分享,对团队建设有哪些积极的帮助?

讨论 5-1

三国时期,相比魏国和吴国,蜀国可以说是依靠创业团队建立起国家的特例,刘备、关羽、张飞在小说《三国演义》中被打上了强烈的个人标签。从创业团队的角度看,蜀国这个团队到底是成功的还是失败的呢?请同学们就该问题展开讨论。

讨论 5-2

如果你是一个团队的领导者,你将如何组建一支优秀的创业团队?请从以下几个方面进行讨论。

(1) 创建企业的类型、经营范围和客户群。

(2) 团队中每个人的工作和职责。

(3) 每个成员在创业过程中将如何做到相互配合。

讨论 5-3

假设你创办了一家小公司,雇用了4名员工(2名全职、2名兼职)。4名员工都很可靠,工作能力也很强,但有一名全职员工经常迟到,还总是请假。这不仅影响到了其他员工,还影响到了整个公司的士气和管理。你该怎么办呢?请小组讨论并给出解决方法。

第六章

胸有成竹，运筹帷幄

——创业(商业)计划书撰写

熟悉了创新创业的方法与原理，评估了创业的机会与风险，组建好自己的团队，我们就可以正式开展创业尝试了。但在开展正式的生产经营活动之前，撰写一份详细的可执行的创业(商业)计划书尤为重要。古语有云："凡事预则立，不预则废。"一份翔实的创业(商业)计划书是整个创业尝试的开始，同时通过撰写计划书可以更好地明晰创业的思路，明晰阶段性的目标与任务，团结和凝聚创业团队的力量。此外，创业(商业)计划书的撰写也可以帮助创业者为潜在的投资人描绘出一幅完整的商业蓝图，让投资者对项目及风险有一个明确清晰的认识，也能够帮助创业者规划整个创业过程的节奏与进程，做到有的放矢。

第一节　兵马未动，计划先行
——创业(商业)计划书概述

计划的制定比计划本身更为重要。

——戴尔·麦康基

学习目标

(1) 了解创业(商业)计划书的概念；

(2) 知道在创业过程中制订一份创业(商业)计划书的重要性；

(3) 能够判断一份计划书的所属类型，简单评价该计划书的完整性与优劣性。

一、创业(商业)计划书的概念

"创业计划书"又称"商业计划书"，虽然有一定的区别，但通常均指代"将有关创业的想法，借由白纸黑字最后落实的书面载体”。它参照一定标准格式，用文字书面的形式记录创业者的思考与规划，用来阐述拟办企业的背景、产品、市场、营销及运作等情况，不仅是创业者理性分析的结果，也是说服投资者的敲门砖。

通常创业（商业）计划书是包含市场营销、财务、生产、人力资源等元素的综合计划。创业（商业）计划书的质量，往往会直接影响创业发起人能否找到合作伙伴、获得资金及其他政策的支持。

创业之前，必须制订一份规范的创业计划书。然而，创业计划书的写作与创业本身一样，是一个复杂的系统工程，不仅要对行业、市场进行充分研究，而且需要一定的文字表达能力，集客观性与可行性于一体，这样的计划书才具有可操作性，创业才能胸有成竹。

二、创业计划书的重要性

创业计划书是一份创业的可行性计划，是企业进行宣传和包装的文件，是向投资机构、金融机构和供应商等外部组织争取资源、展示自己的工具，同时又能为企业未来的经营管理提供分析基础和策略，其重要性体现在以下几个方面。

（一）明确创业目标

在编写创业计划书的过程中，创业者对自己的项目、资源、目标、行动方案、风险会更加清晰明了，创业者围绕创业项目进行思路梳理、资源整合，为创业的每一个环节都做好充分思考。

有些创意听起来很好，但当我们按照商业开发的模式，认真分析整体的实施细节时，就发现这个创意并不是可行的创业项目。编写创业计划书的过程，就是帮助创业者明确创业目标，厘清创业思路的过程。

创业计划书本质上是创业者对自身经营情况和能力的综合总结和展望，是企业全方位战略定位和战术执行能力的体现。

（二）体现创业行动

一份比较完善的创业计划书，可以成为创业者的创业指南或行动大纲。创业计划书与创业本身一样，是一个复杂的系统工程，它是企业对自身现状及未来发展战略全面思考和定位的过程。创业计划书能反映创业者对项目的认识及取得成功的概率，它能展示出创业者的核心竞争力，最低限度反映创业者如何创造自己的竞争优势，如何在市场中脱颖而出，如何争取较大的市场份额，如何发展和扩张……种种此类怎么开展的“如何”会构成创业计划的说服力。若只有远景目标、希望而忽视眼下的“如何”，那么创业计划就只是“宣传口号”而已。

（三）帮助创业者募集外部资源

作为企业融资的必备条件，创业计划书就如同上市公司的招股说明书，是一份对项目进行陈述和剖析，便于投资商对投资对象进行全面了解和初步考察的文件。好的创业计划书可以吸引更多的高素质创业伙伴，以及一些资源持有者的兴趣，从而实现强强联合，助力项目的发展。

(四) 作为融资的“敲门砖”

高质量的创业计划书是创业融资的“敲门砖”。作为创业企业、成长企业进行融资的必备文件，创业计划书的作用如同拟上市公司的招股说明书，是一份对融资公司进行陈述和剖析、便于对潜在投资对象进行全面了解和考察的文件。大学生往往还未能开展创业，也缺乏商业实战尝试，这个时候创业计划的能力就完全通过创业计划书折射出来，因此创业计划书可以帮助大学生创业者拿到投资、融资或者贷款等，从而解决创业过程中的资金瓶颈。

(五) 为日后的企业规范性管理奠定基础

创业计划书有助于企业的管理。创业计划书是创业全过程的纲领性文件，是创业实践的战略设计和现实指导。创业者在经营企业的过程中，可以以此为参照，制订管理规范和标准，有助于促进创业伙伴的沟通和合作，以及日后的初创企业的经营管理。

(六) 参加创新创业比赛的评审依据

现阶段，各级、各类创业创新大赛、创业竞赛如火如荼，为我们的大学生提供了一个绝佳的展示自己创业构思和意图的舞台，但是由于各个团队创业方向和维度不同，因此如何横向对比各创业团队的创业能力就成了一个棘手的问题。一份清晰、规范、翔实的创业计划书就可以更好地帮助专家评委明确创业者的创业意图和规划，并作为创业竞赛的评审依据。

三、创业(商业)计划书分类的特征与简单评价

(一) 创业计划书的分类

创业计划书可以根据其所处阶段简单分为创业计划书和商业计划书两种。其中，创业计划书特指那些尚未完成工商登记，尚未开启创业尝试和实践活动的纯理论分析、计划预判型的计划设想。商业计划书一般则指那些已经有初步的创业经营活动尝试，或者已经开始着手并初步完成工商、税务登记的实施中的创业活动的书面计划。

同时，也可以根据其所属行业简单分为生产制造型计划、营销服务型计划和混合型创业计划。

一般意义上从事制造型、生产型等项目的创业计划，因其行业以原材料和具体的产品作为穿起整个商业逻辑的模式，在具体的计划书撰写上有明显区别，需要以产品视角贯穿整个计划书核心。这一类型的创业计划书我们称为生产制造型创业计划书，如农业、矿产生产、工业产品、服装等的制造或者某种电子产品的开发与生产等。

其他不以产品作为核心，而是通过技术、服务、营销等方式获取利润的商业模式的创业计划我们称为营销服务型计划书。例如，商品销售的店铺、教育培训机构、美容美发这些都属于营销服务型的创业。

同时，随着现代经济的高速发展，生产制造型计划和营销服务型计划在相互渗透。部分行业属于两者的交叉类型，因此其计划书更为复杂，需要特别注意。例如，开一家餐馆，既要从事食品的生产加工，又要通过营销和服务吸引顾客，这样的商业模式就属于混合制的创业计划。

这些分法与其对应的创业模式息息相关，不同的模式决定了不同的计划要点和撰写特色。

（二）计划书的特征

无论是哪种计划书，由于其往往都是就具体的创业项目而言的，因此一般无固定格式和排版，也没有统一的样式。但是为了阅读的方便和寓意的准确，总体上必须做到结构合理，阐述客观，内容通俗易懂但不失专业。同时应当具有一些创业计划书普遍需要列出的条目信息。

(1) 结构合理。阅读者应当能够在计划中找到他们所关注问题的答案，很容易找到他们特别感兴趣的话题。这就要求计划书必须有一个清楚的结构，使读者能够灵活地选择他们想要阅读的部分。

(2) 阐述客观。尽量使自己的语气比较客观，使阅读者有机会仔细地权衡你的论据是否有说服力，而不是无边际地吹牛。

(3) 内容通俗易懂但不失专业。一些创业者相信，他们可以用丰富的技术细节、精心制作的蓝图，以及详细的分析给投资者留下深刻的印象。但实际情况是，只有极少数情况下会有技术专家详细地评估这些数据，大多数情况下，简单的说明、草图和照片就足够了。如果计划中必须包括产品的技术细节和生产流程，也需要用通俗易懂的言语阐释说明，具体的高深技术可以放在附录中。

一般计划书需要列出的条目信息如下。

(1) 摘要。这一部分要介绍企业主营产业、产品或服务，竞争优势以及所处阶段等基本情况，通常一页纸。

(2) 背景描述。简要描述创业的背景、市场的行情、创业机会所属领域的情况与现状，以及目前的市场痛点。

(3) 产品或服务。介绍企业的产品或服务，描述产品或服务的用途和优点、有关的专利、著作权、政府批文等，以及产品或服务是怎么解决上述市场痛点的。

(4) 竞争情况及市场营销。分析现有和将来的竞争对手的优势和劣势，以及相应的本公司的优势和战胜竞争对手的策略。

(5) 财务情况。介绍项目的财务情况，需要投资多少，预测未来收入的增长。

(6) 管理团队。对项目的重要人物进行介绍,包括他们的职务、工作经验、受教育程度等,以及现在的全职员工、兼职员工人数,职务空缺的情况。

(7) 优势劣势分析。分析项目的优势、劣势,以及项目的一些其他情况。

(8) 未来发展规划。未来的发展规划及预测。

(9) 附录。支持上述信息的资料,如管理层简历、销售手册、产品图纸等。

(三) 计划书的简单评价

即便你不是投资人,不懂专业技术,一份计划书摆在你面前,你也能做出简单的优劣评价。在实际的创业过程中,不论是给投资机构,还是寻找合伙人,又或者是参加创业比赛,你再用心撰写的计划书,在实际查阅时,在专家、投资人手上往往也就三五分钟便决定整个项目的命运。

如果项目计划可行,才会有人仔细地去阅读和思考计划书中的核心逻辑和商业架构。因此,抛开技术项目的商业模式等因素,一份好的计划书有什么共性,怎么快速准确地对计划书进行评价呢? 可以从以下七个方面进行。

(1) 创业计划书的逻辑是否清晰,论据是否充分,表达是否通俗易懂,语法是否正确,用词是否恰当。

(2) 创业计划书是否设有目录,以便阅读者可以较容易地查阅各个章节。

(3) 创业计划书是否编写了摘要并排列在最前面,是否写得简明扼要、引人入胜。

(4) 创业计划书是否显示出你具有管理项目的经验。否则,一定要明确地表示你已经找到了一位专业人士来帮忙管理你的团队。

(5) 创业计划书是否显示了你有能力偿还借款,从而增强投资者的信心。

(6) 创业计划书是否显示出你已进行过完整的市场分析,要让投资者坚信你在计划书中阐明的市场需求量是真实的。

(7) 创业计划书是否打消投资者对产品或服务的疑虑。如有必要,可以准备一件产品模型。

第二节　精心撰写,内容取胜
——创业(商业)计划书撰写技巧

过去的,让它过去,永远不要回顾;
未来的,等来了时再说,不要空想;
我们只抓住了现在,用我们现在的理想,做我们所应该做的。

——茅盾

学习目标

(1) 理解计划书的主要内容;

(2) 尝试撰写计划书。

一、创业计划书的主要内容

(一) 创业计划书的核心——找到属于你的商业机会

1. 商业创意源泉

形成创业计划的第一步是选择一个能够满足消费者需求、为消费者带来独特价值的商业机会。如果一家新企业提供的产品与市场上现有的产品没有太大区别,这个企业的发展会很艰难。因为人们的消费习惯与行为很难改变,即使新产品更好或价格更低廉,也很难使消费者放弃他们原来使用的产品。以下三个商业创意源泉有助于形成成功、新颖而且价值独特的商业创意。

(1) 变化的环境趋势。商业创意的第一个源泉是变化的环境趋势。最重要的几个环境趋势是经济趋势、社会趋势、技术进步、政治行为和政策变化。这些领域的变化通常能刺激新商业创意的产生。在分析环境趋势以识别商业创意时,有两点需要记住。第一,区分趋势和流行非常重要。新创企业一般没有足够的资源,追赶不上流行风尚的脚步。第二,尽管我们将各种趋势单独分析,但事实上它们相互关联,在寻找商业创意的时候应该综合考虑这些趋势。

(2) 尚未解决的问题。商业创意的第二个源泉是尚未解决的问题。工作、休闲、日常生活中人们都可能会感受到或发现问题。那么,如何从问题中发现商业创意呢? 营销专家菲利普·科特勒就此说道:“去寻找问题。比如抱怨夜里很难入睡、家里那些乱糟糟的东西很难收拾、很难找到物美价廉的度假方式、很难追溯家族血统、很难除去花园里的杂草等,每一个问题都有可能是一个绝佳的隐藏机会。”

(3) 市场缝隙。商业创意的第三个源泉是市场缝隙。许多消费者需要的商品在特定地区购买不到,或者市场上根本没有。部分原因是大型零售商主要进行价格竞争,如沃尔玛、大润发、欧尚等,只提供对主流消费者的大众商品。虽然这使得大型零售商实现了规模经济,但却留下许多市场缝隙。时装精品店、特色店和其他商务网店就在市场缝隙中生存。当人们想找一种他们需要的产品却遍寻不见时会非常沮丧,同时他们意识到其他人也会有相同的感受。通常市场缝隙是在这种情况下被发现的。

2. 寻找商业机会的方法

商业机会的三大源泉若隐若现。有些人仅凭偶然的发现、直觉甚至缘分、天注定式的运气,发现了创意。还有一些人并不隐瞒实情,他们要对这三个源泉进行仔细分析后才形成创意。他们可能事先已对自己要创建什么类型的企业有了一定的想法,也可能一切从零开始。

作为一个创业团队,集体的智慧总是大于个人的奋斗,因此从团队层面出发我们可以运用以下的三个方法来尝试找到属于自己的商业机会:

(1) 头脑风暴法。形成商业创意最常用的方法是头脑风暴法。头脑风暴是个形象的比喻,指不同的人产生不同的想法。严格来说,头脑风暴要围绕一个特定议题,一组人有组织地进行讨论,以产生多种创意。小组领导请参与者分享他们的创意。一个参与者说出自己的创意,另一个人对此做出回应,其他人对回应做出回应,如此反复。有效的头脑风暴是随心所欲、讨论热烈的。

(2) 焦点小组。焦点小组是指与议题相关的 5～10 人集中在一起的小组。焦点小组用途很多,也可用来帮助形成商业创意。焦点小组一般由熟悉议题的人组成,集中在一起回答问题,通过集体讨论的双向反馈方式使问题明朗化。焦点小组作为头脑风暴的后续效果最好。

(3) 图书馆与网络调查。形成商业创意的第三种方法是进行图书馆与网络调查。我们一般认为应该选择创意,接下来就要对创意进行调查。大量的图书馆与网络调查可以使我们对创意有更深刻的了解,从而使大致的创意得以完善,形成最佳创意。网络调研也很重要。如果是从零开始的话,只要在百度或搜索引擎中输入"新商业创意"几个字,就能找到许多最热门的和最新的商业创意方面的文章。虽然这些文章内容是笼统的,但意味着形成了商业创意的起点。

(二) 创业计划书的几个要点——可以省略,但不能没有

在商业和创业活动实践中,商业计划书的编写形成了相对固定的格式、规范,同时也形成了广为采用的基本内容框架。第一节中我们曾经提到了九个要点,事实上由于很多在校大学生并没有什么太多的社会经验,同时更多的创业也尚未启动,仅仅停留在创意阶段,因此对于我们同学来说创业计划书的要点可以进一步缩减和调整。

1. 得体的设计与排版彰显自己的态度

整体的排版与设计是一份计划书给人的第一印象,是创业计划书的脸面。如同我们大学几年的学习生涯最后求职时就浓缩成一页求职简历一样,计划书的排版决定了其首先呈现在阅读者面前的直观态度彰显,因此一定要有独特的风格。

创业计划书的封面重在设计,要求设计者要有一定的审美能力和艺术天赋。封面一般以简约、明确为主,忌晦涩怪异。同时如果提交电子版的计划书,建议在检查定稿后将文件转换成 PDF 版本,以保证最终的阅读效果及美观。如果最终提交的是纸质版的材料,建议使用 80 克的 A4 纸双面彩色打印,并以胶装或者精装的方式,展现自己的态度。

2. 整体的顺序要具有创业的逻辑

与日常做事情讲故事一样,创业计划书虽然不同项目、不同阶段有不同的栏目、不同的装帧,但总体上必须根据自己的创业项目所属行业的逻辑和流程进行设计。

例如,要向其他人介绍一个项目或者讲一个故事,首先就要对背景进行描述,在让他人充分地了解了这个背景及行业现状、市场痛点之后,就可以顺水推舟地介绍自己针对这样的

市场背景做出了哪些产品或者服务。这样你的背景、市场分析、产品的特点和介绍就有了。

然后,这个产品或服务这么好,和竞争对手相比有哪些优势和劣势?以及你打算怎么把这么好的产品或者服务推向市场?怎么进行营销?这样你的核心竞争力部分也就有了。

接着,别人就会有疑问:开发产品或服务需要成本,进行营销推广也需要成本,做这样的一个项目需要多少预算?具体是怎么开支的?这些花出去的钱将来怎么赚回来?收回这些投资的周期是多久?讲清楚这些,你的财务部分就差不多了。

这样一个好的创业项目,到底是怎么一群精英在运作?这个时候就需要你介绍这个项目的管理团队了,包括他们的简历、特长、分工情况,以及你们对整个项目的客观分析和对未来的发展规划。

不难发现,计划书的各个模块是相辅相成的,是根据项目的特点有针对性设计的。同时,各个模块的顺序至关重要,不便于调整改变。如果逻辑性不强,顺序不恰当,就会导致整个计划书读起来缺乏逻辑,彼此矛盾,这是计划书的大忌。

3. 根据计划书的核心目的来确定具体的模块和各部分的侧重点

不同类型的计划书有不同的侧重点,第一节曾提到生产制造型的创业项目应当侧重于自己的核心技术,制造和生产的环节把控、成本把控以及具体的先发优势。由于这部分项目大多不直接面对终端消费者,因此营销和推广可以相应地减少笔墨。而营销服务型的创业项目则恰恰相反,往往需要在营销方面有所侧重,强调自己的营销才能,弱化产品的生产制造以及产品本身。

在撰写计划书的时候,不同模块的侧重中心要根据项目的类型进行有机的调整与设计。

练习 6-1

找到属于你的计划书的核心商机。

1. 活动目标

找到你的商业机会并大声地说出来,与其他同学讨论是否可行。

2. 活动要求

(1) 活动场地:室内。

(2) 参加者:全班学生。

3. 活动过程

(1) 班级学生分组。

(2) 讨论本组创意。

(3) 选出代表在班级分享。(建议不超过 20 句话,讲出来商业机会在哪里。)

4. 讨论与分享

(1) 你的创意从何而来?

(2) 你觉得从创意到撰写创业计划书之间还应该注意哪些方面?

二、创业计划书的撰写

(一) 常见创业计划书中栏目的写作建议

1. 摘要

摘要一般列在正文的最前面。它涵盖了创业计划书的要点,能让读者在最短的时间内评审计划书的内容并做出判断。摘要通常包括以下内容:企业的基本情况、竞争能力、市场地位、营销战略、管理策略、财务计划、资金需求状况、创业项目的投资前景及风险预测等。

创业者在写摘要时,首先要说明创办新企业的思路、新思想的形成过程及新企业的发展目标和发展战略。其次,要介绍一下创业者的背景、经历、经验和特长等。由于创业者的素质对企业起着关键性的作用,因此,创业者应尽量突出自己的优点并表达强烈的创业愿望。摘要通常在完成计划书的主体后编写,内容力求精练、有力,重点阐明公司的投资亮点,尤其是相对于竞争对手的优势,篇幅在 1～2 页即可。风险投资商如果觉得摘要有创新点,才会接着去阅读其他内容。

2. 企业(创业组织)情况

介绍企业情况的目的是让投资者认识该企业。企业介绍中会涉及企业的基本概况(企业的名称、组织形式、注册地址、联系方式等),发展历史与现状,生产的产品或提供的服务,未来的发展规划和目标等内容。有些创业形式不拘泥于企业形式,可能是其他的民办非企业单位、农村专业合作社、创办学校等其他的形式,此处不另行说明,但严格地说,商业企业模式还是创业的主流形式。同时,逐利的特点也决定了在介绍创业企业时,还需要在创业计划书中阐明通过具体的战略规划是可以建立起一个利润可观的企业的。

3. 项目介绍

项目介绍主要是对公司现有产品和服务的性能、技术特点、典型客户、盈利能力等的陈述,以及对未来产品研发计划的介绍。另外,对专利等级、版权及商业机密内容的描述也非常重要,对进入市场的壁垒分析说明也相当关键。

创业项目介绍应说明涉及的产品或服务能否及能在多大程度上解决现实生活中的问题,能否赢得客户的青睐。因此,产品或服务介绍是创业计划书中的重要内容。

产品或服务介绍包括产品或服务的概念、特性、市场竞争力、研发过程、市场前景、品牌和专利情况等。介绍产品或服务时,通常要回答以下问题:

(1) 顾客能够从企业的产品或服务中得到什么?

(2) 与竞争对手相比,企业提供的产品或服务有哪些优势与劣势?企业采取何种办法取长补短?

(3) 企业拥有哪些专利与许可?企业为自己的产品采取了哪些保护措施?

(4) 企业对新产品或服务有何规划?

(5) 企业的产品或服务定价为何能给企业带来长久利润?

(6) 该产品或服务如何拥有稳定的顾客群? 顾客群一旦缺失,企业该如何应对?

4. 市场分析

市场分析部分主要是界定公司的市场行业、现在和潜在的购买者及竞争者。创业计划书需要阐释市场中的关键影响因素,帮助创业团队明晰应对市场经营所需的生产资料的类型和数量,协助创业团队核心对市场相关问题的决策的制定过程,还应该对"市场怎样细分、公司计划拥有的市场份额以及预想采用何种防御战略来抵挡竞争"这些问题做出回答。创业计划书的这一部分撰写得越具体越好,要以那些可信度高、已经证实的数据为中心导向。市场调研应当包括对企业所在行业及潜在客户的详细分析。行业数据应当包括市场规模、近期技术革新、政策规定及未来发展趋势等方面内容。顾客调查应包括潜在顾客数量、平均购买率及购买决策者的行为分析等信息。这一调查可以推动销量预测和定价策略的开展,这些策略与营销、销售、分销渠道等战略是紧密联系的。最后,对企业将要占领的目标市场的份额做出评价。

产品或服务介绍应准确、详细、通俗易懂,最好附上产品原型、照片或其他相关资料,以便非专业领域的投资者阅读和理解。需要注意的是,任何一个创业者在创业之初都会对自己提供的产品或服务充满信心,因此在撰写创业计划书时,难免会对其有许多赞美之词。但是,企业的种种承诺都是应该兑现的,否则将不利于与投资者建立长期合作的伙伴关系,甚至会影响创业项目与创业团队的声誉。因此,对产品或服务的介绍一定要实事求是,切勿夸大。

5. 营销策略

分析了拥有优质的产品和良好的市场机遇,还需要一个切实可行的营销战略与实施计划配合才能保证最后的成功。营销战略应该讨论市场调研的结果和产品或服务的价值提议。创业计划书中这一部分内容的主要目的是使投资者确信这一市场是可被开发和渗透的。

营销策略是企业以顾客需要为出发点,有计划地组织各项经营活动,通过相互协调一致的产品策略、渠道策略、价格策略和促销策略,为顾客提供满意的商品和服务的过程。在创业计划书中,营销策略的叙述包括产品的品牌和包装、市场机构和营销渠道的选择、营销队伍的建设和管理、价格决策、促销计划和广告策略等。

处于不同发展阶段的企业的营销策略是不同的。对于创业企业来说,由于产品和企业的知名度通常较低,很难进入其他企业已经控制的销售渠道中去,因此不得不暂时采取高成本、低效益的营销策略,如上门推销、做广告宣传、搞促销活动、向批发商和零售商让利、找经销商代销等。

6. 管理团队

一个稳定团结的核心团队可以帮助企业渡过种种难关,是企业最宝贵的资源。很多潜在投资者把管理团队视为一份创业计划书获得成功的最关键因素。风险投资者将会仔细考察所投资企业的管理者队伍,这一管理队伍必须在关键性标准方面具备一定的经验和才能,如技术发展、营销、销售、生产和财务等。

企业管理的好坏直接决定了企业经营风险的大小，而高素质的管理人员和良好的组织结构则是管理好企业的重要保证。因此，投资者会重点评估主要管理人员与人员的组织结构。

（1）主要管理人员。主要管理人员必须重点介绍，介绍的内容包括他们的详细经历及背景、所具有的能力、所担任的职务和承担的责任等。

（2）人员组织结构。在介绍人员组织结构时，应包含以下内容：创业企业的组织结构图；各部门的功能与职责；各部门的负责人及主要成员；企业的报酬体系；企业的股东名单，包括认股权、持股比例和特权，企业股东的背景资料等。

7. 财务分析

这一部分最重要的方面在于财务预测——预测资产负债表、现金流量表和损益表。财务预测必须与公司的历史业绩和发展趋势相一致，也应该与创业计划书中其他部分的讨论结果相一致。最后，还应该考虑投资者需要的投资回报率和收回战略。许多创业者在技术方面是专家，但对于财务和融资却是门外汉，往往提交出来的是一份简单粗糙、取舍随意、基础不合理的预测数据，难以取得投资人的认可。

财务规划是对企业筹资计划、财务管理、投资计划的统称。一份好的财务规划可以帮助企业降低经营风险，增强风险企业的评估价值，提高企业获取资金的可能性。

在创业计划书中，财务规划一般应包括创业计划的条件假设、预计的资产负债表、预计的损益表、现金收支分析、资金的来源和使用等。那么，如何制订财务规划呢？这首先取决于创业企业的远景规划——是为一个新市场创造一个新产品，还是将产品推入一个财务信息较多的已有市场。

着眼于一项新技术或一款新产品的创业企业无法参考现有的市场数据，因此，创业者应自行预测新市场的成长速度和所能获得的收益，并向投资者解读相应的财务模型；而准备将产品推入一个成熟市场的创业企业，则可以在获得目标市场相关信息的基础上对近几年的财务管理进行规划。

要完成财务规划，就必须明确下列问题：

（1）产品在每个期间的发出量是多少？

（2）什么时候开始产品线扩张？

（3）每件产品的生产成本是多少？

（4）每件产品的定价是多少？

（5）使用什么分销渠道，所预期的成本和利润各是多少？

（6）哪些职位需要雇用人员？何时开始雇用？工资预算是多少？

创业者在编写财务规划时应保证财务规划与创业计划书中的假设相一致。事实上，财务规划和企业的生产计划、人力资源计划、营销计划等都是密不可分的。

8. 风险因素及其对策

虽然每一份创业计划书都会对项目的方方面面做出美好的规划，但是作为风险投资方，面对一个新项目，不确定的因素太多。风险分析部分的目的就是说明各种潜在的风险，向投资人展示针对风险的规避措施。

没有风险分析的创业计划书是不完整的，因为创业本身就带有一定的冒险性，创业过程中的风险也通常会让人始料不及。风险分析不仅能减轻投资者的疑虑，让他们对企业有全方位的了解，更能体现管理团队对市场的洞察力和解决问题的能力。这一部分创业者可以从以下几个方面进行阐述。

(1) 市场风险。市场风险包括生产中可能遇到的问题、销售者未知的因素、竞争中难以预料的方面、顾客的不同需求与反馈等。

(2) 技术风险。技术风险主要是指产品研发和生产中的困境，如技术力量不够强大，研发不到位，员工熟练程度不高、经验不足，研发资金短缺等。

(3) 资金风险。创业者需要阐明可能出现的资金周转不畅和资金断流等问题，也要讲明万一企业遭遇清算的后果，以及遭遇清算后有没有偿还资金的能力。

(4) 管理风险。创业者要实事求是，不能刻意隐瞒管理方面的缺陷和漏洞，应如实反映情况，诸如人手不足、经验欠缺、资源匮乏等。

(5) 其他风险。企业的其他风险有很多，如政策的不确定性、经营中的突发状况、财务上的不确定因素等，都可以归入此类。

创业者在对市场、技术、资金、管理等各方面的风险进行分析之后，应将这些风险及相应的解决方案在创业计划书中清晰地反映出来。风险并不可怕，可怕的是没有应对风险的能力与对策。主动识别和应对风险会极大地增加企业的信誉，使投资者更有信心。

9. 附录

附录经常是商业计划书的补充说明部分。每份商业计划书在附录中都有大量的财务预测，作为执行计划和财务计划中有关财务的总结。在附录中还可能出现的附件有媒体关于公司产品的报道，公司营业执照，产品的样品、图片及说明，有关公司及产品的其他资料，专利技术信息，合作者和消费者的来信，一般竞争者调查等。

(二) 创业计划书的撰写实例

这里选取专科层次创业团队创业大赛获奖项目某3D打印创业项目团队真实的初期创业计划书作为模板，供大家参考。该团队凭借此计划书，获得湖南黄炎培职业规划创业大赛创业计划书评选第四名。同时，该团队也多次获得湖南省大学生创新创业大赛奖项。在实际的运营中，该团队凭借项目清晰的定位，2015年获得某公司30万元天使投资。

因案例需要，此处的计划书进行了部分修改，隐去了团队个人及公司隐私信息，删除了原计划书中的部分图表数据，省略了附件中的财务数据、产品设备参数、产品照片、公司营业执照、相关资质、获奖证书等信息。

(参见附录1)

(三) 创业计划书的撰写实操思考题

1. 创业筹划是在对自身初始条件评估的基础上对创业投入和目标的谋划，这对商业计划书提供了哪些重要前提？如果“不谋”就“划”会有什么不利影响？

2. 撰写商业计划书要做大量辛苦的调研工作，但为什么创业者应该写计划书呢？如果直接去创建企业，会有什么不好？

3. 商业计划书起始部分的概要为什么如此重要？它的首要目标应该是什么？

4. 为什么解释新产品或服务处于生产过程的哪个阶段很重要？（例如，是创意阶段、原型阶段还是生产阶段。）

5. 为什么在商业计划书中充分描述新企业管理人员的经验和专业技能如此重要？

6. 在财务计划中应该注入多少乐观主义成分？包含太多乐观主义带来的潜在负面影响是什么？

7. 在商业计划书中全面揭示和讨论潜在的风险因素会阻碍还是有利于投资者提供财务支持？

8. 风险投资家认为商业计划评价的快速指示器是什么？

9. 撰写商业计划书如何平衡创业热情，保持分析的真实性？

本章小结

创业（商业）计划书是大学生创业者必须掌握的一个技能。通过企业（商业）计划书的撰写，有利于创业者了解现状，厘清思路，明确方向，一步一个脚印去实施，做到胸有成竹，运筹帷幄。

练习 6-2

假如你和你的小伙伴们打算创业，或者参加今年的创新创业大赛，请你根据自己的专业、兴趣、特长、家庭资源等，构筑一份得体的适合大学生团队开展的创业计划书。

练习 6-3

假如你的同学正在参加学校的创业比赛，请你结合自己对创业计划书的了解，帮助他修改或提出其创业计划书（比赛申报书）中的不足。

第七章

敢想敢创，不落窠臼

——创新创业比赛

对于绝大多数的大学生创业者来说，参加创新创业竞赛是尽快打磨自己创意，成就自己双创梦想的最佳途径。随着国家对创新创业教育的深化改革和重视程度的不断提高，产、学、研、创多位一体的不断深化，创业竞赛已然成为当代大学生最重要的综合性赛事之一，这个舞台值得你的挑战。

第一节　轻车熟路——创新创业比赛概述

创新是唯一的出路，淘汰自己，否则竞争将淘汰我们。

——安迪·格罗夫

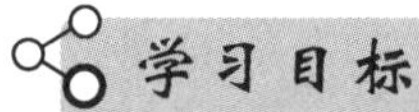

(1) 了解创新创业比赛；

(2) 了解大学生参加创新创业比赛的重要性；

(3) 知道现阶段专科生可以参加的主要的创新创业赛事。

一、创新创业竞赛简介

习近平同志在党的十九大报告中指出“创新是引领发展的第一动力，是建设现代化经济体系的战略支撑”“青年兴则国家兴，青年强则国家强”“青年一代有理想、有本领、有担当，国家就有前途，民族就有希望”。这充分体现了他对包括大学生在内的青年一代的关心和希望。2015 年 3 月，李克强总理在政府报告中首次提出了“互联网＋”行动计划，随后国务院办公厅印发《关于深化高等学校创新创业教育改革的实施意见》，提出要全面深化高校创新创业教育改革的目标要求。国家搭建的“大众创业、万众创新”平台，正在引领高等院校创新创业的教育改革，也吸引和带动了更多社会力量共同参与。大学生创新创业大赛是促进高校贯彻落实国务院文件精神的举措之一。为贯彻落实国家文件精神，高校将创新创业教育融入大学生培养教育中，并逐渐形成了各级各类大学生创新创业竞赛。为此，全国各部委、各行业、各地区和部门都举办了不同层次的创新创业大赛。可以说在当下，只要你想参加就有各种机会，创新创业比赛也成为当代大学生一个重要的提升自己综合实力、应用自己学习成果、成就自己梦想的重要途径之一。

二、创新创业比赛的重要性

创业计划大赛起源于美国，最早是德州大学奥斯丁分校在1983年举办的首届商业计划竞赛。至此，美国已有包括麻省理工学院、斯坦福大学等在内的十多所大学每年举办这一竞赛。1997年，清华大学学生将创业计划竞赛引进中国，并于1998年开展活动。2015年，“大众创业、万众创新”系列活动开展得如火如荼，国务院更是出台相关文件指出要建设创业创新平台，增强支撑作用，支持各级各类创业创新大赛的筹办。响应中央号召，伴随着高校创新创业教育的推进，高校创新创业竞赛也随之迅速发展。积极参与创新创业大赛有以下几个方面的重要意义。

（一）提升学生的团队合作能力

创新创业比赛一般都需要以团队的形式参加，团队成员彼此各有分工。若想实现最终的胜利，团队人员必须同心协力，共同合作完成一个项目。组成团队的成员一定得是学有所长，专业、背景甚至是性格特点都具有一定的差异性。只有这样才能发挥互补成长的作用，这就使得大学生在参加比赛的过程中一定要有协作意识，不能过于注重个人主义，更不能只考虑到自己的利益，应以团体的光荣为己任，以团体的合作为重。由此可见，参加课外创新创业大赛可以很好地锻炼学生的团队协作能力，培养学生的合作精神。

（二）提升学生的科研能力和自学能力

参加比赛与平时学习不同。学生在学习过程中遇到问题，可以立即去向老师请教，而参加比赛考验的是学生的自主能力以及临场发挥能力，因此很多问题需要自己想办法解决。而且比赛过程中，如果想获奖，参赛者除了要掌握课堂上所学习的知识以外，还要扩充很多的课外知识，进而保证知识的丰富性。除此之外，团队成员还需要根据研究课题，做与之相关的实验和调查，收集相关的数据，并整理成最终的报告以供参赛环节展示。由此可见，参加课外创新创业比赛不仅能够锻炼学生的团队合作能力，更能提升学生的科研能力以及自主学习能力。

（三）培养和提升学生的创新能力

创新创业竞赛为大学生提供了创新创业的平台与路径。在竞赛项目中，学生除了要有足够的知识量以及足够强的临场发挥能力以外,还需要具备一定的创新能力。既然是创业,与就业不同的是:创业必然是一条艰辛的路。因此,我们说参加这种创新创业比赛还培养和提升了学生的创新能力,实现了学生多方面能力的综合培养。

(四) 提升学生的社会实践能力

创新创业比赛的选题要求贴近现实,服务社会。同时,创新创业比赛在选题时一定要立足于科学前沿,所选的题目一定要有应用前景,适合长期发展。团队成员在选定好题目以后,不是光坐在图书馆里查阅资料就可以得到结果,而是要走出校园,亲身投入所选择的主题行业中去。比如,选择农业,那么学生就要从校园来到农村,和农民聊天并进行实地考察,这样才能详尽地获得研究的课题现状以及应用前景,得出可靠的结论。同理,假如学生选择的主题是与机械类相关的,这时学生就需要亲自到工厂或者是车间去进行实地考察,以此来发现理论与实践之间的差距,以免在比赛中出现理论与实践脱节的现象。由此可见,参加这种创新创业比赛还可以增强学生的社会实践能力,进而为以后的就业打下扎实的基础。

三、专科生可以参加的主要创新创业赛事简介

(一) 中国国际“互联网+”大学生创新创业大赛

为贯彻落实《国务院办公厅关于深化高等学校创新创业教育改革的实施意见》(国办发〔2015〕36 号),进一步激发高校学生创新创业热情,展示高校创新创业教育成果,搭建大学生创新创业项目与社会投资对接平台,自 2015 年起,每年 3 月至 10 月,教育部、中央统战部等多个部门联合举办中国国际“互联网+”大学生创新创业大赛,如图 7－1 所示。

图 7－1 “互联网+”大学生创新创业大赛

截至2021年，中国国际“互联网+”大学生创新创业大赛已连续举办七届，涌现出一大批科技含量高、市场潜力大、社会效益好的高质量项目。不少项目涵盖学科交叉和跨行业创新，体现了大数据、云计算、人工智能等新一轮工业革命重点领域的前沿趋势和最新成果，催生了一批新产业、新模式、新业态。

该大赛已成为展示新时代高等教育教学改革成果的重要窗口，成为世界大学生实现创新创业梦想的全球盛会。青年一代创新创业生力军不断壮大，正在奋力跑出中国创新的加速度，赛出中国创新的“最强大脑”。

该大赛旨在深化高等教育综合改革，激发大学生的创造力，培养造就“大众创业、万众创新”的生力军；推动赛事成果转化和产学研用紧密结合，促进“互联网+”新业态形成，服务经济提质增效升级；以创新引领创业、创业带动就业，推动高校毕业生更高质量创业就业。重在把大赛作为深化创新创业教育改革的重要抓手，引导各地各高校主动服务创新驱动发展战略，积极开展教学改革探索，把创新创业教育融入人才培养，切实提高大学生的创新精神、创业意识和创新创业能力。

（二）挑战杯全国大学生课外学术科技作品竞赛

“挑战杯”是“挑战杯全国大学生系列科技学术竞赛”的简称，是由共青团中央、中国科协、教育部和全国学联、举办地人民政府共同主办的全国性的大学生课外学术实践竞赛。“挑战杯”竞赛在中国有两个并列项目，一个是挑战杯中国大学生创业计划竞赛；另一个则是挑战杯全国大学生课外学术科技作品竞赛。这两个项目的全国竞赛轮流交叉开展，每个项目每两年举办一届。“挑战杯”系列竞赛被誉为中国大学生科技创新创业的“奥林匹克”盛会，是国内大学生最关注、最热门的全国性竞赛，也是全国最具代表性、权威性、示范性、导向性的大学生竞赛。“挑战杯”的杯名由原中共中央总书记、国家主席、中央军委主席江泽民同志亲自题写，如图7-2所示。

图7-2 “挑战杯”创业大赛

（三）创青春全国大学生创业大赛

“创青春”是“创青春全国大学生创业大赛”的简称，是挑战杯中国大学生创业计划竞赛的改革提升。

2013 年 11 月 8 日，习近平总书记向 2013 年全球创业周中国站活动组委会专门致贺信，特别强调了青年学生在创新创业中的重要作用，并指出全社会都应当重视和支持青年创新创业。党的十八届三中全会对“健全促进就业创业体制机制”做了专门部署，指出了明确方向。为贯彻落实习近平总书记系列重要讲话和党中央有关指示精神，适应大学生创业发展的形势需要，共青团中央、教育部、人力资源和社会保障部、中国科协、全国学联决定，在原有挑战杯中国大学生创业计划竞赛的基础上，自 2014 年起共同组织开展创青春全国大学生创业大赛，每两年举办一次。大赛图标如图 7-3 所示。

图 7-3　创青春大学生创业大赛图标

（四）湖南黄炎培职业教育奖创业规划大赛

湖南黄炎培职业教育奖创业规划大赛启动于 2010 年，现已成为湖南职业教育年度重大活动之一，有力地促进了全省职业院校创业教育的持续健康发展。目前，每年都有近 70 所高职院校、100 多所中职学校和近 10 万的在校学生实质性参与比赛，累计有 40 多个项目获得了国家专利，30 多个项目成功入驻湖南省的各大创新创业园区孵化成长，500 多个项目进入各职业院校创业孵化基地，争取各种创业孵化基金 2 000 余万元，创造就业岗位 10 000 余个。各职业院校结合创业规划大赛先后建立了 10 个创业孵化基地。

图 7-4　参加 2021 年湖南黄炎培职业教育奖创业规划大赛的团队

该赛事的特点：只有中职、高职学生参加，设有创业主体赛（创新创业大赛）和创业专享赛两种赛制。比赛也分为省赛和国赛，是职业教育领域创新创业比赛的最高荣誉。图 7-4 为参加湖南黄炎培职业教育奖创业规划大赛的团队。

（五）其他创业大赛

除上述比赛外，还有中国创翼、湖南大学生社团就业创业能力挑战赛、长沙市科技局长沙市大学生科技创新创业大赛等。上述赛事不定期举办，具体可以咨询学校创新创业学院等相关部门。

第二节 稳操胜券——创新创业比赛实战

人生最大的快乐是致力于一个自己认为伟大的目标。

——萧伯纳

学习目标

(1) 了解创新创业比赛的要求；
(2) 知道如何评价一个参赛项目的好坏。

一、创业比赛比什么？

创新创业比赛比什么？众多的创业团队与创业项目孰优孰劣？在正式的创业比赛中，往往多级赛制，一般情况下第一轮初赛都是对创业计划书的评审，第二轮及后续比赛往往只进行答辩评审。

第一轮创业计划书评审的重点是计划书的完整性、整体排版的美观性、商业模式的清晰与否、财务现金流是否健康以及团队成员是否能够支撑项目的进一步运转等。因为是评委主动阅览项目计划书，因此往往会较为仔细，创业计划书的细枝末节都可能决定项目的晋级与否。

在顺利通过创业计划书评审后，入围团队将会参加创业路演环节，团队需要制作 PPT、展示视频等并参加现场答辩问辩，完成第二轮的比赛。此环节一般需要团队主动通过 PPT 等方式利用 5 分钟左右的时间向台下的评委老师介绍自己的项目，并回答评委老师的疑问。评委老师将会根据项目的所属行业、项目本身的商业模式、团队成员对项目的把控力和财务规划状况等进行打分。为了保证公平公正，项目的答辩顺序通过抽签来进行，评委数目一般为单数。比赛一般会排除评委的个人主观因素，因此会去掉最高分和最低分后取平均成绩。同时，为了照顾前三个上台的团队，一般前三个项目全部比赛结束，评委合议之后再分别给出三个项目的得分，后续项目依次打分。最终根据比赛赛制，相应名次的项目进入下一轮或者获奖。

后续的下一轮比赛与第二轮类似，如果进行下一轮往往预示着更高的要求、更长的项目展示答辩时间、更多的评审专家等，这也对项目团队提出了更高的要求。中国国际“互联网+”创业大赛的省级比赛一般是 5 分钟答辩展示、3 分钟现场辩问，而到了第三轮国赛则变成 10 分钟答辩展示，5 分钟现场辩问。

(一) 比赛用商业计划书

商业计划书是比赛时吸引专家评委，全方位展示项目商业蓝图，以供专家评审、决策打分的报告。它包括专家评委感兴趣的重要信息，从项目成长经历、产品服务、商业模式、战略规划、市场营销、管理团队、股权结构、经济效益到融资方案。比赛用的商业计划书用途是展示项目的商业模式，明晰项目的类型，展示项目的成绩。

一份有比赛价值、具备得分吸引力的商业计划书应该包括十项内容：基本概况、管理团队、产品服务、商业模式、股权结构、财务分析、投资决策、融资决策、入股方式与股权分配、报酬预估。同时，比赛的商业计划书不能冗长，整体逻辑更重要，不做过多的技术细节解释。关键要点要搭配权威数据。对项目相关的市场进行充分的前期研究，针对每一个关键点，提供准确的事实和权威的数据，给所有引用的权威数据注明来源。基于研究得出的分析结论要做到自圆其说，对应准备采用的盈利模式、可行性方面的评估要合乎商业逻辑。虽然有些事情没有亲自做过，难免有些纸上谈兵，但至少道理上要做到能够自圆其说。团队阵容不能造假，但可以适度美化。

(二) 路演 PPT

高质量路演 PPT 只聚焦于最核心、最关键的问题，篇幅上最好不超过 25 页，除非有特殊情况。不管你的水平有多高，幻灯片千万不要做得复杂，不要刻意炫技，可以从以下七项内容着手，但不限于此：封面；行业背景和市场现状分析；要做什么；如何做以及现状如何；项目团队介绍；财务预测与融资计划；结束语。

（附上文提到的 3D 打印团队创业比赛路演 PPT 供参考，有部分删改，详见附录 2——3D 造梦工厂路演 PPT 实例）

练习 7-1

根据上一章的 3D 打印项目计划书内容，与你的团队一起制作一个 20 页左右（5 分钟）的创业路演答辩 PPT。

(三) 项目宣传视频

各类“双创”大赛都要提供视频展示。以中国国际“互联网＋”大学生创新创业大赛为例，评委看视频的要求如下：展示视频时长为 1 分钟，要求画面清晰流畅，声音清楚，MP4 格式，大小不超过 100 Mb；生成视频时，建议视频编码为 H.264，音频编码为 AAC，分辨率为 800×600 像素。关于演示视频制作有以下建议：配字幕；将演示视频与 PPT 等其他资料的定位区别开，内容要有差异；充分发挥视频的特点，重点演示 PPT 等文档无法展示或不便展示的内容或场景，多参考广告视频的叙事结构和手法。

二、创业大赛第二轮及决赛现场路演答辩

路演答辩要反复练习，直到演讲人对路演的讲稿熟记于心，可以脱口而出。

第一步：准备路演 PPT

参考前面的结构，正文部分建议 1～2 页/分钟。

第二步：准备对应的演讲文字稿

一般人正常语速为 180～260 字/分钟，具体字数根据时间和演讲人的语速而定；充分运用可用的时间。

第三步：反复演练

练习演讲的全过程至少 15 次，直到找到最佳的状态为止。

路演问答最好是主讲人一人负责所有问题的解答。如果主讲人不是 CEO，最好由 CEO 负责所有问题的解答。应答要直接回应，尽量简短，切忌绕弯子答非所问。图 7－5 所示为上述 3D 打印项目的答辩现场。

图 7－5　创业比赛的现场答辩环节示意图

以下为配合上述 3D 打印团队计划书和路演 PPT 的演讲稿。

3D 造梦工厂创业项目黄炎培决赛路演稿

主讲人：刘芃、周同学

PPT 放映：赖同学

上台人员：刘芃、周同学、杨同学、邹同学

运营脉络问题答辩：刘芃、周同学

技术问题答辩：杨同学、邹同学

刘芃：尊敬的评委老师，大家下午好！我们是 3D 造梦工厂创业团队，我是项目负责人刘芃，接下来将由我为大家介绍我们的项目。

刘芃：3D造梦工厂，打造属于我们的梦想。

刘芃：3D打印技术被誉为打印梦想，改变世界的第三次工业革命。结合最新的3D打印技术，接下来由我来为大家介绍我们的创业项目。

刘芃：我们团队通过自主研发设计，制造了达到生产需要精度的3D打印机，并通过为客户打印所需的产品来实现盈利。

刘芃：目前3D打印技术和相关企业主要集中在军工、科研、生物医药等高精尖领域，以私人订制为主体的大众消费市场和以民用级别为主体的小微企业市场相对空白，这就为我们的项目提供了巨大的商机。

刘芃：具体来讲，同样一个项目，大企业依靠自有团队可迅速灵活地实现由设想到成品的过程，而小微企业则面临规模小、技术水平低、资金短缺等问题。传统外包模具厂的解决方式，生产效率低，灵活性差，因此，我们的3D打印建模服务应运而生。

刘芃：另一方面，在大众消费领域，年轻人、大学生、新婚夫妇、情侣等消费群体普遍求新、求奇，使私人定制领域存在巨大的市场空间。我们3D打印一件起订的特点，很好地满足了他们追求独特的个性。

刘芃：据统计，长沙市现有注册制造类小微企业4 700余家。各大高校有36万在校学生，全市有190万年轻人，每年有7万对新婚夫妇，这都是我们3D打印服务着眼的巨大市场。

刘芃：通过采用点对点推销和运用网络、微信等数字营销手段，目前团队已经和XXX婚礼等多家公司(单位)展开了合作，项目运作良好。

刘芃：我们的团队无论是人员组成、专业搭配、项目选择，还是核心技术、行业资源以及整个市场定位与开拓，都具有别人难以模仿和超越的优势。

刘芃：好项目也要有好的商业策略，下面有请财务周同学介绍项目的发展情况。

周同学：(项目发展涉及财务，此处省略)

周同学：我们的项目经历了从学院创业孵化基地到学校创业孵化基地的过程，现在已准备入驻省创业孵化基地。一路走来，我们一步一个脚印，正稳步地发展壮大。

周同学：我们相信，3D打印推动工业革命，3D造梦工厂成就我们的梦想！

练习 7-2

根据上节的PPT内容，结合此演讲稿，尝试和同学分角色模拟答辩，看看你能否有激情地把这个3D打印项目活灵活现地展示给班上其他同学。

三、创业比赛的答辩环节

创业比赛的答辩环节是最考验参赛成员对于项目的掌握和把控能力的环节，也是创业比赛中最具竞争力和观赏性的环节之一。与答辩 PPT 可以提前准备不同,现场问辩环节主要是专家评委根据项目团队的创业计划书、现场的 PPT 展示提出有针对性的问题,并由参与答辩的同学现场回答。

现场辩问的不可预估性、不可设计性都非常强,往往是创业团队综合实力和随机应变能力的综合体现。总体上,现场答辩也有一些相应的技巧可以参考。

1. 正面回答问题,拒绝答非所问

对于创业比赛来说,正面回答问题是对评委最基本的尊重。评委老师的阅历和经验相对创业者更为丰富,提的问题更有针对性,因此不要妄图尝试解释说明或者委婉含蓄地推诿。正面回答问题是最好的方式,千万不要答非所问。

2. 听清评委老师的问题,主动出击,直面不足

部分评委老师的问题可能很专业,包括财务问题、技术问题、营销管理等问题。回答前务必听清楚评委的问题,明确问题背后所折射出的自己项目的不足。在回答问题的同时做到主动出击,更好地规避评委可能提出的质疑与缺点。比如,评委反复提出财务相关问题,可能说明自己的项目在财务方面有些不足,或者在答辩过程中财务部分介绍得不够清晰,那么可以借回答问题的机会,对财务上的不足进行补充说明,以保证其他评委老师不会再对财务部份产生异议并给出低分。

3. 通过 PPT 演示等方式直面问题,形象生动地展示

在实际的答辩中,可以根据评委老师的问题,适当地控制路演 PPT 回到之前的页码或者模块,通过 PPT 上的图片、图表、信息等辅佐自己的答辩。同时,对于部分理工科项目,现场带的模型、设备、产品等也是很好地回答问题的辅助道具,可以更直观形象生动地完成答辩。

4. 坦诚不足,虚心接受评委老师的建议和意见

如果评委老师提的问题真的是项目的弱点,没有做到的、不能解决的、无法规避的,作为初创者,应诚恳地承认自己项目这方面的不足,并虚心接受评委老师的建议与意见。

5. 简洁有力,突出重点,逻辑清晰,为自己争取时间

作为一个比赛,问辩环节是有时间记录的,因此回答问题一定要简洁有力,尽量用简单的词组、短句、短语来回答,不要使用过多的修饰语或者没用的废话来回答。同时,在答辩过程中可以使用“首先……其次……然后……最后”以及“因为……加之……于是……所以”等关联词,或者使用“第一……第二……第三……第四”等结构顺序用语,确保自己的回答重点突出,逻辑清晰。

练习 7-3

1. 如果你是创业大赛评委,按照上节的创业计划书和创业 PPT,你会对这个 3D 打印项目提出哪些问题?

2. 如果你是3D打印创业比赛团队成员,该如何回答班上其他同学提出的问题?

3. 观看一些其他团队真实的创业比赛视频,并就视频中评委的提问进行回答,看看你能否用简短的言语准确地解答评委的疑问。

四、“双创”比赛怎么报名

(一) 中国国际“互联网+”大学生创新创业大赛

个人自主组成团队进行网络申报,学校管理员审核,并通过校赛逐级向上参赛。比赛分校赛、省赛、国赛三级赛事,每一级按照参与的学生团队数,按比例确定晋级名额。

大赛官网:https://cy.ncss.cn/

(二) 挑战杯全国大学生课外学术科技作品竞赛

个人自主组成团队网络申报,学校管理员审核,并通过校赛逐级向上参赛。比赛分校赛、省赛、国赛三级赛事。校赛一般由校团委等团组织牵头。

大赛官网:http://www.tiaozhanbei.net/

(三) 创青春全国大学生创业大赛

个人自主组成团队网络申报,学校管理员审核,并通过校赛逐级向上参赛。比赛分校赛、省赛、国赛三级赛事。校赛一般由校团委等团组织牵头。

大赛官网:http://www.chuangqingchun.net/

(四) 黄炎培职业教育创业规划大赛

以学校为单位推荐参赛,不接受个人报名。报名须联系学校相关创新创业负责部门,由学校统一账号权限报名。比赛亦分校赛、省赛、国赛三级赛制,每个学校按照在校生规模确定具体比赛名额。

(五) 其他创业大赛

具体关注各赛事官方网站或学校国际创新创业学院通知。

五、中国国际“互联网+”大学生创新创业大赛注意事项

中国国际“互联网+”大学生创新创业大赛是由教育部、中央统战部等12个中央部委主办的、目前规模最大和认可度最高的大学生竞赛之一,其含金量不言而喻。各个高校对于获奖项目都给予极高的加分,在评优评先、奖学金、专升本中都有相当大的作用。同时,该赛事也是报名最复杂烦琐的一个赛事,这里给出2021年第七届“互联网+”大学生创新创业大赛的报名方式以供参考。

(一) 登录大学生创业网并注册

登录并注册，如图 7－6 所示。登录网址：https://cy.ncss.cn/。使用学信网账号密码登录，首次登录需要填写并确认各项信息。部分预科生因无学信网学籍号，因此无法参赛报名。

“互联网＋”大学生创新创业大赛报名主界面如图 7－6 所示。

图 7－6 “互联网＋”大学生创新创业大赛报名主界面

如不能登录，请参考：https://cy.ncss.cn/xjjyproblem。

“互联网＋”大学生创新创业大赛报名，选择创业者身份注册，如图 7－7 所示。

图 7－7 “互联网＋”大学生创新创业大赛报名，选择创业者身份注册

“互联网＋”大学生创新创业大赛报名信息填报如图 7－8 所示。

图 7－8　“互联网＋”大学生创新创业大赛报名信息填报界面

登录成功后提交信息（该网站是教育部的实名系统，切勿乱填）。

（二）团队领衔人牵头创建比赛项目

团队负责人发起并提交项目，如图 7－9 所示（团队成员忽略此步骤，一个团队只需负责人创建项目即可）。

注册成功后，团队负责人创建项目，团队成员返回个人中心等待邀请即可，如图 7－10 所示。

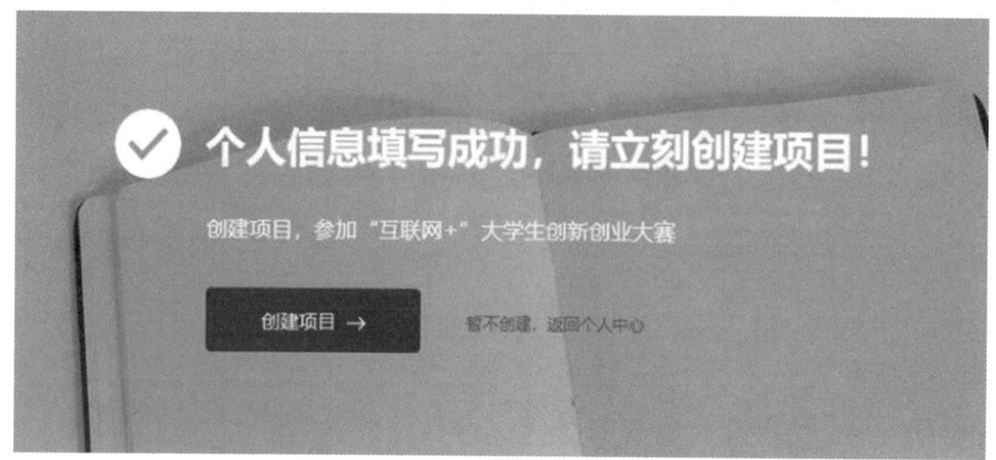

图 7-9 “互联网＋”大学生创新创业大赛报名信息注册成功界面

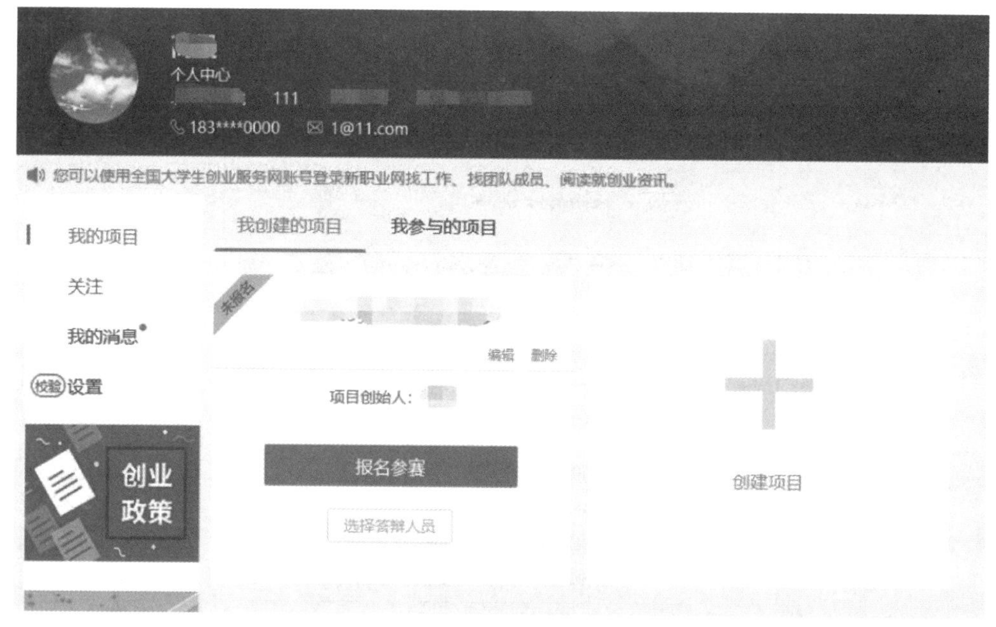

图 7-10 “互联网＋”大学生创新创业大赛报名创建项目界面

团队负责人点击“创建项目”进行创建。请注意：一个创业者账号可创建三个项目，但仅允许一个项目报名参赛（所创建项目名称不可与库内其他项目名称重复）。在报名系统未关闭期间可自由编辑、修改项目相关信息（项目名称不可修改），如图 7-11 所示。

因大多数同学并无营业执照，因此请选择创意计划阶段。注册公司的可以选择完成工商登记或已注册社会组织。同时，这里需要上传创业计划书才能完成下一步，请把参赛的创业计划书上传至比赛系统。

创建项目　温馨提示：1、请通过PC端（电脑）并下载最新版google浏览器进行操作。
2、因网站提高安全问题等级排查，本页所填写的内容包括某些英文字母或特殊字符将导致无法通过校验（如问号"？"、等号"="），请仔细检查并修改后再提交。给您带来不便敬请谅解

项目信息

* 项目logo　点击上传　仅支持JPG、GIF、PNG格式，文件小于300k。
* 项目名称　测试测试测试测试测试测试啊　提示：提交成功后，项目名称不可修改
* 所在地　湖南省　长沙市
* 所属领域　农、林、牧、渔业　采矿业　制造业　水、电、热力、燃气生产及供应　建筑业　批发和零售业　交通运输、仓储和物流业　住宿和餐饮业　信息技术服务业　金融业　房地产业　租赁和商务服务业　科学技术服务业　水利、环境和公共设施管理　居民服务、修理和其他服务业　教育　医疗和社会工作　文化、体育和娱乐业
* 项目概述　esttesttesttesttesttesttesttesttesttesttesttesttesttesttesttesttesttesttesttestt
esttesttesttesttesttesttesttesttesttesttesttesttesttesttesttesttesttesttesttestt
esttesttesttesttesttesttesttesttesttesttesttesttesttesttesttesttesttesttesttestt
esttesttesttesttesttesttesttesttesttesttesttesttesttesttesttesttesttesttesttestt
esttesttesttesttesttesttesttesttesttesttesttesttesttesttesttesttesttesttesttestt
esttesttesttesttesttesttesttesttesttesttesttesttesttesttesttesttesttesttesttestt
esttesttesttesttesttesttesttesttesttesttesttesttesttesttesttesttesttesttesttestt
esttesttesttesttesttesttesttesttesttesttesttesttesttesttesttesttesttesttesttestt
esttesttesttesttesttesttesttesttesttesttesttesttesttesttesttesttesttesttest
1000/1000

* 国家级重大、重点科研项目的科研成果转化项目　○ 是　◉ 否
* 学校科技成果转化　○ 是　◉ 否
* 参赛申报人为科技成果的完成人或所有人　○ 是　◉ 否
* 师生共创　○ 是　◉ 否
* 项目进展　◉ 创意计划阶段　○ 已注册公司运营　○ 已注册社会组织
* 隐私设置　◉ 保密　只展示项目概述模块。
○ 向投资人公开　向投资人展示项目的往届获奖信息、项目概述、团队成员、融资情况、专利情况、工商注册信息。
* 项目计划书　选择文件　作息时间表（2020年0918）.docx
格式为pdf、word，不超过20M，文件数量限一个。完成项目计划书上传后，请自行下载查看，确保内容准确，涉及的上传图片清晰可辨。

请如实填写信息，投资人只有充分了解项目信息后，才会决定是否投资。

保存　取消

图 7-11　"互联网+"大学生创新创业大赛报名创建项目填报界面

(三) 团队负责人向团队成员发出邀请,团队成员接受邀请

项目上传后需要完善个人简介并开始邀请团队成员,如图 7-12 和图 7-13 所示。绝大多数创业比赛均是团队赛,个人无法参赛。

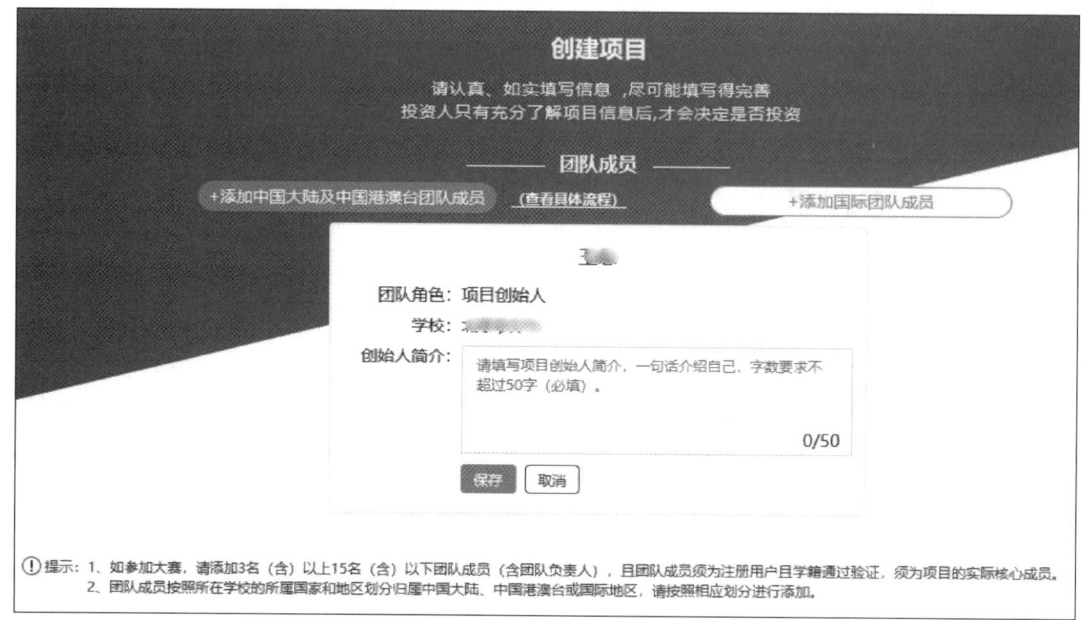

图 7-12　“互联网+”大学生创新创业大赛报名创始人简介界面

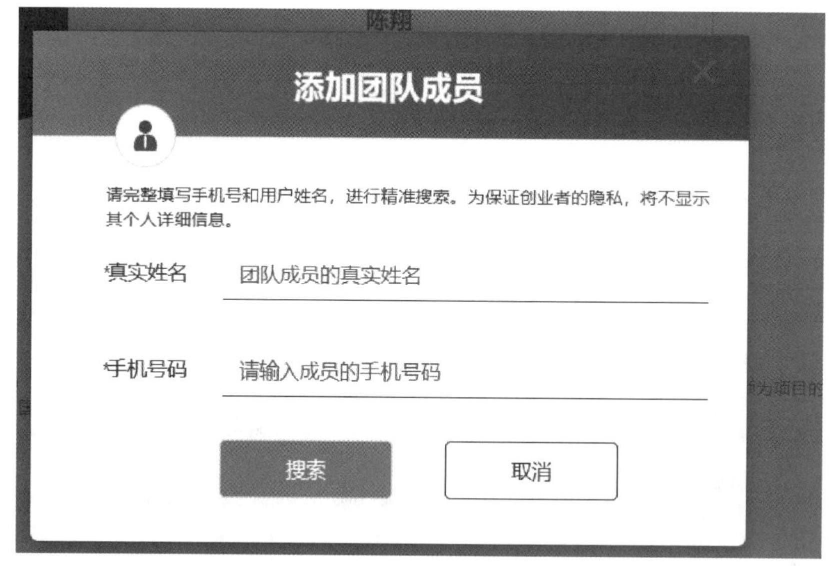

图 7-13　“互联网+”大学生创新创业大赛报名添加团队成员界面

邀请中国大陆及中国港澳台地区团队成员具体流程

第一步：完成注册及学籍校验操作。中国大陆及港澳台地区的团队成员须首先在全国大学生创业服务网(https://cy.ncss.cn)注册(账号与学信网账号通用)，并验证个人学籍信息。

第二步：邀请团队成员。团队负责人登录全国大学生创业服务网，在添加团队成员界面搜索团队成员(姓名+手机号)进行添加。被邀请的团队成员须为注册用户且已完成“登录大创网—选择创业者身份—完善个人信息—通过学籍校验”步骤，否则团队负责人无法搜索到该团队成员。

第三步：团队成员完成“确认邀请”操作。团队负责人邀请团队成员后，需要相应的团队成员关注“全国大学生创业服务网”微信公众号，点击菜单栏进入“我的消息”界面完成确认操作后，方可邀请成功。具体流程如下：

(1) 关注公众号。关注“全国大学生创业服务网”微信公众号，如图 7-14 所示。

图 7-14　团队成员需要关注官方公众号才能完成接受邀请

(2) 微信绑定。进入微信公众号后，输入关键词“微信登录”，公众号将自动回复登录入口，完成学信网账号与微信账号绑定流程并保持登录状态，如图 7-15 所示。

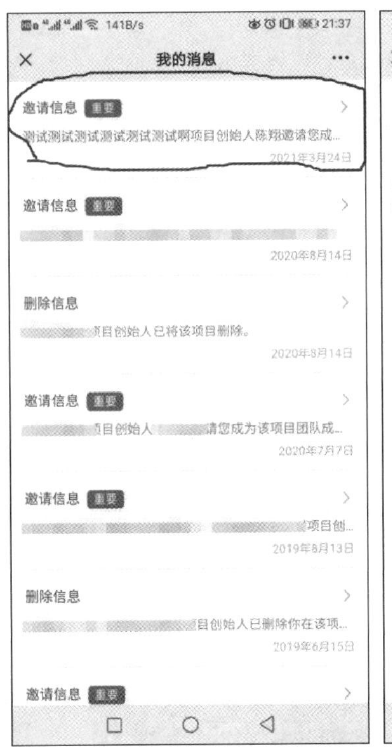

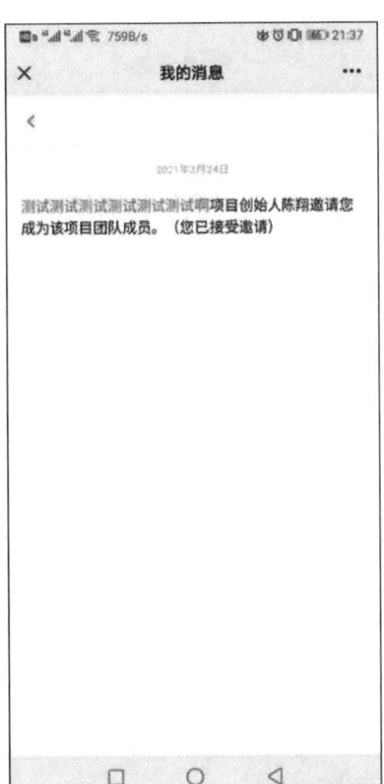

图 7-15　在微信公众号中同意邀请

(3) 完成“确认邀请”。退出上述“微信绑定”页面，重新进入“全国大学生创业服务网”公众号，点击菜单栏进入“我的消息”页面完成确认邀请操作。

第四步：团队负责人查看邀请回复，团队负责人关注“全国大学生创业服务网”微信公众号，点击菜单栏进入“我的消息”页面，可查看团队成员邀请回复（接受/拒绝）。具体流程如下：

（1）关注公众号。步骤同上。

（2）微信绑定。步骤同上。

（3）查看邀请回复。点击菜单栏进入“我的消息”界面进行查看，如图 7－16 所示。

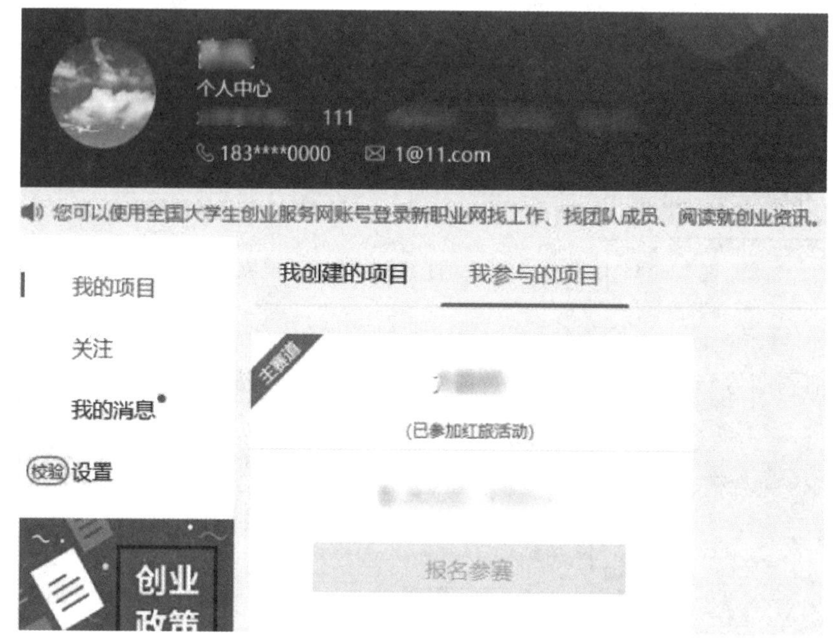

图 7－16　接受邀请后可在 PC 端登录查看自己已经进入的项目

中国大陆及港澳台地区的团队成员用户可以在“我参与的项目”中查看自己参与的创业项目，但不可以进行报名参赛、取消报名等操作。

（四）根据需要添加指导老师、专利商标等信息

接下来需要根据实际情况添加指导老师，如果有专利商标等信息也可以作为加分项添加填写，如图 7－17 所示。

（五）报名参赛

当前年度创业大赛系统开放后，项目负责人在确认创业计划书、团队成员、指导老师、商标专利等无误后，可以点击“报名创业比赛”。

值得注意的是，根据比赛的赛制要求，需要选择参赛赛道、参赛组别及参赛类别（见图 7－18），选择完成后点击“确认参赛”即可进入参赛的审核环节（由团队负责人所在院校进行审核）。

图 7－17　根据实际情况添加专利、指导老师等其他信息

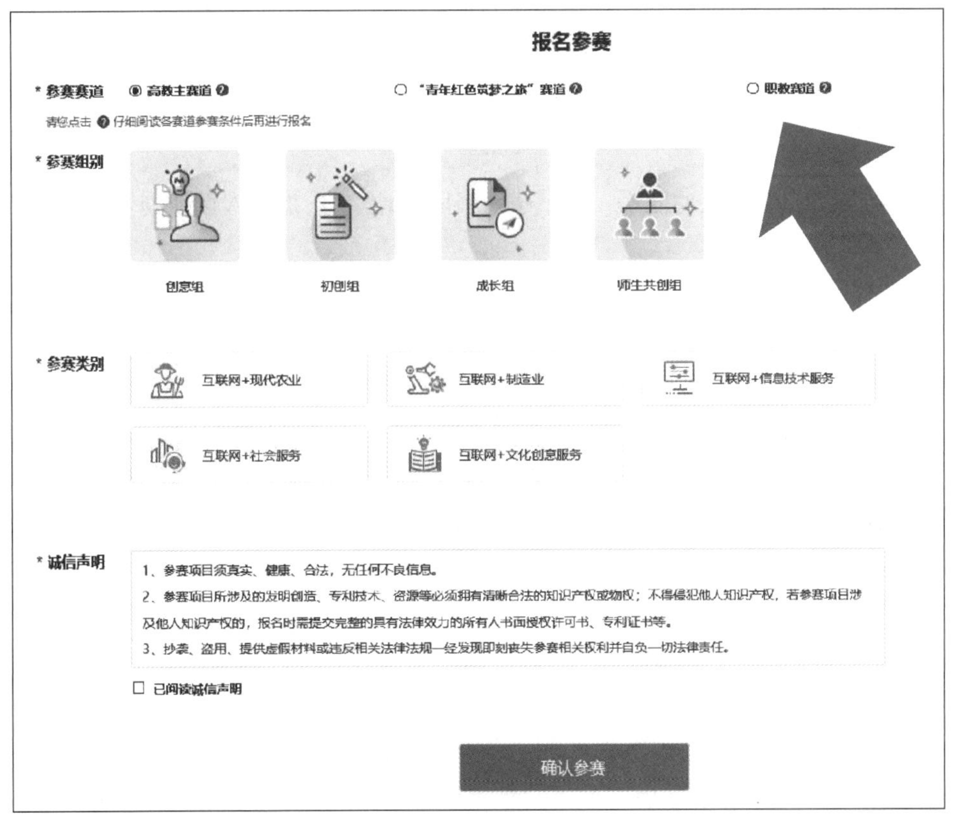

图 7－18　根据不同项目的类型选择不同的赛道

报名成功后界面如图 7－19 所示。

图 7－19　职教赛道报名成功示意图

注意：填写报名参赛信息后，如该项目不符合所报赛道及组别的相应要求，则无法提交参赛，系统会对项目不符合要求的信息进行提示。请按照参赛要求重新填写或更换其他赛道、组别。

不同的赛道有不同的规则，详细内容可查阅当年度的创业比赛文件。部分赛道还需参加相应的主题活动等才可以参赛。

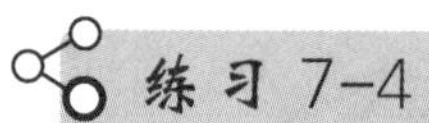

在大学结束前，和自己的同学一起组建一个团队，至少参加一次创新创业类竞赛。

本章小结

大学生参加各种创新创业竞赛对创业能力的培养提升有着极其重要的实践意义，本章介绍了国内针对大学生的主要赛事和比赛注意事项，提供了路演 PPT 实例参考，还详细介绍了中国国际“互联网＋”大学生创新创业大赛的报名方式，对参加创业大赛的大学生具有重要的实践参考价值。

第八章

千里之行，始于足下

——新企业的创办

创业者在创业时首先要面对的问题是：根据企业的经营目标、市场定位、法律责任、企业经营活动及融资、纳税等多种因素决定企业选择怎样的法律组织形式，是个体工商户、个人独资企业、合伙企业还是有限责任公司。随着国家法律体系的不断完善，大学生创业者需要更多地关注国家和地方的创业政策、创业相关法律以及创业权益的维护，让法律为企业发展保驾护航。如何在社会主义市场经济中做合格的经济主体，如何防范创业经营过程中的法律风险已经成为创业者面临的新课题。无论选择何种法律组织形式，都需要到工商部门登记注册，到税务部门办理税务登记。经过这几个环节后，企业才能进行合法营业。

第一节　不可忽视的形式——企业的组织形式

每个人都有一定的理想，这种理想决定了他的努力和判断的方向。

——爱因斯坦

学习目标

（1）了解企业的法律组织形式；

（2）了解各种组织形式的优缺点及风险防范方法。

一、大学生创业的企业形式

大学生自主创业可采用的市场主体形式主要有个体工商户、个人独资企业、合伙企业、农民专业合作社和有限责任公司等。

(一) 个体工商户

个体工商户是指有经营能力并依照《个体工商户条例》规定，经工商行政管理部门登记，从事工商业经营的公民。个体工商户具有以下特征：

(1) 个体工商户是从事工商业经营的自然人或家庭。

(2) 自然人从事个体工商业经营必须依法核准登记。

(3) 个体工商户只能经营法律、政策允许个体经营的行业。

(4) 个体工商户不是法人，不需要注册资本金。

(5) 个体工商户承担无限责任。个体工商户的债务，如果是个人经营的，以个人财产承担；如果是家庭经营的，以家庭财产承担。

(6) 个体工商户还具有以下特点：① 设立条件要求低，手续简单；② 规模小，易于管理；③ 经营环境宽松，工商、税务等职能部门对其管理较宽容，税点低；④ 一般不能开立银行结算账户，不易于取得银行贷款；⑤ 可以雇佣员工，但不能委托他人经营。

(二) 个人独资企业

个人独资企业的政策依据主要是《中华人民共和国个人独资企业法》和《个人独资企业登记管理办法》。个人独资企业具有以下特征：

(1) 个人独资企业仅由一个自然人投资设立，自然人只限于具有完全民事行为能力的中国公民。

(2) 个人独资企业的全部财产为投资人个人所有，投资人对企业的经营与管理事务享有绝对的控制权与支配权，不受任何其他人的干预。

(3) 个人独资企业的投资人以其个人财产对企业债务承担无限责任。

(4) 个人独资企业是一个不具有法人资格的经营实体，不能独立承担民事责任。

(5) 对个人独资企业，法律并无最低注册资本的要求。

(6) 个人独资企业的名称中不得使用“有限责任”或者“公司”字样。

(7) 个人独资企业可设立分支机构。由于投资人以其个人财产对个人独资企业的债务承担无限责任，所以个人独资企业分支机构的民事责任实际上还是由投资人承担。

(8) 个人独资企业还具有以下特点：① 创立容易，不需要与他人协商并取得一致，只需要很少的注册资本等；② 维持个人独资企业的成本较低；③ 不需要缴纳企业所得税，只缴纳个人所得税；④ 企业没有独立的法人资格，可以独立进行民事活动，但不能独立承担民事责任。

(三) 合伙企业

合伙企业是指自然人、法人和其他组织依照《中华人民共和国合伙企业法》在中国境内设立的普通合伙企业和有限合伙企业。普通合伙企业由普通合伙人组成，合伙人对合伙企业的债务承担无限连带责任。《中华人民共和国合伙企业法》对普通合伙人承担责任的形式有特别的规定。有限合伙企业由普通合伙人和有限合伙人组成。普通合伙人对合伙企业的债务承担无限连带责任，有限合伙人以其认缴的出资额为限对合伙企业的债务承担责任。合伙企业具有以下特点：

(1) 合伙企业是资合与人合共同结合的企业。合伙人必须要有充分的信任、共同的志向、相融的经营理念等为基础，才可以考虑设立合伙企业。

(2) "合伙协议"依法由全体合伙人经协商一致，以书面形式订立。"合伙协议"是企业的宪法，每个合伙人都应认真对待，初次创业者往往忽视这个最重要的环节。

(3) 责任无限。合伙企业对其债务，应先以其全部财产进行清偿。普通合伙人对合伙企业的债务承担无限连带责任。

(4) 相互代理。合伙企业的经营活动，由合伙人共同决定。合伙人有执行和监督的权利。换言之，每个合伙人代表合伙企业所发生的经济行为对所有合伙人均有约束力，因此合伙人之间较易发生纠纷。合伙企业不具有法人资格，但可以独立进行民事活动，不能独立承担民事责任。

(四) 有限责任公司

"有限责任公司"又称"有限公司"，是指由 50 人以下股东共同出资，每个股东以其所认缴的出资额对公司承担有限责任，公司以其全部资产对公司债务承担责任的企业法人。公司名称中必须标明"有限责任公司"或者"有限公司"字样。有限责任公司具有如下特征：

(1) 有限责任公司的股东仅以其出资额为限对公司承担责任。

(2) 有限责任公司的股东人数有最低和最高人数的限制，由 1 个以上 50 个以下股东共同出资设立。

(3) 有限责任公司不能公开募集股份，不能发行股票。

(4) 有限责任公司注册资本的最低限额为人民币 3 万元。公司全体股东的首次出资额不得低于注册资本的 20%，也不得低于 10 万元人民币，其余部分由股东自公司成立之日起两年内缴足。其中，投资公司可以在 5 年内缴足；一人有限责任公司的注册资本最低限额为 10 万元，由股东一次性足额缴纳(法律、行政法规对有限责任公司注册资本的最低限额有较高规定的，从其规定)。

(5) 有限责任公司是企业法人，具有独立的法人资格，经营规模可大可小，有能力对外融资举债。要求公司管理体制完善，财务管理及核算完备规范，运营成本相对较高。

二、大学生创业如何选择合适的企业组织形式

(一) 单枪匹马闯江湖

很多有创业意向的大学生都属于单枪匹马型的，也就是一个人单干。就算是一个人单

干也有三种企业形式可供选择，分别是个体工商户、个人独资企业和一人有限责任公司。三者在法律地位、出资人、承担责任的财产范围、适用法律和税收管理等方面均有所不同。如个体工商户和个人独资企业均没有注册资金的限制，一人有限责任公司最低注册资本金为10万元；个体工商户及个人独资企业需承担无限连带责任，一人有限责任公司则承担有限责任。

经营规模小、出资少、现金交易多、几乎没有大的风险，而且法律允许个体工商户经营的，可以考虑采用个体工商户形式。在此基础上，如果有大量的转账交易需要银行结算，可以考虑采用个人独资企业形式。如果有较大风险、需要有独立法人资格的，就应考虑采用一人有限责任公司形式。

（二）合伙企业

合伙企业是指由两个以上合伙人订立合伙协议，共同出资，合伙经营，共享收益，共担风险，并对合伙企业债务承担无限连带责任的经营性组织。创业者（投资人）可采取货币、实物、土地使用权、知识产权或其他财务权利出资，甚至可以用劳务出资。从实际操作情况看，合伙企业大多都是由两三名志趣相投者组成的创业小组。

与单枪匹马型相比，开办合伙企业可以发挥团队合作精神，同时多人共同出资可以分散投资风险，资金来源较广，信用度也有所提高，因而容易筹措资金，如从银行获得贷款，或从供货商那里赊购产品等。而且合伙创业能够集思广益，增强创业企业的决策能力和经营管理能力，有利于提高企业的市场竞争力。

但开办合伙企业，合伙人要承担无限连带责任，使其家庭财产具有经营风险，因此合伙人之间必须要有充分的信任、共同的志向、相同的经营理念等为基础，才可以考虑设立合伙企业。如果合伙人产生意见分歧，互不信任，就会影响企业的有效经营。根据我国法律规定，合伙人转让自己在合伙企业中的份额时，必须经过全体合伙人的同意，并且其他合伙人有优先权。对创业者来说，不能进退自如。法律规定会计师事务所、律师事务所等必须是合伙企业，除此之外，在其他领域里大学生创业者应谨慎投资合伙型企业。

（三）多人有限责任公司

多人有限责任公司是指由2个以上50个以下股东共同出资设立，创业者以其出资额为限对公司承担责任，公司以其全部资产对公司债务承担责任的企业法人。

有限责任公司作为独立的企业法人，有完善的组织结构和管理架构，也有极大的发展空间。有限责任公司管理要求高，要有完备规范的财务管理制度，政府职能部门对其管理要求严格，运营成本相对较高，但投资者仅承担有限责任，又是多人出资，可以有效分散投资风险。有创业意向、已形成创业团队、有一定的技术经济实力的大学生创业者可以考虑这种创业类型。

三、各种组织形式比较及风险防范

各种组织形式的比较及其风险防范如表 8－1 所示。

表 8－1　各种组织形式比较及风险防范

组织形式	优　　点	缺　　点	风险防范
合伙企业	(1) 组织形式简单，集中资源迅速灵活，创办手续简便且费用低 (2) 关系紧密，成员稳定，内部凝聚力强 (3) 因为承担无限责任，成员的责任心强 (4) 并非纳税主体，受政府干预税法律限制较少 (5) 经营灵活，信用较好	(1) 对合伙人依赖较高，容易因合伙人的退出而解散 (2) 在合伙人经营管理出现分歧时决策困难 (3) 如果未在合伙协议中详细约定有关条款，容易出现纠纷 (4) 出资人承担无限连带责任 (5) 财产转让困难 (6) 因规模小，融资能力有限	(1) 在合伙前清理自身账目，认真审查对方的资本实力，并详细拟定合伙协议 (2) 在合伙协议中详细约定利润分配、投票权和决策权、撤资的条件及方法、合理的财务制度等 (3) 诚实履行出资义务 (4) 提高合伙人的信用度
有限公司	(1) 出资人承担有限责任，风险性较低 (2) 公司所有权与经营管理权分离，有利于建立有效的治理结构，促进企业的发展 (3) 产权结构多元化，有利于促进资本集中，科学决策	(1) 产权不能充分流动，资产运作受到限制，股份转让方式须依照法定条件和程序操作 (2) 不能公开发行股票，筹集资金有限，法律监管严格 (3) 税费比较重，存在双重纳税问题	(1) 详细制定公司章程，全面履行出资义务 (2) 合理设置组织机构 (3) 有效行使股东权利义务 (4) 加强监督管理
一人 有限公司	(1) 设立比较便捷 (2) 经营管理费用比较低 (3) 工作效率高，决策快 (4) 能保守商业秘密，适应能力强	(1) 治理结构不完善，缺乏制衡机制 (2) 不利于保护债权人的利益 (3) 资金筹措能力受到限制，不利于公司发展 (4) 缺乏信用体系	(1) 提高出资人的综合素质 (2) 加强法律法规的学习教育，提高执行法律法规的自觉性 (3) 提高出资人的信用度

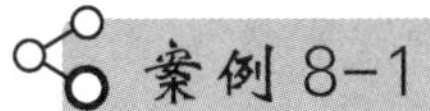

合适的企业形式促进发展

某设计服务咨询公司是由小徐和几个同学在大三时创立的合伙企业。当时正逢学校“创业街”计划启动，小徐和几个朋友提交了自己的创业计划书，就这样开始了创业之路。

当然，创业不是一件简单的事，在创业初期，小徐也准备了很久。小徐谈道：“我参加了系统性的创业课程培训，努力打造产品，挖掘自己的核心竞争力，推导形成商业模式。我也经常参加创业峰会，希望找到志同道合、优势互补的合伙人，创立适合自己合作团队的企业形式。”

创业伊始，企业形式的选择让她困扰了很久。因为她明白企业的类型即代表企业的形式，对企业的发展有很大的引导性和制约性。

她很自信地说："现在我们这个合伙企业，是我们团队成员在分析考察了各种企业形式优劣的基础之上的最优选择。"

"我们这个合伙企业是由志同道合的团队成员共同出资、合伙经营的，我们共享收益，共担风险。与单枪匹马型相比，开办这样一个合伙企业可以发挥团队的合作精神，同时多人共同出资可以分散投资风险。而且合伙创业能够集思广益，增强创业企业的决策能力和经营管理能力，有利于提高企业的市场竞争力。"她对合伙企业的情有独钟也促进了设计服务咨询公司的成功。

当然，万事有利必有弊。开办合伙企业也存在劣势。她坦言："合伙人要承担无限连带责任，使其家庭财产具有经营风险。如果合伙人产生意见分歧，互不信任，就会影响企业的有效经营。对创业者来说，不能进退自如。不过，我们合伙人之间已经达成了充分的信任，有共同的志向、相同的经营理念，因此，合伙企业对我们来说是最好的选择。"

凭借着天时、地利、人和，小徐的合伙企业在创立时就遇到了绝佳的条件，"学校的'创业街'计划是我创业过程中的一个机遇。学校不仅为我们策划、办公和接待等提供场地，更重要的是还提供系统性的培训和创业导师的资源对接，这些优厚的资源对于合作型工作室这种企业形式来说是最合适不过了。更令人惊喜的是，我们所对接的创业导师正好是从事知识产权服务的创业者，不仅在创业上有成功案例可以让我们学习，而且能够直接为我们打开客户渠道，这是一个很好的机缘。当然，这期间还有一些我们的老师和客户等介绍和转介绍的业务。"

在各方面的支持下，设计服务咨询公司打开了业务的来源，合作也越来越多，小小的合伙企业看似发展得很顺利。然而，正如所有的故事发展一样，成功不可能一帆风顺，小徐和她的创业团队在前进的过程中也遇到了一些困难。

由于目前这家合伙企业规模较小，在业务竞争上，总是会因客户优先考虑大公司而错过很多不错的项目。不过，她很坦然地表示："我们这家合伙企业和大公司的定位不同，从业务上来说，大公司优先入选是一个很正常的现象，也不算很吃亏。我们设计的作品具有创意和特色，也不比大公司的作品逊色。由于是合伙企业的企业形式，涉及的业务相对较小，时间周期比较短，资金流动得较快，在经营成本上也小得多，因此，在收费上比大公司更具有性价比。凭着价格优势，我们的合伙企业发展得也比较迅速。因为中小企业或初创企业客户既可以通过我们得到实惠，又可以提升产品的品牌价值。客户诚心诚意来找我们服务，我们尽心竭力提供优质作品，事实上，我们实现的是双赢。"

当她谈及合伙企业的筹备时，她很自信地说："我们的合伙企业虽然人员不多，但是都各司其职，人员配置比较灵活，用人成本、经营成本比成型的大公司要小得多，正所谓麻雀虽小，五脏俱全。"对于未来公司的发展，小徐还是喜欢群策群力，根据自身实力以及市场需求坚持发展这家合伙企业，或者转型为其他企业形式。

创业者说： 大学生创业在选择企业组织形式上还是比较重要的。对于服务行业来说，牵涉很多甲乙双方利益、合同、法务之类的问题，稍有不慎，白做是小，严重的会牵涉到一些纠纷。所以创业者需要有逻辑推理能力，懂一些市场规律，还有能尝试新鲜以及规避风险的能力。不管什么项目，在审视自己企业形式的基础上，都要经过推理和评估，不要想当然地不顾一切去做，那样就是给自己挖坑。当然，现在很多职业的理解和定位也跟以前不一样了，创业者要透过天花乱坠的报道和表象去分析利弊。如果有项目和条件的话，还可以进行一些咨询评估和尝试。

案例解析： 小徐在创业过程中选择合作型工作室，既能满足学生设计作品获得展示的需求，又能在大公司优先的时代，以价格优势获得更多的业务。她还幸运地得到了学校“创业街”计划的支持：系统性的培训和讲座，还有专家及创业导师资源对接，策划办公场所和项目资金支持等。小徐很好地利用了这一优势，通过对商业的敏感度和对软硬件的合理安排，成立了合作型工作室。这样的小型合伙企业在学校以及各方的支持下，可以随时根据市场来定位，有利于迅速发展。合作型工作室的企业形式灵活度很高，可以随着工作室的发展而顺利转型。

讨论 8-1

1. 你知道大学生创业可以选择哪些企业组织形式吗？
2. 你认为什么样的企业组织形式更加适合初次创业的大学生？

练习 8-1

活动一：选择适合大学生创业的企业形式

1. 活动目标

为大学生创业提供合适的企业形式。

2. 活动要求

（1）活动场地：室内。

（2）参加人员：班级学生。

（3）活动准备：各种不同创业公司的企业形式、小奖品。

3. 活动过程

（1）全班学生分组，每组6人。

（2）由教师先展示各种不同创业公司的企业形式。

（3）分组讨论这些企业形式的特点。

（4）各小组分享自己小组讨论的结果。

（5）各小组运用所了解的知识，设想自己的小组就是一个正在创业的团队，给自己未来的企业选定一个合适的企业形式。

(6) 各小组分享自己小组的企业形式。

(7) 全班同学投票表决,选取最适合大学生创业的企业形式。

(8) 选取前三名为优胜者并颁发奖品。

4. 讨论与分享

(1) 大学生创业有哪些企业形式?

(2) 这些企业形式各自的优缺点是什么?

活动二：不同企业组织形式的申报程序

1. 活动目标

了解不同企业形式的申报程序。

2. 活动要求

(1) 活动场地：室内。

(2) 参加人员：班级学生。

(3) 活动准备：安排各小组选择不同的企业形式,进行申报程序和资料的收集。

3. 活动过程

(1) 在资料收集的基础上对企业申报程序进行归纳、概括。

(2) 讨论本小组拟创办企业形式以及企业申报程序。

(3) 各小组推荐一名同学发言,并把企业申报程序用 PPT 形式呈现。

4. 讨论与分享

(1) 在不同企业形式的申报过程中需要哪些资料?

(2) 你们小组选择的企业形式需要哪些程序?

第二节　营造良好的创业环境
——企业相关法律与权益维护

只要不违反公正的法律,人人都有完全的自由以自己的方式追求自己的利益。

——亚当·斯密

学习目标

(1) 了解创新创业的相关法律法规;

(2) 在创新创业过程中遵守各项法律法规的规定;

(3) 了解创业者应如何保障自身利益。

公司是拟制的"人"，从"生"到"长"一直到"消灭"，都是一系列的法律行为，所以均要遵守行管的法律法规。以下按照公司从成立、经营到解散或破产的顺序，介绍与中小企业密切相关的法律法规。

一、企业相关法律

(一) 公司成立之初

在公司成立之初，创业者需要熟悉《中华人民共和国公司法》(以下简称《公司法》)和《中华人民共和国公司登记管理条例》中的相关规定。

1. 公司法

《公司法》是规范公司行为的基本法律，公司的设立、股东资格、公司章程、股东责任、股东权利、公司高管、公司解散、清算等事项，都应当按照《公司法》的规定来进行，它是贯穿中小企业始终的一部法律。

以《公司法》为例进行解读：公司制度是生产力发展和生产社会化以及合伙制度和法人制度巨大发展的产物。公司制度日益成为现代企业制度的基本形式被普遍推广。

公司是依照公司法设立、以营利为目的的法人，其法人性使得公司拥有独立的法人财产，享有法人财产权，并以自己的名义独立地对外承担民事责任，使其能够有别于出资人成为独立的市场主体。公司以其全部财产对公司债务承担责任；有限责任公司的股东则以其认缴的出资额为限对公司承担责任；股份有限公司的股东以其认购的股份为限对公司承担责任。设立公司，应当依法向公司登记机关申请设立登记。符合《公司法》规定的设立条件的，由公司登记机关分别登记为有限责任公司或者股份有限公司；不符合《公司法》规定的设立条件的，不得登记为有限责任公司或者股份有限公司。法律、行政法规规定设立公司必须报经批准的，应当在公司登记前依法办理批准手续。

依法设立的公司，由公司登记机关发给公司营业执照。公司营业执照签发日期为公司成立日期。公司营业执照应当载明公司的名称、住所、注册资本、经营范围、法定代表人姓名等事项。公司营业执照记载的事项发生变更的，公司应当依法办理变更登记，由公司登记机关换发营业执照。

在我国，《公司法》中仅规定了公司形式，即有限责任公司或股份有限公司。在设立的过程中，需要具备三个要件：发起人、资本和公司章程。

(1) 发起人。发起人是指为了成立公司而进行设立行为并在公司章程中签名盖章的出资人，既可以是具有完全民事行为能力的自然人，也可以是法人，但法律、行政法规禁止从事营利性活动的人除外。发起人在筹备公司期间，应当签订发起协议；在公司不能成立时，应当对设立公司产生的债务和费用承担连带责任；公司成立后，发起人仅以出资额为限对公司债务承担责任。若有限责任公司成立后，发现非货币财产出资额明显低于公司章程的定价，应当由交付该出资的股东补足差额，公司设立时的其他股东承担连带责任；股份有限公司发起人在公司不能成立时，发起人对已经缴纳股款的认股人负责返还股款并加算银行同期利息的连带责任。

（2）资本。我国于2005年通过的《公司法》要求股东或者发起人在公司成立前一次性认足注册资本，一般有限责任公司最低注册资本为人民币3万元，股份有限公司注册资本最低限额为人民币500万元，全体发起人首次出资额不低于注册资本的20%，也不得低于法定的注册资本最低限额，剩余部分可以在公司成立之日起2年内缴足，投资公司5年内缴足。

（3）章程。公司章程是发起人或公司最初的全体股东依法制订的，是规定公司设立宗旨、经营范围、公司组织和活动的基本规则等问题的书面法律文件，可以分为依法应当记载的事项和任意记载的事项。公司章程对公司、股东、董事、监事、高级管理人员具有约束力。

《公司法》第二十五条规定：公司章程应包括① 公司名称和住所；② 公司经营范围；③ 公司注册资本；④ 股东的姓名或者名称；⑤ 股东的出资方式、出资额和出资时间；⑥ 公司的机构及其产生办法、职权、议事规则；⑦ 公司法定代表人；⑧ 股东会会议认为需要规定的其他事项。股东应当在公司章程上签名、盖章。

《公司法》从保障公司合法经营、维护公司正常经营秩序出发，对公司董事、监事和高级管理人员的任职资格做了限制。《公司法》第一百四十七条规定，有下列情形之一的人，不得担任公司的董事、监事和高级管理人员：① 无民事行为能力或者限制民事行为能力；② 因贪污、贿赂、侵占财产、挪用财产或者破坏社会主义市场经济秩序被判处刑罚，执行期满未逾5年，或者因犯罪被剥夺政治权利，执行期满未逾5年；③ 担任破产清算公司、企业的董事或者厂长、经理，对该公司、企业的破产负有个人责任的，自该公司、企业破产清算完结之日起未逾3年；④ 担任因违法被吊销营业执照、责令关闭的公司、企业的法定代表人，并负有个人责任的，自该公司、企业被吊销营业执照之日起未逾3年；⑤ 个人所负数额较大的债务到期未清偿。

公司违反前款规定选举、委派董事、监事或者聘任高级管理人员的，该选举、委派或者聘任无效。股东可以用货币出资，也可以用实物、知识产权、土地使用权等可以以货币估价并可以依法转让的非货币财产作价出资，法律、行政法规不得作为出资的财产除外。货币资本不低于注册资本的30%。

我国《公司法》的法人治理结构主要由股东会、董事会（或执行董事）、经理、监事会（或监事）等构成。他们各自拥有权利和义务，其中公司董事、监事和高级管理人员具有勤勉义务和忠实义务，即在管理公司事务时应当尽职尽责，不得利用职权收受贿赂或者其他非法收入，不得侵占公司财产。

（二）公司运营期间

在公司运营期间，创业者需要熟悉知识产权法、劳动法、合同法、反不正当竞争法、产品质量法等的相关规定。

1. 知识产权法

知识产权是指人们对自己创造性的智力劳动成果所享有的民事权利,如著作权、专利权、商标专用权等。知识产权法是调整知识产权的获取、利用和保护所涉及的社会关系的法律规范的总称。

2. 著作权与著作权法

著作权也称版权,是指作者对其创作的文学艺术和科学作品依法享有的权利。著作权包括发表权、署名权、修改权、保护作品完整权、复制权、发行权、出租权、展览权、表演权、放映权、广播权、信息网络传播权、摄制权、改编权、翻译权、汇编权及应当由著作权人享有的其他权利共 17 项。对著作权的保护是对作者原始工作的保护。

著作权法是指国家制定或认可的,调整由文学、艺术和科学作品产生的社会关系的法律规范的总和。国务院著作权行政管理部门主管全国的著作权管理工作;各省、自治区、直辖市人民政府的著作权行政管理部门主管本行政区域的著作权管理工作。著作权人行使著作权,不得违反宪法和法律,不得损害公共利益。国家对作品的出版、传播依法进行监督管理。

3. 专利权与专利法

专利权是权利人对其获得专利的发明创造(发明、实用新型或外观设计),在法定期限内所享有的独占权或专有权。专利法是调整因发明创造的产生而引起的发明人与使用发明的人之间、发明人与其所属单位之间、发明人与发明人之间,在支配和使用该发明创造的问题上所产生的各种社会关系的行为规范,其实质是依照法律确认和保护发明创造的产权。

我国专利的类型有发明专利、实用新型专利和外观设计专利。申请发明或者实用新型专利的,应当提交请求书、说明书及其摘要和权利要求书等文件;申请外观设计专利的,应当提交请求书、该外观设计的图片或者照片及对该外观设计的简要说明等文件。发明专利权的期限为 20 年,实用新型专利权和外观设计专利权的期限为 10 年,均自申请日起计算。

4. 商标专用权与商标法

商标是用以区别商品和服务不同来源的商业性标志,由文字、图形、字母、数字、三维标志、颜色组合、声音或者上述要素的组合构成。商标专用权是指商标主管机关依法授予商标所有人对其注册商标受国家法律保护的专有权。商标注册人拥有依法支配其注册商标并禁止他人侵害的权利,包括商标注册人对其注册商标的排他使用权、收益权、处分权、续展权和禁止他人侵害的权利。

商标法是调整企业在商标注册与使用中出现各种问题的行为规范。商标法规定,自然人、法人或者其他组织在生产经营活动中,对其商品或者服务需要取得商标专用权的,应当向商标局申请商标注册。法律、行政法规规定必须使用注册商标的商品,必须申请商标注册,未经核准注册的,不得在市场销售。注册商标的有效期为 10 年,自核准注册之日起计算。注册商标有效期满,需要继续使用的,商标注册人应当在期满前 12 个月内按照规定办理续展手续。在此期间未能办理的,可以给予 6 个月的宽展期。每次续展注册的有效期为 10 年,自该商标上一届有效期满次日起计算。期满未办理续展手续的,注销其注册商标。

5. 劳动法

劳动法是为了完善劳动合同制度，明确劳动合同双方当事人的权利和义务，保护劳动者的合法权益，构建和发展和谐稳定的劳动关系而制定的法律。依法规范新企业与员工之间的劳动关系，对于调动员工积极性、确保新企业创业成功具有重要意义。

劳动法规定，劳动者享有平等就业和选择职业的权利、取得劳动报酬的权利、休息休假的权利、获得劳动安全卫生保护的权利、接受职业技能培训的权利、享受社会保险和福利的权利、提请劳动争议处理的权利以及法律规定的其他劳动权利。劳动者应当完成劳动任务，提高职业技能，执行劳动安全卫生规程，遵守劳动纪律和职业道德。用人单位应当依法建立和完善规章制度，保障劳动者享有劳动权利和履行劳动义务。

建立劳动关系应当订立劳动合同。劳动合同是劳动者与用人单位确立劳动关系、明确双方权利和义务的协议。劳动合同应当以书面形式订立，并具备以下条款：① 劳动合同期限；② 工作内容；③ 劳动保护和劳动条件；④ 劳动报酬；⑤ 劳动纪律；⑥ 劳动合同终止的条件；⑦ 违反劳动合同的责任。劳动合同除上述必备条款外，当事人可以协商约定其他内容。

6. 合同法

合同法是国家制定的调整平等主体之间合同关系的法律规范的总和，其立法目的是为了保护合同当事人的合法权益。创业者学习合同法，有利于避免盲目签约，避免与无签约资格、无履约能力或不讲信用的当事人签约，有利于确保合同内容的合法性与条款的完整性，有利于新企业获得合同纠纷的主动权。

我国合同法对合同订立的主体资格与程序，合同效力的确认，合同履行规则与保全措施，合同的变更、转让与终止，合同违约责任与缔约过错责任，合同争议解决的途径等做了规定。新企业应建立并完善合同管理机构与制度。创业者应组织管理人员学习合同法，对企业合同进行登记和归档，对合同的签订与履约进行监督与检查。

7. 反不正当竞争法

不正当竞争是指经营者违反本法规定，损害其他经营者的合法权益，扰乱社会经济秩序的行为。反不正当竞争法是禁止以违法诚实信用原则或其他公认的商业道德的手段从事市场竞争行为、维护公平竞争秩序的一类法律规范的总称。我国反不正当竞争法规定了以下11种不正当竞争行为的具体表现形式：

(1) 假冒他人的注册商标；擅自使用知名商品特有的名称、包装、装潢，或者使用与知名商品近似的名称、包装、装潢，造成和他人的知名商品相混淆，使购买者误认为是该知名商品；擅自使用他人的企业名称或者姓名，引人误认为是他人的商品；在商品上伪造或者冒用认证标志、名优标志等质量标志，伪造产地，对商品质量作引人误解的虚假表示。

(2) 公用企业或者其他依法具有独占地位的经营者限定他人购买其指定的经营者的商品，以排挤其他经营者的公平竞争。

(3) 营者采用财物或者其他手段进行贿赂以销售或者购买商品。

(4) 经营者利用广告或者其他方法，对商品的质量、制作成分、性能、用途、生产者、有效期限、产地等作引人误解的虚假宣传。

(5) 通过不正当手段，违法获取、披露、使用或者允许他人使用其所掌握的商业秘密；以排挤竞争对手为目的，以低于成本的价格销售商品。

(6) 销售商品时违背购买者的意愿搭售商品或者附加其他不合理的条件。

(7) 采用谎称有奖或者故意让内定人员中奖的欺骗方式进行有奖销售；利用有奖销售的手段推销质次价高的商品；抽奖式的有奖销售，最高奖的金额超过 5 000 元。

(8) 捏造、散布虚伪事实，损害竞争对手的商业信誉、商品声誉。

(9) 投标者串通投标，抬高标价或者压低标价。投标者和招标者相互勾结，以排挤竞争对手的公平竞争。

8. 产品质量法

产品质量法是调整在生产、流通及监督管理过程中，因产品质量而发生的各种经济关系的法律规范的总称，立法目的是为了加强对产品质量的监督管理，提高产品质量水平，明确产品质量责任，保护消费者的合法权益，维护社会经济秩序。

根据产品质量法的规定，生产者应当承担以下责任和义务：① 应当对其生产的产品质量负责；② 产品或者包装上的标识必须真实，裸装的食品和其他根据产品的特点难以附加标识的裸装产品，可以不附加产品标识；③ 易碎、易燃、易爆、有毒、有腐蚀性、有放射性等危险物品，以及储运中不能倒置和其他有特殊要求的产品，包装质量必须符合相应要求，依照国家有关规定作出警示标志或者中文警示说明，标明储运注意事项；④ 不得生产国家明令淘汰的产品；⑤ 不得伪造产地，不得伪造或者冒用他人的厂名、厂址；⑥ 不得伪造或者冒用认证标志、名优标志等质量标志；⑦ 生产产品时不得掺杂、掺假，不得以假充真、以次充好，不得以不合格产品冒充合格产品。

销售者应当承担以下责任和义务：① 执行进货检查验收制度，验明产品合格证明和其他标识；② 采取措施保持销售产品的质量；③ 不得销售国家明令淘汰并停止销售的产品和失效、变质的产品；④ 不得伪造产地，不得伪造或者冒用他人的厂名、厂址；⑤ 不得伪造或者冒用认证标志、名优标志等质量标志；⑥ 销售产品不得掺杂、掺假，不得以假充真、以次充好，不得以不合格产品冒充合格产品。

因产品存在缺陷造成人身、缺陷产品以外的其他财产损害的，生产者应当承担赔偿责任。由于销售者的过错使产品存在缺陷，造成人身、他人财产损害的，销售者应当承担赔偿责任。销售者不能指明缺陷产品的生产者也不能指明缺陷产品的供货者的，销售者应当承担赔偿责任。

(三) 公司终止时

公司终止是指公司根据法定程序彻底结束经营活动并使公司的法人资格归于消灭的事实状态和法律结果。无论是股东自行决定解散还是申请法院解散，都要成立清算组，此时的操作细则在《中华人民共和国公司法》中有规定；而当公司资不抵债，需要申请破产时，就要接受《中华人民共和国企业破产法》的调整。

《中华人民共和国企业破产法》规定，债务人不能清偿到期债务并且具有下列情形之一的，人民法院应当认定其具备破产原因：① 资产不足以清偿全部债务；② 明显缺乏清偿能力。相关当事人以对债务人的债务负有连带责任的人未丧失清偿能力为由，主张债务人不具备破产原因的，人民法院应不予支持。

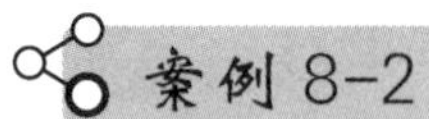

案例 8-2

丢失的“大单”

“黄总，你好！”在同学们略带调侃地称呼小黄时，刚刚 21 岁的他有些害羞。这位大三学生已经正式为自己的创业团队“锭韵”注册了公司，成了名副其实的“黄总”。

然而，公司注册这件再寻常不过的事，在此前 7 个多月的时间里，都被这个大三学生忽略了，直到不久前眼睁睁地失去一笔“大单”，才让他下定决心注册公司。“锭韵”团队最初是从事各类展会的策划和人员安排的。公司成立前，由于一直活跃在各类展会活动中，作为经纪人兼工作人员的小黄已经聚集了相当的人脉资源，在业内小有名气。不久前，某公司慕名找到小黄，希望请他带队参与商演、路演活动，并开出了近 6 万元的报酬。这笔订单让小黄为之兴奋。一切沟通环节都很顺畅、愉快，直到最后签订合同，对方要求审验“三证”，即营业执照、税务登记证、组织机构代码证，并要求提供一个对公账号，以便支付费用时，小黄皱起了眉头。这些要求，他一个都满足不了。最终，到手的单子“飞”了。此时，小黄才幡然醒悟，为何团队刚一组建，学校创新创业基地的指导教师就一直催着他去注册。

当时放在小黄面前的有这样几个选择：第一，个人独资企业，自己当老板，伙伴们做员工；第二，普通合伙企业，几个小伙伴共同创业，共同经营，风险共担；第三，成立有限责任公司，将资本输入公司后，公司成为法人。经过利弊权衡，小黄决定成立有限责任公司，因为对他来说，个人独资企业与自己的财产产权不明晰，在法律意义上就是自然人的法律地位，自己对企业债务承担无限责任；普通合伙企业，所有的合伙人都对企业债务有无限连带责任；有限责任公司则是以投资额为限对企业债务承担有限责任，对股东来说，风险最低。鉴于此，小黄和伙伴们选择成立有限责任公司。

确立了方向后，小黄的公司很快被批准了下来，未来在他的脚下伸展。

创业者说：常常因为怕麻烦，想省钱、省事，结果却失去了更多。在教训面前我常常反省自己，要想在市场大潮中成为弄潮儿，首先要取得资格，成为参与市场竞争的主体，并根据自己的实际情况选择适合自己的主体形式，依照相关法律设立企业，按照市场规律依法运行，维护企业的合法权益。建议有创业愿望的学弟、学妹多参加本校有关创业教育的培训，增长知识，尤其是相关法律知识。《大学生自主创业宣传手册》可以参照学习。

案例解析：像“锭韵”这样的学生创业团队普遍存在于各个高校。从中央到地方政府、从社会到高校都在鼓励大学生创新创业，并积极提供政策支持。在这个过程中，要加强对学生依法创业、守法经营的教育、引导和服务。大学生创业过程中常常会遇到法律问题，比如是不是需要注册？是不是需要签订合同？如何规避合同陷阱？我们在支持学生创业时，不仅要提供资金、空间、项目，还需要帮助他们树立正确的法律意识，增强创业者的法制观念，使他们依法创业。

讨论 8-2

1. 你认为小黄丢失订单的根本原因是什么？
2. 在创业之初，创业者应该了解哪些法律法规？

练习 8-2

活动一：案例解析

1. 活动目标

了解创业相关法律法规。

2. 活动要求

（1）活动场地：室内。

（2）参加者：班级学生、企业法律顾问。

（3）活动准备：提前准备《今日说法》的相关视频。

3. 活动过程

（1）观看视频。

（2）分组讨论。

4. 讨论与分享

（1）通过案例的学习你收获了什么？

（2）你的创业项目涉及哪些相关的法律知识？

活动二：接受现实

1. 活动目标

让学生意识到敢于承认错误是自身敢于承担责任的表现。

2. 活动要求

（1）活动场地：室外室内皆可。

（2）参加者：班级同学。

（3）活动准备：若干小奖品，一首轻松的背景音乐。

3. 活动过程

（1）学生按照体操队形站立，前排侧平举，后排前平举。

(2) 主持人发出口令：主持人喊一时，举左手；喊二时，举右手；喊三时，抬左脚；喊四时，抬右脚；喊五时，不动。

(3) 学生按要求做。主持人和不参加游戏的同学做监督者。

(4) 当有同学出错时，出错的同学要走出来站到大家面前先鞠一躬，举起右手高声说“对不起，我错了”并退出队列，游戏重新开始。以此循环，可根据实际情况选择终止。

(5) 以小组为单位，重复上述活动开展竞赛。

4. 讨论与分享

(1) 在众人面前喊出“对不起，我错了”这句话时你有什么感受?

(2) 你怎样看待自己的过错与别人的责任?

二、权益保护

有了市场主体，在市场经济的运行中需要有交易的规则。为了保护合同当事人的合法权益，维护社会主义经济秩序，促进社会主义现代化建设，我国于 1999 年 10 月 1 日起施行《中华人民共和国合同法》。合同法包含了合同的订立、效力、履行、变更转让、权利义务的终止及违约责任等内容。

(一) 合同法解读

1. 合同的定义

合同是平等主体的自然人、法人、其他组织之间设立、变更、终止民事权利义务关系的协议。婚姻、收养、监护等有关身份关系的协议，适用其他法律的规定。

2. 原则

我国的合同法的基本原则：平等原则、自愿原则、公平原则、诚实信用原则、守法原则和公序良俗原则。

3. 合同的订立

订立合同时一般应包括以下内容：当事人的名称或姓名、住所，标的，数量，质量，价款或报酬，履行期限、地点和方式，违约责任，解决争议的方法。

合同的订立一般要经过要约和承诺两个阶段。在此要区分两个概念：要约与要约邀请。要约指当事人一方向他方提出的，希望和他方订立合同的意思表示。要约邀请是希望他人向自己发出要约的意思表示，如寄送价目单、拍卖公告、招标公告、招股说明书等，即属于要约邀请。在我国，商业广告一般是要约邀请，但商业广告内容符合要约规定的视为要约。承诺是指受要约人收到要约后按照要约所规定的时间与方式，用诺言或行动对要约表示完全同意的一种法律行为。

在要约和承诺的过程中，奉行“到达主义”，即书面要约要在到达受要约人时生效。要约存在撤回和撤销；承诺只有撤回，没有撤销。要约撤回是在要约生效前，撤销是在要约生效后到承诺作出前；承诺撤销的期间是到达要约人之前。不可撤销的情形有两种：一是要约写明承诺期限或者以其他方式表明要约不可撤销;二是受要约人有理由信赖该项要约是不可撤销的,并已本着对该项要约的信赖行事。

4. 合同成立

合同成立的三要件:订约主体应当是有权订立合同的当事人或其合法代理人;对合同的实质性条款达成一致;经过要约和承诺阶段。合同成立后不代表一定产生效力。

5. 合同效力

合同效力是指已经成立的合同在当事人之间产生的法律约束力。成立的合同可分为有效合同,效力待定合同,可变更、可撤销合同,无效合同。

(1) 有效合同。合同有效的基本要件:主体合格(即当事人应具有相应的民事行为能力,并在自己的经营范围内订立合同);内容合法(不违反法律和社会公共利益);当事人意思表示真实(不存在欺诈、胁迫或重大误解);形式程序合法(如约定采用书面形式,是否办理批准、登记手续等)。

(2) 效力待定合同。效力待定合同是指虽已成立,但因其主体有瑕疵,不完全满足有效要件的规定,致使其效力不确定的合同。主要有四种:一是限制行为能力人订立的合同;二是代理权有瑕疵的人订立的合同;三是相对人知道或应当知道负责人越权订立的合同;四是无权处分订立的合同。

(3) 可变更、可撤销合同。可变更、可撤销合同是指合同订立后,因意思表示不真实,可由当事人行使撤销权行使其归于无效,或行使变更权使其内容变更的合同。如因重大误解订立的合同,显失公平的合同,一方以欺诈、胁迫或乘人之危订立的合同。

(4) 无效合同。无效合同是指已经成立的合同因违反法律、行政法规或社会公共利益,从而自始就没有法律约束力的合同。

根据《中华人民共和国合同法》第五十二条规定,无效合同包括五种情形:一方以欺诈、胁迫手段订立合同,损害国家利益;恶意串通,损害国家、集体或者第三人利益;以合法形式掩盖非法目的;损害社会公共利益;违反法律、行政法规的强制性规定。

6. 合同的履行

合同的履行以合同有效为前提和依据,合同当事人应本着全面履行、诚实信用的原则全面履行合同。

7. 合同终止

合同终止是指当事人之间依法确立的合同关系消灭,但当事人仍应当根据交易习惯履行通知、协助、保密等义务。

根据《中华人民共和国合同法》第九十一条规定,有下列情形之一的,合同权利义务终止:

(1) 债务已经按照约定履行。

(2) 合同解除(两种解除方式:协商解除和通知解除)。

(3) 债务相互抵消。

(4) 债务人依法将标的物提存。

(5) 债权人免除债务。

(6) 债权债务同归一人。

(7) 法律规定或者当事人约定终止的其他情形。

8. 违约责任

违约责任是指合同当事人违反有效合同的约定,不履行或不完全履行合同义务所应承担的法律责任。承担违约责任的方式包括继续履行、采取补救措施、赔偿损失、支付违约金。

(二) 创业维权点睛

1. 股权分配要明确

在企业发展的不同阶段,股权分配有所不同。一般而言,不同的股权分配会对以后的企业决策,尤其是业务发展方向、机构调整和融资产生影响,而且当不同所有者的观点出现分歧时会更明显。

对于处在创业初步阶段的高校毕业生而言,资本关系比较简单,投资人和经营者之间比较熟悉,在股权分配时困难不大,基本原则为责任义务同权利收益成正比。但是随着企业的发展壮大,面临的问题同时也会增多。倘若是多人合伙企业,事先的股权分配一定要明确,否则很容易彼此产生分歧,影响企业的正常发展。

2. 雇用员工要严守法律

公司的正常运营离不开员工,雇用员工要严格遵守《中华人民共和国劳动法》与《中华人民共和国劳动合同法》的规定,和员工签订劳动合同,给予员工法律规定以上的工资和福利。雇用员工的试用期最长不能超过 6 个月,其中合同期小于 6 个月的,无须试用期;合同期超过 6 个月不足 1 年的,试用期 1 个月;合同期 1～3 年的,试用期 3 个月;合同期 3 年以上的,试用期不超过 6 个月。同时,用人单位设定违约金必须符合四项标准:单位出资招工、出资培训、提供特殊待遇、签订商业机密条款。如果不符合该四项标准,单位无权要求劳动者赔偿违约金。

3. 建立规范的合同管理制度

首先,明确企业在合同中希望达到的一般目的。这一目的必须是符合国家法律法规规定,同时又符合企业自身发展需要的。

其次,在与对方签订合同前一定要了解对方,包括他的资质情况、经营项目、信用程度等,都要进行调查。要特别强调的是,企业对自己在合同中的法定权利一定要熟悉,并在合同中进行详细约定,使其更具操作性和可行性。

再次,企业要注意合同的措辞和形式,要做到用词准确、达意,避免歧义。尤其是对法律术语的使用更要严密、谨慎,否则会适得其反。建议企业聘请律师参与合同的签订,做好事前把关工作,以避免将来出现麻烦和纠纷时,企业处于被动地位,遭受不必要的损失。

4. 注意保护企业的商业秘密和知识产权

首先，与员工签订保密协议。对负有保密义务的劳动者，用人单位可以在劳动合同或者保密协议中与劳动者约定竞业限制条款，并约定在解除劳动合同或者终止劳动合同后，在竞业限制期限内按月给予劳动者经济补偿。劳动者违反竞业限制约定的，应当按照约定向用人单位支付违约金。竞业限制的人员限于用人单位的高级管理人员、高级技术人员和其他负有保密义务的人员。竞业限制的范围、地域、期限由用人单位与劳动者约定，竞业限制的约定不得违反法律、法规的规定。

在我国法律优先保护劳动者权益的大前提下，保密协议的签订需要注意很多法律细节，否则，一旦协议违反劳动法律、法规中的强制性规定，该协议就归于无效。在解除或者终止劳动合同后，签订竞业协议的人员到与本单位生产或者经营同类产品、从事同类业务的有竞争关系的其他用人单位，或者自己开业生产或者经营同类产品、从事同类业务的竞业限制期限，不得超过两年。

其次，对于通过合作方式掌握企业商业秘密的其他市场主体，同样应当以合同的形式约束其对商业秘密的保护和使用。如许可其他企业利用企业秘密资源时，可以通过特许经营合同来保护企业秘密。在合同中要严格限定许可使用的时间、空间，许可使用是独占性、排他性抑或是一般性许可，并应该在合同中制定保密条款。

再次，对于企业所掌握的无形财产权利要及时办理注册、登记等手续，使企业享有的这些权利具有公示效力，以对抗任何潜在的侵权人。

最后，要勇于利用法律武器来保护企业的商业秘密。

案例 8-3

“夭折”的精品店

大二的小王通过做市场调查，认为在学校园区开一家精品店会比较受欢迎。这个大学园区是三四家高校相对集中的公用区域，人气很高，而且住在园区的学生体量很大，消费潜力大。通过考察，小王对自己的创业构思充满了信心。然而，这条路创业之路却并不平坦。

利用课余时间，小王不断在园区附近寻找门面，他发现园区里做生意的孙老板有三间紧挨着的店面，其中一个门面还在闲置着。同时孙老板也告诉小王，她并不是房东，只是她与房东签了三年的租赁合同。她愿意以 12 000 元转让这个门面两年的使用权，但不要让房东知道房子已经转租给他，就说是帮她打工，以此避免房东找麻烦。小王也没有多想，并不知道需要经过房东同意才能租房，于是很快与孙老板签了门面转让协议，并支付了 7 000 元的租金。

然而，当他开始对门面进行装修时，房东闻讯赶来，表示不允许转租，并且把门锁了。如此一来，装修到一半的小王陷入了困顿之中，先期支付的房租和装修费用对他来说已经是全部的身家，而且创业资金已经花光，门面却无法开张。

孙老板此时却跑得无影无踪，手机也不开机，不做任何解释。房东也不愿意和他协商，反正房租已经收到了年底。后来，孙老板终于出现了，她提出让小王将剩下的5 000元交上，再想办法和房东协商。如果要退还7 000元的房租，必须把已经装修的门面恢复原状并补偿她两个月的误工费。

这些钱来之不易，小王的家庭条件不太好，本想希望通过创业缓解家庭的经济压力，没想到还没启航就变得血本无归了。

创业者说：由于不懂得相关的法律知识，我这个跟头跌得很大，真正体会到创业的不易，任何一点考虑不周都有可能使创业失败。法律风险存在于我们经营的每个环节，如果不在每个环节上加以重视，及时发现及规避问题，一旦风险出现，后果将难以控制。租赁房子这样的小事情，里面竟也包含着这么多的法律知识。可见，作为创业者不仅要有眼光、有胆量，还要懂基本的法律知识，合理、合法经营，才能够在创业道路上越走越远。

案例解析：小王知道要签合同，却没有想到去看看孙老板与房东之间的合同，没有去明确孙老板的权利范围，或者知道却没有引起重视。

《中华人民共和国合同法》第二百二十四条规定，承租人经出租人同意，可以将租赁物转租给第三人。承租人转租的，承租人与出租人之间的租赁合同继续有效，第三人对租赁物造成损失的，承租人应当赔偿损失。未经出租人同意签的转租合同，出租人知道或者应当知道承租人转租的，可以在6个月内提出异议，请求认定转租合同无效。承租人未经出租人同意转租的，出租人可以解除合同。该合同指的是承租人和出租人之间的合同，而不是转租合同。

由此可知，孙老板与小王之间的合同属于效力待定合同，如果房东同意，则有效；如果房东不同意，则属于无效合同。合同被确认为无效后，有过错的一方应当赔偿对方因此所受的损失。双方都有过错的，应当各自承担相应的责任。

讨论8-3

1. 如果你是案例8-3中的小王，你该怎么办？
2. 在签订合同时应注意什么？

练习8-3

活动一：模拟法庭

1. 活动目标

普及与创业相关的法律知识。

2. 活动要求

(1) 活动场地：模拟法庭实训室。

(2) 参加者：班级学生、企业法律顾问。

(3) 活动准备：准备案例、收集证据、了解庭审流程。

3. 活动过程

(1) 角色扮演。

(2) 分组讨论。

4. 讨论与分享

(1) 通过模拟法庭，你懂得了哪些法律知识？

(2) 你认为创业过程中应学习哪些法律法规？

活动二：戴上“眼镜”看加盟

1. 活动目标

多角度看问题，开阔创业思路。

2. 活动要求

(1) 活动场地：室内。

(2) 参加者：班级学生。

(3) 活动准备：每组四副眼镜，A4 白纸、彩色笔和胶泥若干，白板架一个。

3. 活动过程

(1) 学生分组，分别戴上不同的眼镜，每组指定一位记录人，教师作为主持人。

(2) 公布活动规则：四副眼镜法。

(3) 用四副眼镜法来看待“加盟”，请各组讨论并按照各自的角色进行发言。

4. 讨论与分享

(1) 在加盟过程中，如果你的合法权益受到侵害，维权渠道有哪些？

(2) 如何签订加盟合同？

第三节　创立企业组织实践——合法办企业

> 企业一旦站在创新的浪尖上，维持的办法只有一个，就是持续创新。
>
> ——张瑞敏

(1) 了解企业登记注册的基本步骤；

(2) 了解企业登记注册涉及哪些部门。

大学生创办不同类型的市场主体，需要准备的材料和办理流程有所区别，具体材料和办理流程如下：

一、个体工商户

1. 需准备的材料

（1）经营者签署的个体工商户注册登记申请书。

（2）委托代理人办理的，还应当提交经营者签署的《委托代理人证明》及委托代理人身份证明。

（3）经营者身份证明。

（4）经营场所证明。

（5）《个体工商户名称预先核准通知书》（设立申请前已经办理名称预先核准的须提交）。

（6）申请登记的经营范围中有法律、行政法规规定的必须在登记前报经批准的项目，应当提交有关许可证书或者批准文件。

（7）申请登记为家庭经营的，以主持经营者作为经营者登记，由全体参加经营家庭成员在《个体工商户开业登记申请书》经营者签名栏中签字予以确认，提交居民户口簿或者结婚证复印件作为家庭成员亲属关系证明，同时提交其他参加经营家庭成员的身份证复印件。

（8）国家市场监督管理总局规定提交的其他文件。

2. 办理流程

（1）申请。① 申请人或者委托的代理人可以直接到经营场所所在地登记机关登记。② 登记机关委托其下属工商所办理个体工商户登记的，到经营场所所在地工商所登记。③ 申请人或者其委托的代理人可以通过邮寄、传真、电子数据交换、电子邮件等方式向经营场所所在地登记机关提交申请。通过传真、电子数据交换、电子邮件等方式提交申请的，应当提供申请人或者其代理人的联络方式及通信地址。对登记机关予以受理的申请，申请人应当自收到受理通知书之日起5日内，提交与传真、电子数据交换、电子邮件内容一致的申请材料原件。

（2）受理。① 对于申请材料齐全、符合法定形式的，登记机关应当受理。申请材料不齐全或者不符合法定形式的，登记机关应当当场告知申请人需要补正的全部内容，申请人按照要求提交全部补正申请材料的，登记机关应当受理。申请材料存在可以当场更正的错误的，登记机关应当允许申请人当场更正。② 登记机关受理登记申请，除当场予以登记的外，应当发给申请人受理通知书。对于不符合受理条件的登记申请，登记机关不予受理，并发给申请人不予受理通知书。申请事项依法不属于个体工商户登记范畴的，登记机关应当及时决定不予受理，并向申请人说明理由。

（3）审查和决定。登记机关对决定予以受理的登记申请，根据下列情况分别作出是否准予登记的决定：① 申请人提交的申请材料齐全、符合法定形式的，登记机关应当当场予以登记，并发给申请人准予登记通知书。根据法定条件和程序，需要对申请材料的实质性内容进行核实的，登记机关应当指派两名以上工作人员进行核查，并填写申请材料核查情况报告书。登记机关应当自受理登记申请之日起15日内作出是否准予登记的决定。② 对于以邮寄、传真、电子数据交换、电子邮件等方式提出申请并经登记机关受理的，登记机关应当自受理登记申请之日起15日内作出是否准予登记的决定。③ 登记机关作出准予登记决定的，应当发给申请人准予个体工商户登记通知书，并在10日内发给申请人营业执照。不予登记的，应当发给申请人个体工商户登记驳回通知书。

二、个人独资企业

1. 需准备的材料

(1) 投资人签署的《个人独资企业登记(备案)申请书》。

(2) 投资人身份证明。

(3) 投资人委托代理人的，应当提交投资人的委托书原件和代理人的身份证明或资格证明复印件(核对原件)。

(4) 企业住所证明。

(5)《名称预先核准通知书》(设立申请前已经办理名称预先核准的须提交)。

(6) 从事法律、行政法规规定须报经有关部门审批的业务的，应当提交有关部门的批准文件。

(7) 国家市场监督管理总局规定提交的其他文件。

2. 办理流程

(1) 申请。由投资人或者其委托的代理人向个人独资企业所在地登记机关申请设立登记。

(2) 受理、审查和决定。登记机关应当在收到全部文件之日起15日内，作出核准登记或者不予登记的决定。予以核准的发给营业执照；不予核准的，发给企业登记驳回通知书。

三、合伙企业

1. 需准备的材料

(1) 全体合伙人签署的《合伙企业登记(备案)申请书》。

(2) 全体合伙人的主体资格证明或者自然人的身份证明。

(3) 全体合伙人指定代表或者共同委托代理人的委托书。

(4) 全体合伙人签署的合伙协议。

(5) 全体合伙人签署的对各合伙人缴付出资的确认书。

(6) 主要经营场所证明。

(7)《名称预先核准通知书》(设立申请前已经办理名称预先核准的须提交)。

(8) 全体合伙人签署的委托执行事务合伙人的委托书。执行事务合伙人是法人或其他组织的，还应当提交其委派代表的委托书和身份证明复印件(核对原件)。

(9) 以非货币形式出资的，提交全体合伙人签署的协商作价确认书或者经全体合伙人委托的法定评估机构出具的评估作价证明。

(10) 法律、行政法规或者国务院规定设立合伙企业须经批准的，或者从事法律、行政法规或者国务院决定规定在登记前须经批准的经营项目，须提交有关批准文件。

(11) 法律、行政法规规定设立特殊的普通合伙企业需要提交合伙人的职业资格证明的，提交相应证明。

(12) 国家市场监督管理总局规定提交的其他文件。

2. 办理流程

(1) 申请。由全体合伙人指定的代表或者共同委托的代理人向企业登记机关申请设立登记。

(2) 受理、审查和决定。申请人提交的登记申请材料齐全、符合法定形式，企业登记机关能够当场登记的，应当场予以登记，发给合伙企业营业执照。除前款规定情形外，企业登记机关应当自受理申请之日起 20 日内作出是否登记的决定。予以登记的，发给合伙企业营业执照；不予登记的，应当给予书面答复，并说明理由。

四、农民专业合作社

1. 需准备的材料

(1)《农民专业合作社登记(备案)申请书》。

(2) 全体设立人签名、盖章的设立大会纪要。

(3) 全体设立人签名、盖章的章程。

(4) 法定代表人、理事的任职文件和身份证明。

(5) 载明成员的姓名或者名称、出资方式、出资额以及成员出资总额，并经全体出资成员签名、盖章予以确认的出资清单。

(6) 载明成员的姓名或者名称、居民身份证号码或者登记证书号码和住所的成员名册以及成员身份证明。

(7) 能够证明农民专业合作社对其住所享有使用权的住所使用证明。

(8) 全体设立人指定代表或者委托代理人的证明。

(9)《名称预先核准通知书》(设立申请前已经办理名称预先核准的须提交)。

(10) 农民专业合作社的业务范围有属于法律、行政法规或者国务院规定在登记前须经批准的项目的，应当提交有关批准文件。

(11) 法律、行政法规规定的其他文件。

2. 办理流程

(1) 申请。由全体设立人指定的代表或者委托的代理人向登记机关申请设立登记。

(2) 受理、审查和决定。申请人提交的登记申请材料齐全、符合法定形式，登记机关能够当场登记的，应当场予以登记，发给营业执照。除前款规定情形外，登记机关应当自受理申请之日起 20 日内作出是否登记的决定。予以登记的，发给营业执照；不予登记的，应当给予书面答复并说明理由。

（五）有限责任公司

1. 需准备的材料

（1）公司法定代表人签署的设立登记申请书。

（2）全体股东指定代表或者共同委托代理人的证明。

（3）公司章程。

（4）股东的主体资格证明或者自然人身份证明。

（5）载明公司董事、监事、经理的姓名、住所的文件以及有关委派、选举或者聘用的证明。

（6）公司法定代表人任职文件和身份证明。

（7）企业名称预先核准通知书。

（8）公司住所证明。

（9）国家市场监督管理总局规定要求提交的其他文件。

（10）法律、行政法规规定设立有限责任公司必须报经批准的，还应当提交批准文件。

2. 办理流程

（1）申请。由全体股东指定的代表或者共同委托的代理人向公司登记机关申请设立登记。

（2）受理。公司登记机关根据下列情况分别作出是否受理的决定：① 申请文件、材料齐全，符合法定形式的，或者申请人按照公司登记机关的要求提交全部补正申请文件、材料的，决定予以受理。② 申请文件、材料齐全，符合法定形式，但公司登记机关认为申请文件、材料需要核实的，决定予以受理，同时书面告知申请人需要核实的事项、理由以及时间。③ 申请文件、材料存在可以当场更正的错误的，允许申请人当场予以更正，由申请人在更正处签名或者盖章，注明更正日期；经确认申请文件、材料齐全，符合法定形式的，决定予以受理。④ 申请文件、材料不齐全或者不符合法定形式的，当场或者在 5 日内一次告知申请人需要补正的全部内容；当场告知时，将申请文件、材料退回申请人；属于 5 日内告知的，收取申请文件、材料并出具收到申请文件、材料的凭据；逾期不告知的，自收到申请文件、材料之日起即为受理。⑤ 不属于公司登记范畴或者不属于本机关登记管辖范围的事项，即时决定不予受理，并告知申请人向有关行政机关申请。

公司登记机关对通过信函、电报、电传、传真、电子数据交换和电子邮件等方式提出申请的，自收到申请文件、材料之日起，5 日内作出是否受理的决定。

（3）审查和决定。公司登记机关对决定予以受理的登记申请，分情况在规定的期限内作出是否准予登记的决定：① 对申请人到公司登记机关提出的申请予以受理的，当场作出准予登记的决定。② 对申请人通过信函方式提交的申请予以受理的，自受理之日起 15 日内作出准予登记的决定。③ 通过电报、电传、传真、电子数据交换和电子邮件等方式提交申请的，申请人应当自收到《受理通知书》之日起 15 日内，提交与电报、电传、传真、电子数据交换和电子邮件等内容一致并符合法定形式的申请文件、材料原件；申请人到公司登记机关提交申请文件、材料原件的，当场作出准予登记的决定；申请人通过信函方式提交申请文件、材料原件的，自受理之日起 15 日内作出准予登记的决定。④ 公司登记机关自发出《受理通知书》之日起 60 日内，未收到申请文件、材料原件，或者申请文件、材料原件与公司登记机关所受理的申请文件、材料不一致的，作出不予登记的决定。公司登记机关需要对申请文件、材料核实的，自受理之日起 15 日内作出是否准予登记的决定。

(4) 发照。公司登记机关作出准予公司设立登记决定的，出具《准予设立登记通知书》，告知申请人自决定之日起 10 日内，领取营业执照。公司登记机关作出不予登记决定的，出具《登记驳回通知书》，说明不予登记的理由，并告知申请人享有依法申请行政复议或者提起行政诉讼的权利。

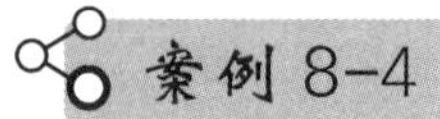

阳光男孩

小奇性格开朗，喜欢运动，最近他却有些苦恼。原来，学校场馆有限，有时无法满足学生的运动需求。小奇就在想，这并非个例，可能有很多人和他有一样的困扰。小奇花了一些时间调研，发现了一些问题。运动场馆缺乏有效管理，很多时候存在错位。一个时间点可能人非常多，另一个时间点则可能没什么人。大家不知道应该选择哪个合适的时间点去运动。他还选择了周边社区和企业进行调研，发现存在同样的问题。大家的运动需求较多，但周边配套设施不足，运动成本高昂。于是小奇就在想这个是不是一个机会。他认为这个潜在的市场非常可观，希望通过自己的努力可以让运动成本有所降低，让更多的人享受到运动的乐趣。经过长时间的思考与准备，小奇准备创业，成立一家体育管理有限公司，对学校的运动场馆进行有效管理。

小奇决定公司经营以为本校教职工、学生的体育运动提供服务和对接周边企业社区的运动需求为主。先做好这两项业务，建立起知名度，然后尝试运动培训业务和活动策划，继续细化服务，打造运动管理专业品牌。

然而，创业的过程并非他想象的那样顺利，小奇面临资金、人才、推广等诸多困境。但小奇没有放弃，他认真分析这些问题，勇于接受挑战。其中，小奇面临的最大问题就是税务问题。小奇不明白自己创办的公司该不该缴税，如何缴税。经过学习，小奇了解到自己所要缴的税是增值税，要向税务局申请核定发票量，税务局会批复一张"增值税专用发票每次购票量和月用票量核定表"，其中内容包括增值税发票的版本、每次购票量、月用票量及核定时间等内容，然后按规定每月缴税。此外，小奇还发现，初创公司很难配备自己的出纳、财务、会计人员，然而这又是不可或缺的，需要初创公司花时间和精力来解决。经过一段时间的努力，小奇总算解决了这些问题。但是在公司运营中，还有一个很棘手的问题。有些顾客会要求开发票，于是小奇又开始着手解决开票问题。小奇了解到开发票不是一件容易的事，首先要求税务开通，然后进入审核，核定企业经营范围、税种等。等小奇的公司具备开票资格后，还要购买相关机器，接受培训。凭借不懈的毅力，小奇成功地解决了公司税务问题。

创业过程中有苦也有甜，小奇始终以积极乐观的心态面对，积极参加学校组织的创业讲座与培训，从中学到很多，避免了很多弯路。困扰他许久的资金问题也在学校的帮助下得到有效解决。学校支持创业，有很多针对大学生创业的优惠政策，大学生可以申请低息贷款和创业补贴。同时，学校创业中心还随时为创业者提供帮助。小奇经常去和老师交流，参加创业沙龙，了解行业最新动态。小奇不仅在校内很活跃，还到社会上走一走、看一看。用他的话来说，就是“见见世面，看看那些优秀的人如何做事”。

两年过后，小奇的事业取得显著成效，公司业绩喜人，社会口碑良好，发展前景一片光明。

创业者说：我想和大家说创业的确不容易。在我创业中遇到了资金、人才等诸多挑战。我觉得对于创业者来说，耐下性子、静下心来十分重要。你要顶得住那种压力，努力克服，并将其转化为动力。在我自己的团队包括我看到的其他团队中都出现的问题，就是耐不下性子来，这个问题在大学生中特别突出。我们可能在学校时特别有激情，想着创业，但是面临毕业时，可能就没有心思再去承担这个压力了，所以在创业之前要考量好。当然，还是鼓励大家在学校的帮助下积极创业。在这里，我要特别感谢我的母校、老师、朋友对我的支持和帮助。这两年多来，感觉自己成长了很多，也学到很多，十分感激这段宝贵的经历。

案例解析：在大学生活中，小奇是个很有想法的有心人，善于发现商机并逐步付诸实践。小奇极富创业激情，勇于实践。首先认真分析学校场馆存在的问题，找到突破口，将问题转化为商机，对场馆进行管理，既解决了师生的烦恼，也赚到了自己的第一桶金。在创立公司中，小奇遇到税务的挑战。他仔细思考、冷静面对，认真学习税务知识，解决公司的税务问题。根据《中华人民共和国税收征收管理法》和《税务登记管理办法》规定，小奇公司需要缴纳增值税并且按规定办理税务登记、缴税。无论创业多艰难，小奇都没有放弃。这种毅力和精神值得我们学习。此外，小奇并不是一个人在战斗。创业过程中，小奇得到了学校、老师、同学的帮助与支持。可见，一个人的成功，与集体的合作是密不可分的。

讨论 8-4

1. 小奇的故事给了你哪些启示？
2. 填好公司设立登记的各种表格后，还需和哪些材料一起提交给工商局？

为企业命名

1. 活动目标

让学生掌握企业命名的技巧。

2. 活动要求

(1) 活动场地：室内。

(2) 参加人员：班级学生。

(3) 活动准备：世界知名企业的名称及 logo、小奖品。

3. 活动过程

(1) 全班学生分组，每组 6 人。

(2) 由教师先展示世界知名企业的名称及他们的行业背景。

(3) 小组讨论这些企业的名字有什么特点，哪些地方吸引了消费者。

(4) 请各小组发挥自己的想象力，设想自己的小组就是一个正在创业的团队，给自己未来的企业起一个名字。

(5) 各小组分享自己小组起的名字，并说出起名的过程及原因。

(6) 全班同学投票表决，选取最优秀的名字。

(7) 选取前三名为优胜者并颁发奖品。

4. 讨论与分享

(1) 给企业起名的要点有哪些？

(2) 怎样规避企业重名？

本章小结

实践证明：成功＝计划＋有效的行动。创业者要想将创业计划付诸实现，就必须依法成立企业，进行正常的生产经营活动，最终达到盈利的目的。因此，创业者必须首先了解企业的法律组织形式，熟悉企业注册登记的基本条件和程序，掌握企业创建的基本路径及相关法律法规与权益维护。

讨论 8-5

有三个大学生要成立合伙企业，如果你是其中之一，你会如何创建这家公司？

练习 8-5

请对 1～2 家新创企业进行调查，了解他们的企业是如何筹建设立的。

第九章

没有规矩，不成方圆

——初创企业的管理与运营

初创企业的管理既有传统的企业管理模式，也有非传统的企业管理模式。初创企业的管理更多的是考虑企业管理层的创业行为、创新活动，增强企业的战略管理和柔性竞争优势。初创企业要考虑如何结合企业自身的情况，对把生存作为第一目标的经营活动、产品开发及销售行为进行规范化管理；考虑怎样进行员工培训、留住人才；以及公司的发展目标和在发展过程中如何规避风险等。

第一节　人尽其才——初创企业人员管理

自始至终把人放在第一位，尊重员工是成功的关键。

——托马斯·沃森

学习目标

（1）了解员工的基本类型和特点；

（2）熟悉初创人力资源管理的特点和原则；

（3）掌握初创企业在人力资源管理方面存在的主要问题。

“人力资源是第一资源”，人力资源对生产力发展起着决定性的作用，对企业经营战略的实施起着保证作用。企业人力资源管理的根本目的是把企业所需人力资源吸引到企业中来，将他们保留在企业之内，调动他们的工作积极性，并开发他们的潜能来为企业服务。当代企业管理是以人为中心的管理，人是知识、信息、技术等资源的载体，人力资源是企业最宝贵的资源。

一、员工的基本类型和特点

1. 专职员工

专职员工是指以日计酬，在同一用人单位每日工作时间在5小时以上、8小时以下，每周工作时间不超过40小时的劳动者，其与用人单位应以书面劳动合同建立劳动关系。专职员工的工资是企业的一笔经常性的相对稳定的支出，另外企业还要付给诸如假期补助以及其他福利费用，在终止雇佣关系时要办理正式手续。

2. 兼职员工

兼职员工是指以小时计酬，在同一用人单位平均每日工作时间在5小时以内，累计每周工作时间不超过30小时的劳动者，其与用人单位应以口头或书面劳动合同建立劳动关系。其特点是有正常、固定的工作时间，要按合同约定付给工资，假期补助以及福利费用由双方约定，终止雇佣关系也需要履行手续。

3. 季节性短期工

季节性短期工就是暂时在单位工作，单位使用期限不超过一年的临时性、季节性用工。临时工也有到期延续的可能，但要有双方达成共识的前提。近年来，随着《中华人民共和国劳动合同法》的贯彻落实，许多用工单位把过去纯粹意义上的"临时工"转变为"劳务派遣人员"。劳动派遣人员已经长期在固定的用人单位中的主营业务岗位上服务，但和用人单位没有劳动合同，只和派遣公司签协议。在用人单位内部的地位、福利、保障水平与过去的临时工差不多，可能随时被裁掉，完全没有法律方面的保障。

二、初创企业人力资源管理的特点

1. 组织层次较少

大学生创业初期由于规模小，资金薄弱，缺乏知名度，组织机构相对精简，一般趋于扁平，决策权往往集中在创业者手中，决策与执行程序简单。这使得新创企业可以高效决策、快速执行，有利于迅速进行调整，以适应市场变化。

2. 一人多用，决策灵活

大学生创业初期的业务具有短、平、快的特点，对人员的要求相对比较灵活。因此，大学生创业初期在招聘人员时就不能一味追求学历等硬性指标，更应看重工作经历、技术熟练等能快速胜任岗位的能手。另外，大学生创业初期分工不能达到如同成熟企业那样明确，需要的是一专多能的"多面手"。

3. "家族制"管理占主导地位

大学创业者都比较年轻，而且创业初期管理制度不完善，个人主义的管理色彩比较浓，创业者与骨干员工之间多存在血缘、乡缘、学缘等关系，使企业带有浓厚的"家族"色彩，人情味比较浓，感情管理大于制度管理。

三、初创企业在人力资源管理方面存在的主要问题

大学生新创企业的管理体系大多数不够完善，还在不断调整中，因为在招人、用人等方面存在诸多问题。

1. 难以找到合适的人才

由于大学生新创企业提供的薪酬、福利相对较低，而且创业期的风险又高，很难吸引到合适的人才。

2. 人员稳定性差

创业型企业通常成立时间较短，内部成员间未经历充分磨合，但又面临较大的生存竞争压力，而且大学生创业者的年纪较轻，缺乏处理矛盾与冲突的经验，导致公司人员流动频繁。

3. 人才缺乏系统管理

创业型企业的发展更多地依靠每个人的主观能动性，难以形成系统完善的人才管理制度体系，其用人和招人都有较大的随机性。

4. 未形成良好的企业文化

很多大学生创业时只是看重行业的市场发展潜力，创业初期并没有思考过企业的使命、愿景、价值观等问题，因此很难带动企业员工形成共同的信念、价值观，这使员工对企业的认同感不强，容易造成个人价值观与老板价值观的冲突，有可能导致人才流失。

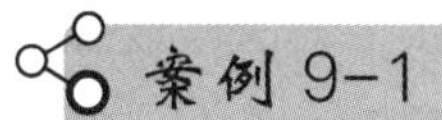

“飞腿”飞不起来了

小郭是个地地道道的四川妹子，目前在上海某大学读书。由于小郭所在校园比较大，加上现在的大学生大多比较懒惰，很多学生不愿意走到食堂或校外去吃饭，习惯叫外卖送到宿舍楼下。但由于校园管制，只有校园食堂可以直送，校外送餐禁止入校，所以如果有学生要在校外餐馆点餐必需走到校门口去取，这引起了很多学生的抱怨。

小郭看准了商机，决定在校园里创立一个外送团队，专门负责同学校外点单的外送服务。只花了三天时间，小郭就找来自己的两个室友和四个老乡同学，七个人组成了一个创业团队，起名为“飞腿”，然后花了一天的时间就建立了飞腿微信公众号发布信息。很快，一些同学关注到了“飞腿”，开始尝试预约他们的外卖服务。

“飞腿”由小郭作为总负责人，所有的订单接完后由小郭进行分配，每单的定价为 5 元，每跑一单小郭得 2.5 元，送单员得 2.5 元。由于创业团队都是在校大学生，课业时间各有不同，所以都没有固定的接单员，小郭是按照成员的空闲时间段来安排工作。后来由于下单的客户越来越多，小郭又找来自己的同班同学来兼职做外卖送单，这些同学也因为可以赚点零花钱，很乐意加入。

刚开始的时候由于新鲜，团队成员的积极性很高，接单也很热情，有时成员间还会为了

抢单而闹不愉快。但是，随着时间的推移，成员的惰性就逐渐显现出来了，经常以自己有其他事情要忙，比如上课、社团活动、约会等而推脱。因为缺乏团队培训和团队精神文化的建设，也没有制定好团队目标，成员对服务的概念比较浅薄，有时顾客打电话抱怨怎么还没有送到的时候，送单员会很不耐烦，甚至挂断顾客电话，丝毫不会考虑这将给整个团队带来怎样的影响。有时接单量很大，小郭也没有制定出相应的管理机制来应对，只能是谁有空谁就上。看着接单的队员们越来越少，小郭只得自己承担管理、财务和外送服务等工作。虽然小郭也想放权，分配一些工作量给其他成员，但是尝试了几次总不满意，最后还是揽在自己身上。最后，小郭的事情越来越多，客户投诉抱怨也越来越多，小郭自己也感到心力交瘁，最终“飞腿”成立两个学期后就宣告解散了。

创业者说：我觉得刚开始大家做得很好，因为都是朋友、老乡，所以团队一下就建立起来了。可是不知怎么回事，团队的人员越来越不配合，总是推脱有事就不来了。我什么事都要管，交给其他人做也做不好，后来还要送外卖，真的是忙不过来了，学业都快要被耽误了，所以只能解散了。虽然挺可惜的，但也没办法。现在看来，创业团队组建后，如何加强对人员的管理与培训，也是一门学问，需要自己好好地感悟与学习。

案例解析：小郭的创业，成是朋友，败也是朋友。人员管理上，首先，小郭应该根据企业不同的发展阶段招揽不同的合作伙伴，而不是只知道找朋友、找同乡或是同班同学。其次，小郭应该把工作合理分配给各个成员，而不是一手全包。虽然小郭有尝试下放，但是由于没安排好合适的人做合适的事，导致事情都做得不理想。再次，在利润分配上只是简单地接单就拿钱的原则，并没有对多接单或积极性高的同学进行奖励，也没有对偷懒或服务不好的同学进行批评指正，导致人员的积极性越来越低，工作质量越来越差。最后，由于团队成员都是学生，都有自己的课业和娱乐生活，所以团队成员非常不稳定，说来就来，说走就走，接单的业务能力也越来越差。这些都是导致小郭失败的原因。

四、初创企业的人员管理原则

1. 企业在不同的发展阶段用人标准和方法不同

初创期要的是“跨马能够闯天下”的人才，而发展到一定的程度后就需要“提笔能够定太平”的人物了。企业在发展过程中，只有在保持基本稳定的同时，不断“吐故纳新”，淘汰那些相形见绌的人员，企业才能保持旺盛的生命力。这种“吐故纳新”虽然有时是残酷的，但也是企业发展所必需的。对于创业时的“开国元勋”，可以用金钱、股份、闲职去安抚，却不可以为了这些人的情绪和“面子”而影响企业的健康发展。

2. 将合适的人放在合适的位置上

“合适的人放在合适的位置上”是指不能“大马拉小车”或者“小马拉大车”。因为“大马”一旦跑起来，小车就有被颠覆或摧毁的危险；“小马拉大车”虽然没有这个危险性，但由于“小马”气力太小，拉而不动，企业也就无法前进。因此，“多深的水养多大的鱼”是企业选人用人的重要原则。

3. 正确掌握用人原则

这里说的用人原则有四条。一是有才有德者重用。这种人忠厚而且有才华或专业技术，可谓“人中之宝”，不可多得，一旦得到一定要委以重任。二是有才无德者谨慎使用。这种人可用而不可信，他们可能有些本事但私心重，有时会为了个人利益而钻营弄巧，甚至不惜出卖良心。企业使用这种人一定要谨慎，要在劳动合同或制度上加以约束。三是无才有德者培养使用。这种人忠厚老实但本事不大，可以在培训上多下功夫，慢慢培养，使之成为企业发展的栋梁之材。四是无才无德者坚决不用。这种人没有才华或专业技术，私心又重，所以坚决不能使用。无论处在何时的企业经营者，都想找到第一种人。但是这种人不易识别，往往与用人者擦肩而过。为了企业的发展，企业用人要在充分识别的基础上恰当使用，扬长避短，合理配置，这样就能最大限度地发挥他们的作用。

4. 调动积极性，不求忠诚度

创业者和员工走到一起都是为了追求个人的物质利益或精神利益。虽然其中有感情、友情的成分，但在根本利益发生冲突时，感情、友情就会被冲淡。要宽严相济、恩威并施，用物质和精神利益最大限度地调动员工积极性。员工积极性高，相对来说忠诚度也会高。但“人往高处走”，当员工感觉企业无法给予足够的空间时，另寻高枝也是正常现象。大学生创业要有这个心理准备，特别是在创业初期不必追求员工的忠诚度。

5. 大胆放权，分级管理

创业初期，创业者事无巨细，都要亲自过问，当企业稍有发展后，就要采取分级管理。这时切莫事事亲自过问，而是要多当“裁判员”，少当“运动员”。这样既可以培养中层人员的领导力，调动他们的积极性，为企业的进一步发展做准备；又可以客观、公正地处理企业出现的各种问题，防止出现“不识庐山真面目，只缘身在此山中”的现象；还可以避免与员工直接对立，让中层“唱黑脸”，自己“唱红脸”，以显示“宽厚仁慈”之心。

6. 雪中送炭胜过锦上添花

选人用人时，在同等条件下，最好选择那些经济条件较差、生活困难、急需工作的人，雪中送炭胜过锦上添花。因为能理解工作的来之不易，他们的稳定性更强，而且积极性和对企业的忠诚度大多都能令企业满意。

7. 自主掌握影响企业发展的核心关键要素

创业初期的老板要做到“用人也疑”，特别是新创业的大学生，由于阅历不深、经验少，这时更应将关键的技术、主要的客户、原材料和产品的购销网络等核心要素掌握在自己手中，做到定期或不定期地亲自参与。千万不可被一两个人所控制，否则，一旦有所意外，被卡住脖子就后悔不已了。

8. 多角度考察员工，帮助其成长

要从多个角度考察员工。对于他们的优点要多多表彰，对于他们的不足也要诚恳地指出，帮助其改正，这样员工才能与企业共同成长。考察员工要明松暗紧，考察于无形之中。

在对父母、落难者和犯错误的同事的态度上，往往能看出一个人是好心还是坏心，是君子还是小人。如果一个人对父母和落难者毫无孝顺、同情之心，企业若有危机，这种人也是靠不住的。

9. 任人唯贤，不论资排辈

在同等条件下，要把低级别的员工提上来。比如企业缺一个部门经理，有一个班组长和一个副经理条件相当，如果把副经理提拔起来，他会认为这是顺理成章的；如果提一个班组长当经理，他就会感到是额外施恩，对企业的忠诚度和积极性都会比原来的副经理高得多。虽然原来的副经理会受点影响，但是这能给许多能力强、资历浅的员工带来了希望。

10. 奖罚分明，恩威并施

应该给员工的工资、福利、奖励一定要"言必信，行必果"，对有突出贡献的要舍得给"票子"、给位子，千万不要吝啬。只要真正做到奖得眼红、罚得心痛，才能收到恩威并重的效果。

对于手下的员工，创业者不可能面面俱到地进行管理，这也就要求创业者要学会在管理中有的放矢，抓住关键部分，切不可在管理中舍本逐末，在小事上抓住不放。

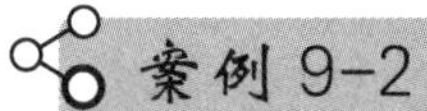

不找借口找方法

《不找借口找方法》是2005年世界图书出版公司北京公司出版的一本图书，作者是刘波、吴起全。

"不找借口找方法"强调的是每一位员工都想尽办法去完成任何一项任务，其核心是敬业、责任、忠诚和服从。这一理念是提升企业凝聚力、建设企业文化的最重要的准则。秉承这一理念，众多著名企业建立了自己杰出的团队。《不找借口找方法》正是对上述理念最完美的诠释。全书有新理念、新观点，文字简洁通俗，并有大量实例说明。

一个优秀的员工应该崇尚这样的理念——不找借口找方法，这是一个充满自信的理念，也是一个更具建设性和创造性的理念。它不仅强化了员工不找借口的重要性，更帮助大家面对问题时如何去找方法，如何找到有效的方法，并把问题变为机会。

日本松下公司曾崇尚这样的理念：如果你有智慧，请你贡献智慧；如果你没有智慧，请你贡献汗水；如果你两样都不贡献，请你离开公司。不找借口找方法体现的是一种负责、敬业的工作精神，一种诚实、主动的工作态度，一种完美、积极的执行能力。公司需要的正是具备这种精神的人：遇到问题总是想尽办法去找到解决问题的方法，而不是找借口。

书摘：

错过了星星，又错过了月亮。

如果想登上成功之梯的最高顶端，你得永远保持主动的精神，纵使面对缺乏挑战或毫无乐趣的工作，终能获得回报。

主动是影响员工工作最重要的因素之一，那么主动主要体现在哪些方面呢？首先主动应该表现在心态上。那就是主动是自觉自愿的内心支配行为。有一些表面非常忙碌的人，他们可能每天早出晚归，按时打卡、准时出现在办公室，但是一考查他们的业绩、他们的效率，就明显能看到其结果与他们表面上的“勤奋”极不相称。他们虽然每时每刻都可能在做事，但是他们内心并没有想着要做事，也没有想着去寻找办法把事情做好。对他们来说，每天的工作可能是一种负担、一种逃避，他们并没有做到工作所要求的那么多、那么好。所以，那些早出晚归的人不一定是工作勤奋的人，那些每天忙忙碌碌的人不一定是圆满完成工作的人，那些每天按时打卡、准时出现在办公室的人不一定是尽职尽责的人。对每一个企业和老板而言，他们需要的绝不是那种仅仅遵守纪律、循规蹈矩，却缺乏热情和责任感，不能积极主动、自觉自愿工作的员工。

因此，对于一个想要成为优秀员工的人来说，最重要的就是要在工作的心态上主动，在态度上自觉自愿。拿破仑·希尔曾经说过：“自觉自愿是一种极为难得的美德，它能驱使一个人在不被吩咐应该去做什么事之前，就能主动地去做应该做的事。”有了这种自觉自愿的心态，你就能随时准备把握机会，展现超乎老板要求的工作表现，以及拥有“为了完成任务，必要时不惜打破陈规”的智慧和判断力；有了这种心态，你才可能在平时工作中真正做到勇于负责，有独立思考的能力，能够漂亮地完成老板交代的任何任务；有了这种心态，你才可能在平时的工作中非常卖力，无论你的老板是不是在你的身边。

工作中最严格的表现标准应该是自己设定的，而不是由别人要求的。如果你对自己的期望比老板对你的期望更高，那么你就无须担心会失去工作。同样，如果你能达到自己设定的最高标准，那么加薪晋职也将指日可待。如果想登上成功之梯的最高顶端，你得永远保持主动的精神，纵使面对缺乏挑战或毫无乐趣的工作，终能最后获得回报。当你养成这种自觉自愿的习惯时，你就有可能成为领导者。任何老板，都需要那些主动寻找任务、主动完成任务、主动创造财富的员工。

机遇稍纵即逝，主动至关重要。那些缺乏主动精神的员工，他们错过了星星，又错过了月亮。

五、初创企业的绩效管理

（一）绩效考核的基本要求

作为晋升、解聘和调整岗位与职位的依据，应着重在能力和能力发挥、工作表现上进行考核。

作为确定工资、奖励的依据，应着重在工作业绩考核上。

作为潜能开发和教育培训的依据，应着重在工作能力和能力适应程度上进行大学生创新创业教育基础考核。

作为调整人事政策、激励措施的依据，业绩考核应能够促进上下级的沟通。

考核结果能够为企业生产经营以及管理部门在制订工作计划和进行决策时提供参考。

(二) 绩效考核的原则

(1) 客观性原则。指标的确定必须能准确地反映客观,不仅需要有定性指标,更需要有定量的指标,以便如实地反映被考核人工作绩效的真实状况。

(2) 完整性原则。由于工作内容的多样性,考核必须兼顾构成职位要求各方面的工作内容,防止主观臆断和片面性。同时,必须注意与履行职位要求无关的情况不宜纳入考核范围,如个人生活习惯、个人兴趣爱好等。

(3) 可行性原则。考核需要通过具体的方法来实施。方法的选择必须要注意可行性和考核结果的精确性。因此,考核的内容和指标尽可能是可以定量测定的,以便于实际操作。

(4) 适当性原则。对不同人员考核的时间不可能整齐划一,时间安排要适当,并预先有所规定。绩效考核根据时间可以分为定期考核与不定期考核。定期考核可以是每周、旬、月度、季度、半年、年度。基层人员的考核周期相对可以短一些,考核次数可以频繁一些;中高层人员的考核周期相对可以长一些,有的甚至可以是 3～4 年。

(5) 反馈性原则。考核的目的是为了推进工作,提高被考核人的工作质量和工作效率。及时向被考核人反馈考核结果,既有利于被考核人工作的及时改进,也有利于被考核人自身素质的提高。

(6) 民主性原则。民主是实现客观公正的必要条件。在考核工作进行的全过程中,要多听取群众意见,及时改进工作,在条件许可的情况下,应当吸收群众代表参加工作,要充分保障并尊重被考核人的解释权和申诉权。

(三) 绩效考核的形式

(1) 上级考核。上级考核有两种形式,一种是由直接上级对其部下进行全面的考核和评价。这种形式的缺点是上下级日常接触频繁,在考核时可能会掺杂个人感情色彩。这种形式的考核一般用于一线员工。上级考核的另一种形式是由间接上级越级对下级部门进行全面的考核与评价。

(2) 同事评议。同级或同岗位的员工之间相互考核与评价。在这个过程中,必须保证同事之间的关系是融洽的。一般用于专业性组织和中层人员的考核。

(3) 自我鉴定。员工对自己进行评价。这种方式的优点是抵触情绪少,但往往不客观,会出现自夸现象。

(4) 下级评议。下级员工或部门对上级领导或部门进行评价。这种形式的弊端是下级怕被“穿小鞋”,所以在评价时往往是好话一大堆,缺点一语带过;上级怕失去威信,在工作中充当老好人。

(5) 现场考核。企业专门召开考评会议对有关人员进行现场答辩和考核,或者通对相对正式的人事测评程序和方法对候选人进行考评。

（四）绩效考核的方法

适合新创企业绩效考核的方法主要有以下几种。

（1）查询记录。对生产记录、员工工作记录、档案、文件、出勤情况做整理与统计。

（2）定期考核。根据情况进行周、月、季度、半年、年度的定期考核，以此为基础积累考核资料。

（3）书面报告。部门、个人总结报告或其他专案报告。

（4）考核表。设计单项考核主题或综合性表格。为了方便应用，可以使用多项选择、评语、图表、标度或评分标准。

（5）重大事件法。为每一个员工或部门员工建立考核日记，专门记录其重要的工作事件，包括好的与坏的事件。

（6）比较排序法。通过在考评群体中对考评对象两两相互比较，优中选劣或劣中选优，逐步将员工从优到劣排序。

第二节　运筹帷幄——初创企业的战略管理

> 没有战略的企业就像一艘没有舵的船，只会在原地转圈。
>
> ——乔尔·罗斯

学习目标

（1）了解什么是企业战略；

（2）认识创业阶段企业战略管理的核心问题；

（3）如何制定初创企业的战略流程。

一、企业战略

企业战略是对企业各种战略的统称，其中既包括竞争战略，也包括市场、发展、品牌、融资、技术开发、人才开发、资源开发战略等。企业战略是层出不穷的，如信息化建设就是一个全新的战略。企业战略虽然有很多种，但基本属性是相同的，都是对企业的谋略，对企业整体性、长期性、基本性问题的计谋。例如，企业竞争战略是对企业竞争的谋略，是对企业竞争整体性、长期性、基本性问题的计谋。各种企业战略有同也有异，相同的是基本属性，不同的是谋划问题的层次与角度。

二、创业阶段企业战略管理的五个核心问题

(一) 为何创办企业

在产品、服务有市场的前提下，企业内部的供、产、销、人、财、物综合管理能力要大力提高。经营能力实际上体现了一个经营者在企业内部的组织能力。经营企业的动机、目的和目标直接影响和决定企业的经营理念与经营战略，决定企业将采取什么行动来实现经营目标。请思考以下问题：

第一，为什么创办此企业？是因为有某种客户关系，看到了一个赚钱的机会？能更好地发挥自己的潜能？还是其他什么原因？创业是主动的还是被动的？

第二，创办此企业的目的是什么？是为了实现个人价值？赚钱养家糊口？创建一家公司卖掉？还是仅仅为了换一种生活方式？

第三，想创立一家什么样的企业？企业的近期目标是什么？三年的目标是什么？长远目标又是什么？

(二) 如何经营企业

企业经营的目的是使企业利润最大化，以营利为导向。在企业的不同时期，不同产品与服务有不同的获利目标。要关注的群体分为顾客和员工，顾客是企业实现盈利的来源，员工是企业实现盈利的主体。顾客和员工最终都是为实现企业盈利目标服务的。那么，如何赚钱呢？这其实也就是企业的商业模式定位问题。请思考以下问题：

第一，企业“真正的”顾客是谁？企业最终为谁提供产品和服务？产品的购买者、影响者和使用者分别是谁？他们的需要有何异同？

第二，应该提供什么产品和服务？为什么这些产品和服务对顾客是重要的？产品的特色在哪里？顾客为何买我们的产品而不去买竞争者的产品？这些产品和服务是否满足了大部分顾客共同的价值需要？

第三，企业以什么方式为“真正的”顾客提供他们所需的产品和服务？如何做到在持续提升顾客价值的同时不断降低企业的经营成本，而不是在两者之间进行权衡和取舍？为顾客创造和提供价值的哪些环节需要加强，哪些需要减少？

(三) 是否有实现发展目标的能力

企业想做什么是一方面，能不能做又是另外一方面。当然，做事的能力是在做的过程中不断提升和获得的，但事先必须有意识地去引导和培养这些能力。请思考以下问题：

第一，企业所需的最重要的能力是哪些？哪些能力已经具备？哪些能力需要提升？企业获取资源的能力如何？与外部合作的能力如何？为客户服务的能力如何？

第二，企业发展需要哪些资源？（如需要资金、厂房、机器、设备、技术等资源）哪些已经具备？哪些需要获取？如何获取？

第三，企业的声誉和品牌如何？声誉和品牌对于企业的重要性如何？如何提升企业的声誉和品牌？

（四）如何行动

很多初创企业的失败，不是因为没有好的战略，也不是因为员工缺乏能力，而是因为缺乏有效的、持续的和坚定的行动。企业需要通过行动实现目标，管理者需要在行动中感知环境的变化以及时调整战略、适应环境，员工需要在行动中学习。“Fail Fast，Fail Often”是硅谷的创业准则，意思是快速尝试，快速失败，失败后就及时舍弃。战略和执行是驱动企业绩效实现必不可少的、密不可分的两个轮子。请思考以下问题：

第一，为实现企业的经营目标，列出 3～5 项最重要的优先事项。

第二，为每项优先事项确定三个要完成的定量指标，为每个定量指标的实现确定要做的最重要的三件事。

第三，写出未来 30 天的行动计划，包括要完成的事项、要达成的目标、负责人、起止时间、所需的资源和支持。30 天的行动计划应当每周进行检查和更新，每月花些时间与团队成员一起坐下来看看哪些事情按计划完成了，哪些事情改变了，哪些事情未完成，并找出未完成的原因，提出改进方法，在此基础上再制订下一个月的行动计划。这实际上就是战略管理最基本的工作，战略只有落实到日常的行动中才有意义，才会真正产生价值。

（五）企业需获得哪些利益相关者的支持

在社会分工越来越细的今天，要实现经营目标，要执行发展战略，光靠企业的员工还远远不够，创业者必须争取尽可能多的利益相关者的支持。请思考以下问题：

第一，哪些人是我们的利益相关者？我们必须与谁沟通？利益相关者包括员工、顾客、供应商、影响者、管理者乃至竞争者。

第二，他们应当知道什么？我们希望从他们那里获得什么支持？

第三，我们应当如何与他们沟通？不同的对象、不同的沟通内容需要采取不同的沟通方法。

由于环境是不断变化的，企业也处于不断的发展过程之中，以上五个方面的问题需要创业者经常思考，并适时检查和调整行动方案。相对于结果而言，战略管理更注重过程，过程做好了，结果自然水到渠成。所以创业者既要抬头看路，更要埋头赶路。只有做到知行合一、行而有信，才能不断超越自我，建立和形成一套相对稳定的商业模式，不断提升企业经营能力，尽快由创业期走向快速发展期，进而走上基业长青之路，实现创业梦想，享受精彩人生！

案例 9-3

死而复生的“米豆”店

米豆曾是一位外企的财务高管，自从有了女儿小米豆后，便开始关注母婴市场，并对进口母婴用品产生了浓厚兴趣。在不断帮小米豆和身边朋友的宝宝“海淘”后，米豆对各种进口母婴用品有了更多、更深的认识，于是和几位志同道合的朋友在淘宝上经营起一家进口母婴用品店——“米豆的幸福”。

“米豆的幸福”从 2009 年开始经营，在没有任何刷单的情况下，踏踏实实地成长。到 2012 年，淘宝店拥有了蓝冠，年营业额增长到了 500 万元。然而，好景不长，淘宝上的母婴代购慢慢多了起来，同时资本市场看中进口母婴市场，各大母婴平台崛起，这些平台有着强大的资本市场背景，不断地低价促销，抢占进口母婴市场。因此“米豆的幸福”店铺遇到了大量客户被分流的瓶颈，客流量及订单大幅下滑，米豆不得不开始进行战略调整。

此时，微博、微信等新媒体崛起，大 V 及网红利用人气也开始寻找合适的产品进行推广销售。同时，国内的团购网站也开始了“百团大战”，团购生意正欣欣向荣。米豆看准机遇，开始和各大团购网站以及大 V 网红合作：团购网站和大 V 网红负责推广和宣传，米豆负责提供产品和代发货服务，重新把淘宝店丢失的客流弥补回来。

2014 年，微商迅速崛起，米豆及团队再次精准地把握时机，将淘宝上的客户流量自然引流到微信客户端，和客户有了直接交流，增强了客户的黏性，并且积极发展微商，让消费者成为销售者，全面开拓微商分销市场。另外，“米豆的幸福”也获得了一些进口品牌商的青睐，逐渐走向进口产品的正规化。现在，“米豆的幸福”已经是一家金冠淘宝店，好评率高达 99.98%，年营业额超过 1 500 万元。

米豆的下一个梦想是在国外寻找全新的未进入中国市场的母婴品牌，并设想与国外大的电商合作，将其引入国内，扩大店铺的经营范围。

创业者说：回想自己的创业历程，我是无意间赶上了两波风口，一波是经营母婴电商，另一波是跨境电商。刚好这几年国内的互联网发展很快，在客流量开始下滑的时候，我们花大力气充分运用了微博、团购、微信等进行了推广营销，效果非常好。运用社交媒体的一个好处就在于，我们可以跟客户在网络上一对一交流，和客户建立信任，客户的回头率也就非常高，同时我们也能第一时间了解到客户的需求，总有商品满足他们。时代在不断地前进，我也需要不断地学习调整，才能应对各种时代变化。接下来，我会全力以赴，开始新的征程……

案例解析：米豆赶上了两个风口——进口母婴和跨境电商。巨大的市场潜力推动“米豆的幸福”快速增长，使其抓住了国内消费者消费升级的时机，专注于进口母婴用品，在危机来临时及时调整战略，利用新媒体、团购平台和微商，大力推广和拓展渠道，主动出击，引导消费者进行分享和销售。由于母婴行业的特殊性，孩子成长的过程中必然会流失一些客户，但米豆充分利用社交媒体了解客户需求，和客户建立起一种信任关系，从而使得客户自发进行宣传，带来新的客户，形成口碑效应。再加上品牌商的支持，开拓了思路，从源头出发，寻找新品牌，努力向进口品牌商转型，很快从淘宝店转型成为多平台电商。

三、制定初创企业的战略流程

大学生创业之初，虽然是以企业生存为目标，但创业者仍然要做好企业长久持续发展的准备，这就需要了解、学习、掌握企业战略的制定方法和步骤。企业战略的制定一般需要以下五大步骤。

1. 企业战略目标制定

制定企业战略目标包括企业使命、企业愿景以及企业定位，也就是做这个企业要承担什么样的社会责任。"心有多大，舞台就有多大"，愿景就是所能看到的企业制定的未来发展的情况，如未来五年或十年的情况。在确定了企业的使命和愿景的基础上，再确定企业的产品方向、如何实施参加竞争、如何确定组织架构以及相关人员的安排。

2. 环境分析

环境分析包括两方面：一是企业外部环境，也就是社会发展现状，如人口情况、地理环境、经济发展趋势及相关行业发展情况等，又如房地产中介公司就要了解房地产行业发展情况；二是内部环境，包括公司的资金使用情况、技术能力、品牌影响力等。

3. 战略制定

根据公司愿景和使命确定企业的经营哲学、形象及产业范围组合。根据各产业发展潜力分析，确定业务组合是否健康以及战略态势，也就是要确定企业是要维持现状，还是扩张或缩小发展区域；然后再确定产品的价格范围、营销方案及用人的方式方法。

4. 战略执行

(1) 确立经营目标。对战略目标加以明确，对战略行动进行梳理。比如确定一年内要实现的营业指标是多少，再将这些指标分解到月、到各个部门。

(2) 制订计划预算。预估实现一年的营业指标要花多少钱，明确这些钱要花在哪些地方。

(3) 落实业绩责任。把营业指标分解到各个部门，再由部门分解到责任人。

(4) 控制执行过程。制定相应的绩效考核指标，以保证营业指标的实现。

5. 战略评价和控制

分层次对战略规划进行分析，并在执行的过程中不断修改。

(1) 绩效评价。绩效评价包括两方面内容：一是评估营业指标的完成情况，比如一季度营业指标与完成情况进行对比，如果没有完成，需找出原因，并进行相应的修正；二是评估资源的运用、员工的能力素质及管理方式方法等，以战略目标为方向，进行分析及提出修正方案。

(2) 环境监测。外部环境变化对企业战略的发展有很大影响。企业可以通过各类媒体资讯等了解行业发展状况、国内外经济发展的变化,以便及时调整战略。

(3) 调整措施。根据情况调整企业的营业指标、价格策略、扩张区域等。

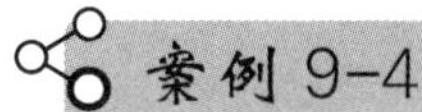

张朝阳:转型中重塑搜狐历史

2019 年,张朝阳接受媒体采访时表示:“我目前处于重返舞台的阶段。我希望能像乔布斯一样,虽然黯然离去,但经过多年反思成长,回来以后重新让苹果登上巅峰。我一直是搜狐的 CEO,但是我的思维在外层空间待了一段时间,现在我回来了,希望能够重塑搜狐历史。”

张朝阳一直是个传奇人物。他从小成绩优异,17 岁考上清华大学,毕业后前往美国麻省理工学院留学,回国之后创办的搜狐成为中国最早一批互联网公司,他自己则荣登明星企业家之列。

经记者梳理:1996 年,搜狐前身爱特信公司成立;2000 年 7 月,搜狐上市;2004 年到 2010 年,搜狐做出了搜狗、游戏等产品;2005 年,搜狐拿下奥运官方网站;2009 年,搜狐畅游上市。那是一段阳光灿烂的日子,张朝阳曾表示,在 1998—2010 年,他一直处在知名度效应和自我感觉良好的状态,觉得天下太平了,觉得董事会永远支持自己。

曾经的辉煌时刻也让人羡慕:1998 年,张朝阳当选美国《时代周刊》“50 位全球数字英雄”;2004 年,张朝阳曾赤裸上身登上《时尚健康》封面;之后与高圆圆、李冰冰等明星组成美女野兽登山队登上海拔 6 206 米的西藏启孜峰,吸引整个媒体圈的关注;2008 年,搜狐成为北京奥运会互联网内容服务赞助商;之后搜狐业绩和市值超越新浪。

甚至连如今的 BAT(百度、阿里巴巴、腾讯)三大掌门人,也都比不过当时的张朝阳。早年百度 CEO 李彦宏去美国融资时,和投资人提及搜狐在中国的成功,才得到投资人的支持;1999 年,张朝阳去深圳演讲,马化腾还只能坐在观众席里;在搜狐风光的阶段,张朝阳晚上是拒绝工作的,而是去酒吧唱歌、参加聚会,但马云只能工作到夜里 12 点才过来,待一会儿就走了。

张朝阳曾三次登陆美国纳斯达克上市敲钟,分别是 2000 年 7 月搜狐上市,2009 年 4 月畅游上市,2017 年 11 月搜狗上市。

然而,从 2011 年开始,这种巨大的光环却给张朝阳带来无尽的痛苦。在《杨澜访谈录》节目中,张朝阳回忆称:“我什么都有了,可我居然那么痛苦。”他开始变得恐惧社交,甚至严重到患上抑郁症,不得不停止工作。

可是当张朝阳闭关一年半后复出时,却已是今夕何夕:微博已经成为过去,人人开始用微信。此后,人工智能、直播、共享经济、短视频,风口频频变换,搜狐没有一次抓住机会。当马化腾和马云一跃成为中国互联网金字塔塔尖的人物时，张朝阳却被远远甩在身后。

在一位老搜狐人看来，搜狐现在投入的方向不够正确，长视频、搜索、社交都是如此，背后的关键原因是老搜狐团队的离散。

在一些被访的搜狐老员工中，谈到搜狐，他们大都表示惋惜，觉得公司确实存在很多问题，但谈到张朝阳，大部分人会亲切地称他为老张，都称赞他是个“好人”。这当然是对人性的褒奖，但却不是对一名企业家能力的肯定。

老人文化的盛行导致有能力员工的晋升渠道不通畅，再加上张朝阳的好人人格和佛系管理，导致搜狐在很多时候都是第一时间发现了机会，但是却被别人抄了后路。上述老员工称，整个搜狐团队已经没有了朝气和活力，不思进取，一款畅游武侠网游就吃了十多年，反观网易，这些年不断推出新的游戏。武侠网游确实还在张朝阳的计划列表里。

在媒体采访中，张朝阳不断甩出 Vlog、5G 等新词，似乎想证明自己能跟上时代发展的脚步。他也表达，这一次重返搜狐，自己已经有了很多变化：“我感觉现在非常单一和专注，就想做一个好的产品经理和管理者，把公司管好。”过去的张朝阳被声名所累，他表示：“那些年，被认为是数字化革命的点火者，承载了太多的梦想。”

（选自期刊《理财》，2019 年第 09 期）

案例解析：在互联网背景下，时代迭代速度越来越快，看似搜狐虽然已经远离了互联网中心，但也正在谋求转型中探寻崛起之路。企业的战略部署是决定企业经营成败的关键，是企业确定经营计划和经营政策的依据，能提高企业各项管理工作的效率，同时有利于企业从社会的角度来审视自身。此外，消费者的需求与消费结构的不断变化也要求企业进行合理的战略规划。

第三节　防微杜渐——初创企业的风险防范

> 我们最大的恐惧就是恐惧本身，对于创业者来说，最大的创业风险就是对风险的无知。
>
> ——罗斯福

学习目标

（1）了解创业初期存在的风险；

（2）掌握创业风险的规避方法。

创业风险是指由于创业的不确定性，创业机会与创业企业的复杂性，创业者、创业团队与创业投资者能力与实力的有限性，从而导致创业活动偏离预期目标的可能性及其后果。

一、创业初期存在的风险

1. 项目风险

大学生选择的创业项目多数集中在高科技及智力服务领域，如软件开发、网络服务、设计服务、快餐、零售等。如果缺乏前期的市场调研论证，仅凭自己的一时兴趣和想象力决定投资方向，甚至是急功近利，盲目跟风，不了解市场需求的不确定性、产品市场扩散速度的不确定性、市场竞争能力的不确定性等，最终会导致创业失败。

2. 管理风险

创业失败者基本上都是管理上出了问题，其中包括决策的随意性、理念不清、用人不当、忽视创新、急功近利、盲目跟风、意志薄弱等。大学生创业经验不足，资金、实力和心理素质明显不足，更会增加管理上的风险。

3. 资金风险

资金风险在创业初期一直伴随着创业者。在新企业创办起来后，就要考虑是否有足够的资金维持企业的日常运作及发展。连续几个月入不敷出或其他原因导致企业的现金流中断，都会给企业带来极大的威胁。相当多的企业会在创业初期因资金紧张而严重影响公司的发展，从而导致失败。

4. 社会技能缺乏风险

企业创建、市场开拓、产品推介等工作都需要调动社会资源，但大学生在这些方面的资源是比较缺乏的，所以平时应多参加各种社会实践活动，扩大自己的人际交往范围。创业前，可以先到相关行业领域工作一段时间，通过这个平台为自己日后的创业积累人脉。

5. 团队分歧风险

创业企业在诞生或成长过程中最主要的力量一般都是创业团队，一个优秀的创业团队能使创业企业迅速地发展起来。但与此同时，风险也蕴含其中。团队的力量越大，产生的风险也就越大。一旦创业团队的核心成员在某些问题上产生分歧，极有可能对企业造成强烈的冲击。当涉及与股权、利益相关的问题时，企业中原本是很好的伙伴都可能闹得不欢而散。

6. 核心竞争力缺乏的风险

对于具有长远发展目标的创业者来说，他们的目标是不断地发展壮大企业，因此，企业是否具有自己的核心竞争力就是最主要的风险。一个依赖别人的产品或市场来打天下的企业是永远不会成长为优秀企业的。核心竞争力在创业之初可能不是最重要的问题，但要谋求长远的发展，就是最不可忽视的问题。没有核心竞争力的企业终究会被淘汰出局。

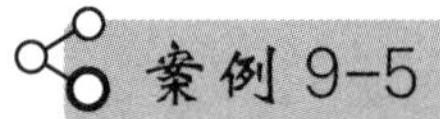

盲目合作导致创业失败

小王和小张同在一家公司上班。一天，小王在网上看到一家店铺的衣服很有特色，且价格适中，正好小张经过，两人一交流，认为这是个不错的商机，便准备合伙开一家店铺当小老板。

很快两人各投入2万元，选好了店铺，第一批货也到了。开业第一天两人兴致勃勃，那天店里的人很多，但是却没有一个人购买。第二天下大雨，逛街的人很少，自然也没有生意。第三天人又多了起来，但只有小张一人看守店铺，他因急于给顾客结账而错收了100元假钱，同时店里两件衣服失踪，相当于没赚反亏。连续过了一段时间，店里生意起起伏伏，小王由于还在公司上班，来店里的时间较少；小张独自一人在店里工作，当店里生意不好时，想到自己没有其他收入，心里很不平衡，内心充满了对小王的抱怨。

不到半年，小王和小张大吵一架后，店铺正式关门，合伙也正式画上句号。

案例解析：创业初期，企业的经营风险存在于各个方面。一个优秀的创业团队能让企业迅速发展起来，同时当团队成员产生分歧时，企业也会承担巨大的风险。

二、创业风险产生的原因

1. 缺乏社会资源

由于长期身处校园，大学生掌握的社会资源非常有限，而企业创建、市场开拓、产品推介等工作都需要调动社会资源，大学生在这方面会感到非常吃力。

2. 创业能力不足

很多大学生创业者眼高手低，既不了解创业的相关政策法规，也没有在相关企业的工作、实践经历，缺乏能力和经验，却对创业的期望值非常高。当创业计划转变为实际操作时，才发现自己根本不具备解决问题的能力，这样的创业无异于纸上谈兵。

3. 管理过于随意

由于长期接受应试教育，不熟悉经营“游戏规则”，一些大学生创业者虽然在技术上出类拔萃，但理财、营销、沟通、管理方面的能力普遍不足。此外，一些人存在一定的性格缺陷，如自以为是、刚愎自用等，这些都会影响创业成功。

4. 盲目选择项目

目前，大学生创业选择的项目大多集中在高科技领域和智力服务领域，如软件开发、网络服务、网页制作、家教中介、设计工作室等。此外，快餐、零售等连锁加盟店也是深受大学生青睐的创业项目。但是，大学生并不了解市场，如果缺乏前期的市场调研和论证，只是凭自己的兴趣和想象来决定投资方向，甚至仅凭一时心血来潮就决定干哪一行，一定会碰得头破血流。

5. 融资渠道单一

资金难筹几乎是每一个大学生创业者都会遇到的难题。银行贷款申请难、手续复杂，如果没有更广阔的融资渠道，创业计划只能是一纸空谈。

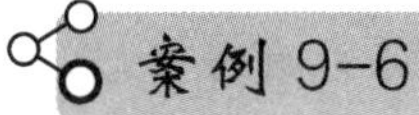

利益驱动导致创业失败

2014 年是互联网金融火爆的一年，也是互联网进军 P2P(Peer to Peer)市场的大好时期。凭借超前的理念及构思，小王获得了天使投资数百万的融资，并与小李、小张共同开始了创业之路。根据之前的工作经验和人脉资源，三人有了明确的分工：小王负责产品模块，占 70%股份；小李负责市场模块，占 15%股份；小张负责商务模块，占 15%股份；另外，拥有丰富 IT 开发管理经验的小徐作为技术合伙人，成为公司的重要一员。基本的框架完成之后，公司于 2015 年 1 月开始招聘员工，4 月开始运营。

2015 年 5 月，公司某理财产品第一个版本上线之后，公司的工作重点便放在了更新版本和建立自己的用户群上。他们选择有亲和力的“90 后女孩”作为市场运营部客服，重点进行产品实用性的服务与推广，使得某理财产品的知名度也逐步提升，同时市场占有率达到 30%～40%。2015 年 7 月，几家“风投”(风险投资)公司看好这家公司的发展前景，想要投资。另外两位股东及小徐建议接受“风投”，但小王认为自己可以更强大，拒绝“风投”，同时想要在产品上增加盈利模块，以期更大利益。拒绝“风投”后的两个月，技术部门全力改进和完善产品功能，数百万的资金此时也全部用完，此时资金链已经断掉。为了给员工发放工资，小李和小张每人拿出了个人财产 10 万元垫付。此后，又有十几家公司来“风投”，小王认为产品有足够的优势去超越现有投资方给出的金额，仍迟迟没有做决断。

“资本寒冬”的出现，使得市场风向转变，整个互联网金融行业迅速萧条，投资方也变得更加谨慎。在这种大环境下再融资已然变得更加困难。此时的老板小王已失去信心，而且公司的资金连员工最基本的薪酬也支付不起了。小王承诺公司若融资情况良好，2016 年 1 月 15 日会发放工资，然而融资并不顺利，工资则一直拖欠着。为了稳住技术部门的员工，技术部门主管小徐找到小王商量可不可以先给每位员工支付一部分工资，然而无果。2015 年年底，3 位股东找到小徐，承诺春节前将发放一个月工资，2016 年 3 月初将拖欠工资及年终奖全部发放。春节之后，员工们开始意识到事情发展的严重性，每天关注公司融资情况而无心工作。2016 年 3 月 1 日，小王宣布公司将不再融资，正在转向寻找被收购的机会，公司存在破产清算的可能，建议并鼓励员工出去找工作。但 3 月对于员工们来说已经过了找工作的最佳时机，员工们要求小王提出明确的处理方案，不被动接受公司现有决策，最终大家不欢而散。

公司的技术人员大多是刚刚走上工作岗位的大学生，他们经历这样的事件，不仅仅是在经济上损失 3 个月的工资及年终奖，同时社保的间断缴纳会影响到有的员工暂时不能购房甚至延后婚期,工资的间断会导致贷款困难等,更有可能使他们不再信任初创企业,不再敢于创业,甚至对社会及人生的态度也会有所改变。小王正面临被集体起诉的尴尬局面。

创业者说: 如果把创业作为一种跟风时尚,仅仅是为了赚钱,仅仅考虑的是创业路上那颗诱人的“胡萝卜”,后果不仅十分可怕,失败的可能性也很大。由于可以比较容易地获得首笔风险投资,所以处于一种狂喜的状态。但由于不熟悉初创企业的运营模式,缺乏财务管理经验,有钱时不知道怎样去用钱,没钱时不知道怎样去融资,没有意识到资金链断掉已经预示着潜在的危机。所以,创业一定要有风险意识,要谦虚地学习他人的经验,避免随意性。是为了眼前一时的利益,还是为了事业去创业?这是需要准备创业的每一位年轻人认真思考的。

案例解析: 在创业过程中风险无处不在。如果仅仅是急功近利,为了钱去做一件事情,最终很难做成。小王的公司虽然有比较充裕的启动资金,但由于缺乏经验,仅急于考虑眼前更大的经济利益,未考虑后续是否有足够的资金支持企业日常运作;在团队核心成员出现意见不一致时,没有考虑到团队分歧的风险;再次融资时,外部环境已经使他没有能力去弥补相应的资金缺口,他本人也面临着被法律诉讼的局面。如果创业仅仅是为了赚钱,那么当面临危机时就很可能闯不过去;如果把创业作为一项事业去做,为了实现自己的使命与理想,就可能突破所有的难关,守到春天的来临。

三、创业风险规避的方法

(一) 风险防范的手段

1. 学会分析风险

创业者对每一个经营环节都要进行风险分析,做什么都不能满打满算,要留有余地,对可能出现的风险要有明确的认识和克服预案。

2. 善于评估风险

通过分析来预测风险的负面影响。例如,投资一旦失误,可能造成多大损失;决策错误,可能产生什么后果,造成的损失有多大。学会评估和预测风险的方法,并提高这方面的能力。

3. 积极预防风险

对创业方案进行评估,首先是市场调研,产品和服务、市场定位、目标顾客、场地和资金等是否科学合理、符合市场规律,一旦出现问题,要有措施和应对方法;建立企业管理制度,加强合同管理、财务管理、知识产权保护力度。

4. 转嫁分散风险

风险不可避免,但是可以转嫁分散。例如,财产投保就是转嫁投资意外事故风险;以租赁代替购买设备是转嫁投资风险。创业形式选择也是如此,个人独资企业承担无限责任,多人投资成立的公司承担有限责任。

(二)创业风险防范技巧

1. 学习一定的市场营销知识和理念

环境和市场分析是市场营销活动的基础性动作,主要包括影响市场营销的微观环境和宏观环境、各类市场分析、市场调研与预测、市场细分、选择目标市场和市场定位等。

2. 慎重选择创业项目

要选择有市场潜力的项目,尽量避免陌生行业,避免盲目跟风;对创业项目进行理性分析,客观、理性地规划发展、选择进入市场的时机、制定营销模式等。有关资料显示,2015 年新创公司分布的前五名的行业主要是电子商务、本地生活、企业服务、金融、文化娱乐。

3. 预测创业风险

在创业风险中,首先要分析风险来自哪里,如与财产有关的商业欺骗,与顾客有关的产品责任,与人力资源有关的团队成员流失、前任成员的竞争,与项目选择有关的竞争及市场的风险,技术方面的风险,财务风险以及外部环境的风险等。创业者在创业过程中,做出每一项重大决策都要对构成风险的各种主客观因素进行综合分析。

4. 加强规范运作

创业者在整个创业过程中要坚持依法经营,做到经营有道、赚钱有法,促进公司合规、稳定运转。

5. 防范合同风险

合同风险是指在合同订立、生效、履行、变更、转让、终止以及违约责任的确定等过程中,由于合同当事人一方或双方造成利益损失的危险性。签订合同要学习《中华人民共和国合同法》等有关法律条款。

6. 建立预警机制

为多种主客观不确定因素的变化设置警戒标准,防患于未然。在现如今这个信息资源异常丰富的时代,谁掌握了足够多的信息资源,谁就将在市场竞争中掌握先机。

作为大学生创业者,首先要客观地分析自己,知道自己的优势,创业前要做市场调查,预测可能存在的风险,进行全面的创业决策,这样才能为创业成功提供保障;同时也要学会正确地评判和认识风险。创业过程是与风险对峙的过程,创业者是在克服困难、应对挑战、最后战胜风险的过程中逐步成长的,真正的创业者也是与创业风险较量的胜出者。

本 章 小 结

企业创立初期是以生存为基础的阶段,企业必须高度重视人员和风险规避等方面管理,将管理事项纳入企业整体规划当中。同时也要把日常管理工作中的管理经验总结成相关规章制度,使企业的各项管理走向规范。

练习 9-1

招聘广告的撰写

1. 活动目标

掌握招聘广告的撰写技巧。

2. 活动要求

(1) 活动场地：教室。

(2) 参加者：班级学生及企业 HR。

(3) 活动准备：每组一张大白纸，选票、黑色水笔、小奖品若干。

3. 活动过程

(1) 将班级学生按 6 人一组进行分组，让学生讨论招聘广告的写作方法。

(2) 由教师展示 PPT，讲述一个初创企业的概况，并说明该企业要招 1 名销售人员及 1 名销售助理，请每个小组根据教师讲述的情况写一份招聘广告。

(3) 各小组展示自己的招聘广告，由教师做点评，并发放奖品给予奖励。

(4) 由各组学生投票选举出 3 个优胜小组。

(5) 由企业 HR 对优胜小组的招聘广告进行点评。

(6) 向优胜小组颁发小奖品。

4. 讨论与分享

(1) 你认为销售员应该具备哪些优秀的个人素质？在你的招聘广告中体现出来了吗？

(2) 其他小组的招聘广告对你有什么启发？

附录 1
基于 RepRap 单片机程控的 3D 打印工作室商业计划书

项目名称：基于 RepRap 单片机程控的 3D 打印工作室
项目单位：长沙 XX 电子科技有限公司
主营业务：3D 打印机研发、生产和销售
公司地址：湖南省大学生创业孵化基地
联系电话：170＊＊＊＊1667
电子邮件：123＊＊＊＊＊＊890@qq.com
联 系 人：刘芃经理

摘　要

第一部分　公司基本情况（长沙＊＊电子科技有限公司于 2015 年 6 月 3 日成立，由六名大学生共同筹建，注册资本 10 万元。公司主营科技类产品的研发与销售，目前业务包括 3D 打印机研发生产销售、3D 打印服务技术提供两大部分。由于团队成员均为在校学生，以兼职方式开展业务，故在过去的一年里团队纯利润仅 5.7 万余元。）

第二部分　公司管理层（管理者刘芃，男，23 岁，籍贯江西，大专学历，2015 年毕业于湖南某专科学校，从事科技类相关产品及衍生服务 7 年，是一名十足的科技爱好者。）

第三部分　产品/服务描述（本团队结合最新最热的 3D 打印技术，依托团队自身实力，自主研发制造 3D 打印设备，并以此为核心技术进行 3D 打印服务。）

第四部分　研究与开发计划（本团队是湖南省为数不多的 3D 打印服务提供商，也是全国首家自主研发 3D 打印技术的专科生团队。）

第五部分　行业及市场情况（目前 3D 打印市场正值发展起步阶段，本团队作为较早掌握 3D 打印技术的学生团队，较灵活，具创新精神，可以很好地适应纷繁多变的市场，从而更好地规避风险，开展经营活动。）

第六部分　营销策略（团队目前依托自身名誉和在社会中取得的有利口碑展开经营与服务工作。营销策略是通过在学生群体中的广泛宣传，并依托自身掌握的核心技术，以价格优势来实现产品的营销目的。)

第七部分　组织管理(团队由最开始的五个合伙人凭兴趣组建,目前管理职责清晰,但为了更好地长远发展,目前团队正试图寻求天使投资,力图在解决资金瓶颈的同时引入标准化的企业管理模式,从而更好地发展壮大。)

第八部分　财务计划[目前公司盈利水平呈上升趋势。根据 2014 年财务状况分析,在不引入外部投资的情况下,保持现有的经营硬件规模和生产能力(团队成员上学兼顾经营),到 2017 年团队盈利可达 20 万元。]

第九部分　风险控制(对于本团队来说,最大的风险是技术风险。3D 行业是一个新兴行业,团队会面对技术风险、经营管理风险、项目研发风险等问题。团队准备积极学习提升,引进新的技术和管理经验,并引入标准的管理模式,及时规避风险。)

第十部分　项目实施进度(目前团队有自主研发的 3D 打印机和引进的成品打印机,并通过和 3D 行业的从业单位建立良好的合作关系从而租用大型 3D 工业级设备来为用户提供 3D 打印产品的制造。)

第十一部分　附件

第一部分　公司基本情况

(一) 公司基本信息

(1) 公司名称:长沙 * * 电子科技有限公司。

(2) 成立时间:2015 年 6 月。

(3) 注册资本:10 万元。

(4) 实际到位资本:3 万元。

(5) 注册地点:长沙市雨花区新建西路 77 号湖南省大学生创业孵化基地。

(6) 公司性质:有限责任公司。

(7) 管理团队:由六个创始人共同经营。

(8) 职工情况:拥有员工 10 人,均为大专以上文化程度。

(二) 三年发展预测报表

(1) 第一年计划。由于第一年公司尚处于起步阶段,还未建立好完善的客户体系,且大众用户和小型微型企业对于 3D 打印技术的相关应用也没有直观了解,所以第一年的项目产品主要向婚庆机构的个人定制领域推广。在这样一个稳定的市场模式下,尝试开拓小型微型企业和散户个性定制领域,同时积极地研发掌握相关技术,努力推广 3D 打印技术,不断提升团队自身实力。

(2) 第二年计划。发展阶段,在第一年建立好一定客户的基础上,扩大公司规模,增大生产及市场所占份额,增加公司员工,相应的公司营业费用和管理费用也适当增多,以更好地确保客户的需求。在第一年的基础上，婚庆领域的市场已初步达到稳定，应重点开拓小型微型企业的巨大市场需求。同时引入先进的管理理念，使得团队在可能出现的同行竞争中生存下去，并且可以按预期进行大规模生产。

(3) 第三年计划。公司经过两年的经营，市场及客户也已基本达到稳定。为了公司取得更好的效益，积极扩大公司业务范围，向周边株洲、湘潭发展业务。同时，扩大自身的规模，加大生产量，必要时在周边城市设立分支机构，以更好地占领市场。

(三) 公司发展方向、战略及目标

公司近期及未来 3～5 年的发展方向、发展战略和需要实现的创业目标：鉴于大学生创业所要面对的多种情况，我们团队一开始就着手建立自己的品牌，并按照我们的计划稳扎稳打地进行创业。在不考虑外部注资的情况下，以 3 万元注册资本起家，摒弃虚无缥缈的百万元项目计划，利用我们手头现有的资源，制订了三年总投资额为 30 万元的创业计划，以每年稳定的利润和团队成员的融资确保公司的运营和良性发展。

第二部分　公司管理层

(一) 董事会成员

公司董事会成员名单见下表：

姓　名	职　务	占股情况	备　　注
刘　芃	总经理	56%	公司法人代表
杨同学	技术总监	8%	
邹同学	程序总监	8%	
周同学	财务总监	8%	
陈同学	设计总监	0%	打印建模师，未入股但参与部分运营决策
彭先生	投资方	20%	湖南某企业法人，作为投资人不参与经营决策，负责监管

(二) 董事长总经理兼任市场营销负责人

刘芃：经济管理专业，擅长管理和整体大方向判定，熟悉程序软件、3D 建模相关技术，有良好的团队精神，是本 3D 打印项目的发起人和领衔人，在项目团队中的职务为总经理、项目总监同时兼任销售总监。领衔人刘芃的专长和业绩主要表现在：

(1) 团队管理与运营素养较强，具有很好的团队归属感、荣誉感和一定的商业谈判经验。

(2) 理工类实操素养较强，曾独立完成航模设计制造，略懂电路机械知识，熟悉掌握计算机编程、建模等专业知识。

(3) 取得业绩：① 2012 年获得国家劳动和社会保障部门颁发的创业培训合格证；

② 2012 年获全国青少年信息学(计算机)奥林匹克竞赛三等奖;③ 2013 年创业项目入驻我校大学生创业孵化基地且自主独立运营;④ 2013 年获国家励志奖学金;⑤ 2013 年以湖南省第一名的成绩获全国大学生数学建模竞赛一等奖;⑥ 2014 年再次以湖南省第一名的成绩获全国大学生数学建模竞赛全国一等奖;⑦ 2014 年 11 月获得湖南黄炎培职业教育奖创业规划大赛二等奖;

刘芃结合上述优势,以最新的 3D 打印(增材质制造)技术为基础,与同学一起组成创业合伙人团队,自主设计制造 3D 打印机,并通过 3D 打印服务来进行创业经营。目前项目运作良好,取得了稳定的市场经济效益。

(三) 技术开发负责人

杨同学:机电一体化专业,思路开阔富有创造力,有良好的团队管理经验。2013 年,其领衔的机电团队在第六届全国大学生机械创新设计大赛中获得二等奖。杨同学也是本项目机械部分的设计负责人,担任技术总监。

邹同学:电气自动化专业,擅长自动化控制等,曾获得国家励志奖学金、2013 年数学建模湖南省二等奖、2014 全国大学生数学建模二等奖;对机电控制相关自动化、软件控制等掌握较为透彻,在本项目中的职务为软件技术总监。

(四) 财务负责人

周同学:商学院会计专业,擅长财务相关知识及市场开拓。在金融上长期服务于微小企业,了解小型微型企业的经营和发展模式,有较强的耐心和细心,是团队中不可多得的出色人选。

(五) 设计总监

陈同学:艺术设计专业,掌握全系列 3D 设计软件,负责团队的 3D 建模工作、设计工作、文案工作等。目前公司取得的两个 3D 打印机专利均由他撰写注册。

第三部分 产品/服务描述

(一) 基本原理

团队所开发的 3D 打印机以最为常见的液态材料沉积成型原理为基础,类似传统喷墨打印机,但喷头喷出的不是墨水而是热塑性树脂(塑料)等可迅速热固化的材料,通过逐层打印制造,即可获得原设计的实体模型。

(二) 技术水平

(1) 可根据客户要求通过实物扫描来进行 3D 建模,或者以设计图纸等数据资料为基础建立纯依托数据支持的 3D 模型。

(2) 团队已自行研发设计制造 3D 打印机原型机 1 台,并计划依照原型机复制建造 2 台,引进专业 3D 打印机 3 台,以满足模型加工生产需要。

(3) 团队目前制造的模型获得同行及市场良好评价,已开始与部分单位及个人进行初步的商业合作,取得了一定的商业利润。

(4) 项目团队与湖南周边现有的 3D 设备企业及相关服务提供商建立了良好的合作关系,拥有行业相关资源,可以在自身实力的基础上做出复杂项目的解决方案。

团队从模型的扫描设计,到打印机的设计制造以及实体模型的打印等全系列环节技术均有所掌握,虽然与专业科研、医疗级别等领域的技术要求相比还有所欠缺,但完全可以达到一般民用的精度要求。

(三) 新颖性和独特性

(1) 找准目前行业的真空地带,开创自己的商业平台。中小企业(特别是小微企业)和个性定制领域存在市场真空。作为初出校园的大学生创业团队,结合自身优势,敏锐地洞察到这一市场空间,开创自主的创业项目。

(2) 自主制造 3D 打印机,掌握全系列核心技术。团队拥有自主制造的 3D 打印机,并且团队成员有获得全国大学生数学建模竞赛、全国大学生机械创新设计大赛等学科竞赛的国家级奖项,掌握 3D 打印产业链中各个环节的相关技术,具有一定的市场竞争力。

(3) 团队凝聚力与团队专业素养强,人员搭配合理。团队主要成员均为国家级、省部级团队性大学生赛事中的获奖人员和相关专业杰出的学生代表。

(四) 用途和应用范围

(1) 产品设计领域。可以很好地解决设计师设计作品的快速制造问题,避免传统手工制作的烦琐和细节失真,为小型微型企业产品设计开发环节的测试和模具制造提供了便利。同时,以学生为主的年轻人也能很好地将自己的创意设计作品变成实物,更好地张扬个性。

(2) 校友纪念品开发。作为学校杰出的创业团队,通过自己的努力为已经离校的校友定制独特的带有人生回忆色彩的校园场景实体微缩模型,并加上他们的姓名和有意义的赠言,让已经离校多年的校友赞不绝口。

(3) 婚庆市场领域。在目前推广最好的婚庆市场,为新人定制全立体的包含他们浪漫爱情回忆场景的人物造像,已成为合作的几家婚庆公司的特色项目之一,受到了新人们的一致好评。

(五) 经济寿命和所处阶段

1. 3D 产业的经济寿命

3D 打印产业将成为下一个具有宽广前景的朝阳产业,核心技术的发展前景是非常广阔的,因此,我们团队的快速成型辅助建模服务创业项目的经济寿命也是非常乐观的。

2. 项目团队的经济寿命

在 3D 产业强势挺近的大背景下，我们项目团队瞄准了小微企业和不断日益扩大的个性定制市场需求这一 3D 打印巨大的真空市场，项目的运作方式整体经济寿命还是相当可观的，至少在未来十余年内市场是趋于稳定增长态势的。

3. 项目所处阶段

目前快速成型辅助建模服务创业项目已经处于创业的成长期，具体表现在：

(1) 取得合法工商登记(注册公司)，营业执照＊＊＊＊＊＊＊＊＊＊＊。

(2) 团队领衔人有相关创业培训合格证(证书编号：＊＊＊＊＊＊＊＊＊＊)，并且项目成功入驻了我校大学生创业孵化基地。

(3) 已经正式投入商业运营，签订了相关合同并提供了优质服务。

(六) 项目市场保护措施

为了让项目良性地发展壮大，项目团队已经开始着手对项目进行合理保护。

(1) 在市场经营方面，快速成型辅助建模服务创业项目已经取得合法的工商登记，并积极筹划扩大经营，申请注册公司的准备阶段。

(2) 项目团队正在着手为自主制造的 3D 打印机中涉及的技术积极申请国家专利证书。

(3) 对于项目团队目前的自主品牌，团队正积极申请商标和相关品牌保护。

(4) 项目团队入驻湖南省大学生创业孵化基地，可在专业的大学生创业平台和环境中更好地茁壮成长。

(5) 为抢占市场先机，项目团队和省内著名的婚庆公司(企业)签订了独家合作合同(协议)，确保在商业合作中的排他性和独家性，保证项目优势。

从这五个方面可以看到，团队对于自己的项目进行了较好的市场保护，有效地确保了项目在一定时期内在市场上拥有独特性和核心竞争力。

第四部分　研究与开发计划

(一) 项目作品研发计划

对于本项目团队来说，项目作品主要表现在自主制造的 3D 打印机和所能提供的电脑三维建模服务上。为了保证 3D 模型打印服务的正常开展和项目团队在核心技术上的领先地位，团队制订了相关研发计划。

目前团队成员秉承自身专业优势，积极学习掌握深化扫描、建模等相关技术能力，已经设计并制作出一台精度 0.1 毫米、层高打印 0.04 毫米、单个最大打印尺寸 20 平方厘米的 3D 打印机，用以满足现阶段的生产需求。为了解决日益增加的生产任务，团队打算在未来的三个月内以现有原型机为依托生产 13～15 台同级别设备，并在未来五个月内，研发更大打印范围的双喷头 3D 打印机 1～2 台，以确保继续在核心竞争力上保持领先优势。

目前团队的该研发计划已经获得支持，并得到学校 1 万元专项研发资金注资，可以初步保证后续计划中研发资金的需求。

在模型打印需求业务不断扩大后，团队将建立研发部门，并招聘机电、电子、软件等相关专业人员，用 1～2 年时间来攻克技术难题，研制更高精度和更丰富材料的 3D 打印机。图 1 为团队自主设计制造的 3D 打印机(一代机)。

图 1　团队自主设计制造的 3D 打印机(一代机)

(二) 项目作品生产计划

作为 3D 打印服务提供商，我们主要的商品就是为客户制造 3D 打印产品。

从初期的商业运营来看，目前每月有 20～30 件打印品。每个打印品根据其复杂程度生产时间从 0.5 小时到 10 小时不等(含建模时间)，目前的几台打印机基本能满足现阶段的打印生产需求。

为了在扩大生产后不至于手足无措，不但需要对生产进行计划和对时间进行合理分配，还需要继续研发生产自己的 3D 打印机或者购进第三方机器。同时，在项目团队考察立项阶段，团队与湖南 3D 打印行业建立了良好的合作关系，在一定意义上做到了优势资源互补。

但从根本上来讲，按照现有预期增长率，团队将建立专门的市场生产部门负责 3D 打印品的生产。初步打算在创业第一年做到拥有 5～8 台多规格 3D 打印机，确保项目团队每月 300～500 件的生产能力，并逐步结合市场，适时调整，确保产能平衡，实现市场预期。

第五部分　行业及市场情况

(一) 创业项目和市场机会

1. 创业项目简介

团队主要是通过自行研发制造的 3D 打印机为小微企业(公司)的产品开发和个性定制

等业务提供 3D 打印及衍生服务。由于项目团队自主制造了核心打印设备，掌握产业链中各环节技术，在成本控制和市场竞争中具有行业优势。具体业务内容：① 与婚庆公司合作，为新人客户群提供结婚纪念品设计打印服务；② 与礼品公司合作，提供个性化纪念品的设计与制造；③ 为其他小微型企业（公司）客户群的产品开发设计和制造模型；④ 为设计工作人员、在校学生客户群设计作品制造模型；⑤ 为零散客户设计与定制个性礼品；⑥ 为医疗行业提供模型服务支持。目前项目运营良好，项目团队获得了商业注资，并入驻湖南省大学生创新创业孵化基地。

2. 项目市场机会分析

（1）政府的大力支持和良好的政策环境。无论是国家的方针政策还是湖南省的地方法规条例，都对 3D 打印及相关产业的发展提供了大力的扶持与帮助。此外，作为年轻的大学生创业团队，在具体创业过程中还可以享受国家对于大学生创业的相关优惠政策。有了政府对 3D 打印行业的大力支持和对大学生创业的良好政策支持，项目必然拥有优良的市场机会。

在 2013 年召开的湖南省十二届人大一次会议上，龚志先提出了《关于大力扶持发展 3D 打印产业，树立我省数字化工业制造全球地位》的建议；湖南省经信委在起草的《湖南省关于加快推进智能制造装备产业发展的若干意见》中，也对 3D 打印行业企业提供了大量的政策扶持。

（2）广阔的市场需求。现阶段项目专注长沙市 3D 打印市场，今后逐步扩展省内乃至于省外市场。项目的目标市场：① 小微企业（公司）客户群 3D 打印需求。就长沙市而言，目前有 17 000 余户注册小微型企业有 3D 打印建模市场需求（2014 年长沙国税局统计资料）。② 婚庆公司新人客户群个性化 3D 打印需求。长沙市有 1 200 多家婚庆服务公司，平均每年有近 7 万对新人，平均每对新人用于婚礼的相关花费约 20 万元（长沙市婚庆协会提供资料）。③ 高校学生客户群 3D 打印需求。目前长沙市有近 20 所高校，因此近 30 万高校学生的设计类产品制造、礼品纪念品、个性定制品都将是我们的潜在市场。④ 模型沙盘公司、医疗领域客户群模型制作市场。模型沙盘公司等模型制造行业以及医院的特殊病例模型制作是另一个潜在市场。目前我们已经与多个模型公司、医疗机构进行了初步的接触，他们对 3D 打印模型省时省力的优点有非常高的兴趣。⑤ 零散客户 3D 打印需求。随着人们对于个性、时尚的不断追崇，3D 打印技术在个人消费市场的需求也急速膨胀，而 3D 相关人才和设备目前却仅仅局限于大型企业、科研单位。

以上五类目标市场定位的理由如下：

第一，现行市场 3D 打印业务提供主体稀缺，现有 3D 打印企业主要针对科研单位和大型企业，对上述五类市场兴趣度不高。由于 3D 打印设备价格昂贵，且从业人员需要具备 3D 数据建模能力，导致能够提供 3D 打印服务的单位不多，这就给我们这样的团队带来了发展空间。

第二，团队具有独特的优势——自主研发技术，有自己的机器，定价合理。现行 3D 打印服务高昂的产品服务定价，使上述五类主体望而却步。我们自己研发制造出 3D 打印机，减少了购置机器的高昂成本，加上国家对 3D 打印领域的支持政策和作为大学生创业团队享受到的相关优惠，使得我们能够以远低于市场同类产品价格为上述五类主体提供他们能够接受的 3D 打印服务。图 2 为 3D 打印的小工艺品。

图 2　3D 打印的小工艺品

第六部分　营 销 策 略

(一) 营销方式和渠道

1. 传统直销

在营销渠道上，由于目标市场是以小微企业和个性定制市场为主体的空白市场，因此在传统直销模式上采用直接与相关单位(企业)进行洽谈的方式展开。同时，团队也积极利用自身人脉，在长沙大学生、青少年等群体中进行服务项目推广，多次为追求浪漫个性的青年朋友和需要制造设计作品的设计专业类学生提供相关服务。

2. 网络营销

根据网络时代和大数据时代的时代特点，通过建立网店、利用学生朋友经常关注的微信朋友圈、QQ 空间等渠道对项目进行拓展。经过团队成员的共同努力，目前团队在大学校园中已经小有名气。后期团队将结合威客网、猪八戒网、58 同城、赶集网等平台，积极推广项目服务，为客户提供远程建模技术指导、实体模型打印等相关服务，充分利用发挥电子商务的优势，推行网络营销，获取更多潜在的消费群体。

(二) 营销队伍

1. 项目起始阶段——团队成员

在目前阶段，由于人们对于 3D 打印领域的了解还不够全面和细致，加之项目团队成员在维护项目正常运转的前提下，几乎都肩负起项目营销的重任，以我们对项目的了解程度、对产品的深刻认知来打动潜在的消费者，这样更有利于项目发展初期的项目推广和良性发展，也可以更好的拉近我们和客户的距离，更好地解决客户遇到的问题，更专业地为他们服务。从目前项目运作情况来看，这样的方式取得了一定意义的收效和经济收益。

2. 项目发展壮大阶段——市场营销部门

随着生产规模的不断扩大，本项目将建立专业的人力资源管理部门和市场营销部门，实行正规的公司制治理，建立专门的营销队伍，定期开展营销队伍的培训工作。在前期开拓的市场基础上，对整个的项目和服务进行有机深化。开展市场分析和调查、市场开拓和推广、销售等工作，了解最新的市场需求，为产品拓宽销售渠道，寻求最佳的产品销售途径，提高产品的市场占有率。

(三) 促销计划

1. 媒体网络营销计划

由于我们团队自主研发制造了一台 3D 打印机，加之国家对于大学生创业团队的鼓励政策与支持体系，项目团队多次出现在本地媒体上。接下来，我们利用团队在长沙的良好优势和团队的众多成绩，先后获得《潇湘晨报》、腾讯・大湘网、新华网湖南频道、人民网、红网、新浪微博等多家主流媒体的报道。湖南省教育电视台还拍摄了专题宣传片在春节期间进行了展播，许多客户在看了相关宣传后慕名而来。

2. 合作促销

借助与其他企业的合作，通过他们的知名度与影响力来帮助我们营销产品。当产品有一定的销量后，可以通过客户帮我们进行间接地宣传与推销，这样就可以进一步扩大我们的客源和产品的知名度。

3. 消费者让利促销

以青少年为主的个性定制群体是本项目的另一大潜在客户，我们会通过让利促销的手段，做到让他们低价使用我们的产品，享受我们提供的 3D 打印服务，继而成为我们的稳定客户，以更好地推广我们的产品，扩充我们的市场。

(四) 价格策略

1. 项目投放市场之初——渗透定价策略

作为现阶段的新兴技术，3D 打印在小微企业和个性定制领域还有一定的认同盲区。考虑到目前我们作为学生团队，享受部分国家对 3D 技术类行业优势扶持政策和大学生创业相关政策的帮助，创业起步阶段我们的整体的成本是非常低廉的，因此在前期市场推广上，我们的 3D 打印服务价格会定得尽可能低一些，目的是获得更高的销售量和更大的市场占有率。这样做主要有两个优点：第一，产品能迅速为市场所接受，打开销路，增加产量，使成本随生产发展而下降；第二，薄利多销，使竞争者望而却步，减缓竞争，获得一定的市场优势。

2. 市场占有率稳定发展时期——各种定价策略的综合运用

在市场稳定发展时期，由于市场规范相对稳定，我们会通过自己团队实际的成本核算，对产品和服务进行合理的综合定价，确保我们的产品及服务在行业 3D 打印领域物有所值。

3. 市场领衔期——成为行业价格和服务的领导者

按照目前长沙市的市场来看，我们是较早在小微企业和个性定制领域进行 3D 推广运用的企业，加之我们掌握自主的核心技术，我们有信心做到通过高质量的产品和优质的服务来主导行业价格，引导整个行业朝着良性健康的方向发展，避免不良企业通过价格战破坏市场秩序。

第七部分　组 织 管 理

由于目前我们团队尚处于创业伊始阶段，为了最大程度降低运营成本，只进行了个体工商户登记，并展开初步的商业合作。下一阶段，我们准备升级工商登记，变更为公司性质经济组织形式，并正式启用公司的组织结构来进行规范化的管理，以便让项目步入正轨。

(一) 现阶段组织机构管理

目前创业核心团队五人凭借自身的兴趣爱好走到了一起，在组织机构上并没有严格意义的细分。具体如下：

整个项目的运营和基本管理由学习管理学的领衔人刘芃负责。

整个项目的研发技术总监由学习机电一体化的杨同学负责。

整个项目的软件程序总监由学习自动化技术的邹同学负责。

整个项目的经费管理、成本核算和财会分析由学习财会的周同学负责。

整个项目的模型设计及打印制作由学习艺术设计的陈同学负责。

(二) 发展期的组织机构管理

发展期将按照现阶段组织结构模式，通过实行公司化管理方式，对人员进行管理。具体表现在按公司组织结构设置五个部门，由领衔人刘芃出任总经理，五个核心成员分别对应五个部门主管。

具体分工和职责如下：

财务部周同学，负责财务相关及法律政策、工商税务登记等。

销售部杨同学、刘芃(兼)，负责联系业务，推广项目，洽谈合作。

市场部(生产)赖同学，负责生产制造实体模型。

研发技术部邹同学，负责设备研发和技术保障。

行政部刘芃兼任，负责整体的行政管理。

根据项目发展，预计未来一年内将保持这种组织结构，当第二年团队整体表现乐观和生产规模逐步扩大时适时进行人员选聘，有计划地扩大规模。

(三) 团队的不足与对策

1. 不足

(1) 团队人员学历层次均为专科,专业技术有限,社会阅历较少。

(2) 成员整体对市场的认识程度不够,缺乏社会资源和人脉资源。

(3) 缺乏商业谈判、商业经营的相关技巧和经验,容易错失市场机会。

2. 对策

(1) 人员学历层次与专业技术方面:通过积极提升学习和交流考察,与同行交流合作,不断提高团队自身的专业技术知识和能力。随着经营的扩大,适时招聘高学历技术型人才,展开相关技能培训学习,提升人员的专业技能层次水平。

(2) 社会阅历方面:积极参与行业活动,与同行交流,多参与商业活动,努力提升相关人员的社会经验和阅历。

(3) 市场认知层面:通过寻求专业咨询公司、市场调查公司的帮助,得到准确的市场数据和趋势分析,从而有针对性地展开营销和商业计划,确保在市场把控上准确、翔实。

(4) 社会资源和人脉方面:利用大学里众多的优质校友资源和立足3D产业所结识的行业相关和外围中小企业、婚庆公司、礼品企业等,积极地进行交流,增加资源和人脉。

目前团队在商业谈判上虽然取得部分成功,但是总体而言能力还是相对欠缺,在长期的项目经营与管理上还需要借鉴和学习成熟的商业模式,做到更准确地抓住商机。

第八部分 财 务 计 划

(一) 资金需求和使用

1. 资金需求

针对3D行业的需要和发展规划,本团队预计三年之内产品的投入达90 000元整(主要是为了提高打印技术、服务质量,进行产品研发,以期达到减少产品成本投入、减少材料成本开支的目的),占公司三年之内总投资额300 000的30%左右(详细收入与支出计划见附件预测表)。购办原材料的开支占到总收入的15.5%,金额为45 000元(不包括预收的资本金)。

2. 目前资金使用情况

(1) 工商注册资本金为30 000元整。

(2) 吸收投资20 000元整(预计12月份全部到位)。

(3) 短期负债为5 000元。

(4) 设备开发前期所需费用8 000元整,其中研发人员的工资支出1 800元(团队成员的必要开支)。

(5) 管理费用以及销售费用支出1 500元(登记及税务登记费、刻章费、办理社保费、行政管理费、管理团队工资等)。

(6) 借款:10 000 元整,流动资金及备用资金 30 000 元。

综合来看,本公司前期的投入与收支的比例为 50 000∶38 650,其中包括流动资金、吸收投资以及负债 5 000 元,表明投入大于收支,但是分析 7 个月以来的财务报表,整个公司的 3D 产品发展情况明显呈稳步向上发展趋势。

(二) 预计销售收入和经济效益

1. 预计销售收入

三年之内达到的投入与产出之比为 3∶7。预计第一年即 2015 年的销售收入增幅为投资总额的 17.66%,投入的成本为 30 000 元,收入为 5 295.9 元;2016 年实现质量和数量的同等提高,在上一年底同比投资增加的基础上实现销售收入的增幅达 25%,即实现总投资 60 000 元背景下 15 000 元的净利润;最后是 2017 年的销售收入与投入产出的比率达 3∶7,实现 3D 打印团队整体向上的发展。此分析数据是结合我公司 2014 年 3 月至 9 月的实际销售额和发展状况的合理预测。

2. 实际经济收益

以下为我公司与企业合作的实例。

本年 7 月至 9 月,与婚庆公司合作 3 个订单,实际收入为 3 865 元整,投入和材料成本为 2 319 元,利润为 1 546 元,扣除期间费用后,纯利润为 311 元,利润率达 8.046%。

2014 年 7 月至 9 月,与某教育艺术学院的学生合作打印艺术品共 54 件,平均每件成本为 29.68 元,平均每件收益为 3.82 元,总收益 206.28 元,利润率达 11.94%。

综上所述,从公司的经济收益与销售收入可见,本团队自有 3D 技术的制造成本远低于市场价格,拥有技术优势和材料成本优势,前期已达到的毛利润率 9.993%。

(三) 成本核算和趋势分析

根据团队签约客户能够承受的价格范围,综合自己的设计开发成本(每个 3D 打印件毛成本 1.8 元/克),并考虑目前的 3D 市场行情,我们的单价定为 2.6 元/克,如彩色或模型偏复杂,则按照加价 10%。

2014 年 7 月至 9 月净利润为 102.72 元,虽然最后的净利润为负数,但相对于上半年整个产品研发的收益为 0 来看,涨幅为直线上升的状态。

目前一套 3D 婚纱的市场价格约为 2 000 元,而实际的生产成本仅为 500 元左右(包含设计和运营成本)。照此情景,针对婚庆公司的项目运作具有良好的发展前景,争取以技术优势和团队的资源优势,主动参与到婚庆行业的 3D 打印服务业中。

(四) 财务分析

财务分析包括对投资额、经营成本和销售收入发生变动的影响分析。

1. 企业起初资金筹集

团队拥有独立的3D打印设备生产技术和电脑3D建型技术，极大地节省了创业费用。3月份的工商登记注册资本金30 000元整，是团队成员共同出资的，出资比例为10∶8∶5∶4∶3。4月份短期负债10 000元整，8月份吸收投资20 000元整。目前的财务资金状况：① 注册资本金30 000元整；② 短期负债10 000元整；③ 吸收投资20 000元整。

2. 固定资产投资

团队项目主要以3D设备的研发和打印服务为主，所以固定资产主要是3D打印设备，固定资产的规模随着行业市场价值而变动。已投入的成本为8 000元3D打印设备的研发费用以及材料费用，具有自行生产能力。未来对3D打印技术以及设备的投资在20 000元内，以求研发更顶尖的3D打印硬件设施。

根据财务的收支可见，团队对固定资产的资本金投入占到公司主要资本金的26%，未来预期还会增加10%的投资。未来三年内计划总投入额达28 000元。

3. 营业费用预算

下一阶段项目团队将按照公司总体框架，实行全面费用预算控制，具体分为以下几点。

(1) 部门分类：财务部、销售部、市场部、研发部、行政部，共五个部门。

(2) 创业初期五个创始人(除投资人彭先生)所负责的五个部门及各部门岗位经营费用测算(创业团队基本工资，团队采取盈利年终分红制，并且创业之初成员愿意将盈利用于公司发展)：① 财务部工资：1 200～1 500元；② 销售部工资：1 200～1 600元；③ 市场部工资：1 200～1 500元；④ 研发技术部工资：1 500～1 800元；⑤ 行政部工资：1 500～2 000元。合计6 600～8 400元。

(3) 各部门人员定位费用测算：① (最高值)财务部费用统计为500＋1 500＋800＝2 800；② (最高值)销售部费用统计为500＋600＋9 000＝2 000；③ (最高值)市场部费用统计为700＋1 100＝1 800；④ (最高值)行政部费用统计为800＋1 200＋1 000＋1 500＝4 500；⑤ (最高值)研发部费用统计为900＋1 500＋800＋1 500＝4 700。合计15 800元。

结合财务分析不难看出，团队前期产品研发的投入占70%，持续了4个月；6月份制造出第一台3D打印机，接到订单过后，经营成本开始上升，扭转了只有投入的资金流向态势，并且随着经营成本的增加，投入资金渐渐回笼。从收入的增加可见，投资额的回收期正在不断缩短，加速了资金的流动速度，投资额所占比重下降。随着经营成本的增加和销售收入的增加，后期的成本也会逐渐下降。

第九部分　风 险 控 制

(一) 项目SWOT分析

1. 优势(strength)分析

(1) 地域优势。从全国范围来看，我们3D打印团队地处中部地区高速发展的长株潭地带，湖南省各级政府也有着相关支持政策，这对团队来说有着巨大的地域优势和广阔的潜在市场。

（2）发展优势。① 目前在长沙市只有4家3D打印服务相关企业，他们的产品费用较高，从业人员并不掌握核心技术，主要为大型企业提供服务。他们也没有兴趣开拓其他市场，因此我们公司的竞争压力相对比较小。② 此项目前景广阔。3D打印目前处于科技前沿，市场呈现高速增长态势，整体生命周期长。作为较早入行的3D打印行业并掌握核心技术的企业，我们很容易做到位居市场的前列。③ 公司采取步步为营、逐步扩充、稳打稳扎的发展战略，以所在地长沙市为起点带动长株潭地区业务，通过自主技术创新革新、合理生产、低价销售、高品质服务逐步占据长沙以及周边市场。

（3）人才优势。项目团队拥有3D打印机设计、生产、模型建立、产品制作校的技术，也有团队管理、财务管理各个环节的专业人才，保证了团队的竞争优势。

（4）产品优势。① 自主设计制造打印机并用于产品生产，产品精度和质量高，成本控制得当。② 团队与省内高端婚庆公司爱丽斯婚庆公司合作，根据他们的客户市场需求，不断推陈出新，保证产品服务的优质领先，并且结合爱丽斯婚庆公司服务高端客户的理念，一定程度上引领了潮流。

2. 劣势（weakness）分析

（1）团队经验不足。创业团队都是即将毕业的大学生，对研发、生产、销售等业务需要一个学习、适应的过程。

（2）用户接受度不高。相对传统工艺品市场，3D打印技术和相关产品价格较高，目前很多用户难以承受其价格。

（3）将实际3D打印产品转换为满足客户需求的最终产品，还有一个逐步发展的过程。

3. 机会（opportunity）分析

（1）潜在客户市场较大。长沙市区大约有1.7万户小微企业，每年大约有7万对新人，还有20余所高校中的年轻群体，使得项目在小微企业模型制造和个性定制领域存在广阔的市场机会。

（2）政策支持力度较大。在2013年召开的湖南省十二届人大一次会议上，龚志先提出了《关于大力扶持发展3D打印产业，树立我省数字化工业制造全球地位》的建议；湖南省经信委起草的《湖南省关于加快推进智能制造装备产业发展的若干意见》，对3D打印行业企业提供了大量的政策扶持。

（3）自身优势明显。作为大学生创业团队，可以优先享受国家的相关政策，合理规避创业初期的风险，更快速地成长壮大。

4. 威胁（threats）分析

（1）同行竞争较大。长沙市目前有3家3D打印企业，如华曙高科（工业级和科研级）、长沙睿度科技、长沙3D记梦馆，他们起步比我们早，资金实力也比我们雄厚。

（2）缺乏行业标准。3D打印行业还没有国家标准，致使各商家提供的3D打印服务标准参差不齐，价格差异较大。客户往往以价格为判断依据，盲目选择质量和服务较差的低价项目,从而导致对 3D 打印产生认知偏差。

(3) 市场接受度不高。新概念(产品、服务)从出现到被客户认可需要一段时间,市场中同类产品也将给公司经营管理带来不可预见的激烈竞争。

(二) 技术风险与应对措施

1. 项目研发技术风险

作为独立掌握 3D 打印核心技术的团队,需要进行 3D 打印设备的研发工作;而项目研发投入往往存在高风险性,即研发投入不是 100%能够转化为生产力。

应对措施:虽然在某种意义上研发会增加公司的直接成本,但从长远来看,研发可以使团队掌握核心技术并在行业保持一定的技术优势,这也是项目团队从一开始选择自主制造 3D 打印机而非购买商业成品机的重要原因之一,我们相信只要管理得当,研发只会带来更多的行业优势。

2. 经营管理技术风险

在项目经营管理上,团队还处于比较初级阶段的商业化运营模式,容易出现管理的漏洞和失误,从而导致公司的经营偏差和损失。

应对措施:引入成型的商业公司管理模式,规范管理,合理绩效考评,必要时选聘专业管理人才。

3. 项目团队技术风险

项目团队成员均为专科学历,对 3D 相关技术的掌握和领悟能力有限。

应对措施:在团队技术风险上,积极通过合作交流学习,提高团队自身的学历水平和对相关知识的领悟能力。

(三) 市场风险与应对措施

1. 竞争风险

目前 3D 打印行业刚刚在市场上出现,以后竞争会愈趋激烈,会存在别的公司复制商业模式及产品模式。

2. 需求风险

对于新建立的公司来说,信誉度和知名度成为重要的制约因素,因此市场开拓面临很大的困难。另一方面,作为新兴技术的 3D 打印,其市场的接受程度可能需要一定时间来体现。现阶段对市场需求的预判可能过于乐观。

应对措施:在新的市场大环境下,我们必须要有专业的市场营销团队,及时分析并有效开拓市场,探索开发适应团队的经营模式,确保项目的独特性;积极办理相关手续,申请专利、商标,在法律意识形态上保护自己,避免被其他公司模仿抄袭;及时了解掌握市场信息,根据需求合理制订发展计划,从而具备较为合理的风险抵抗能力。

(四) 自主知识产权专利技术

团队积极保护自主知识产权,及时将自主科研成果申请专利,目前已经获得国家新型实用专利2项。

第十部分　项目实施进度

创业的五个成员结合自身跨专业、跨学科的专业特点，通过将3D打印技术分解转换的方式，依托成熟的2D打印技术，运用成熟软件算法、单片机程序处理、自动化模块控制，利用步进电机和加热控制器将热熔热固性材料(树脂、塑料等)融化并“打印”到设计好的指定位置，从而实现3D打印。

具体来讲，项目分为以下四个阶段。

1. 第一阶段，项目论证阶段(2014年6月)

3D打印技术，特别是面向普通用户的桌面级3D打印，在最近几年间得到了快速的发展。很多国内外DIY爱好者，都可以利用3D打印机，自己设计、改进机械零件，并把自己的设计快速、低成本地制造出来，极大地释放了DIY爱好者的想象力。作为勇于探索的年轻人，刘芃在一次科技博览中接触到了3D打印技术，敏锐的他很快意识到这是新时期一个巨大的商机，能否通过3D打印技术开展创业呢？经过走访调研，刘芃认为这是可行的，并且团队将结合自身优势，自主设计制造3D打印机。

2. 第二阶段，研发阶段(2014年7月至9月)

(1) 项目由多次获得国家级学科竞赛、文理兼修的管理学专业学生刘芃领衔。通过专业的管理方式和管理模式，使整个团队有条不紊地开展市场调研和技术攻关，并最终制造出成品，用于3D打印市场。

(2) 由多次获得国家级电子类竞赛奖项的电气自动化专业学生邹同学负责整个程序控制，单片机实现部分，将复杂的3D打印原理转化为我们可以掌握的技术和实施方式，化繁为简，最终成型。

(3) 由获得过机械结构设计大赛三等奖的机电一体化专业学生杨同学负责整个项目研发阶段的打印机机械结构设计，并最终实现机器的正常运转。

(4) 由会计从业家庭出身、拥有服务小微企业经验的商学院会计专业学生周同学负责整个项目的资金运作，确保项目的可持续资金核算，统筹发展。

(5) 由管理专业的赖同学负责整个团队的行政管理，后勤保障，保证项目研发的顺利开展。

(6) 经费来源：项目起始阶段，经费来源包括学校的经费支持和团队的自筹经费。经费大部分为团队成员的奖助学金。

(7) 场地设施：入驻学校创业孵化基地。

3. 第三阶段，项目运营阶段(2014年10月至12月)

(1) 由领衔人刘芃牵头，不断宣传项目团队的成品设备和在3D行业的技术实力；参加各类赛事、交流活动，不断扩大团队影响力；积极完成工商登记，进行试营业，开展初步经营。

(2) 由杨同学、邹同学做技术改进，并开始从科研攻关技术难题转为技术优化阶段，着手为客户提供3D产品设计等附加值业务。

(3) 由拥有会计从业资格证的周同学负责项目财务审计、管理工作。赖同学则转向行政工作,负责团队的日常运营、人员招聘等工作。

(4) 陈同学在一代3D打印原型机的技术上总结并论证了3D金属打印制造的可能性,且申请了专利。

(5) 阶段成果:初步实现盈利,社会反映良好;与风险投资机构初步接洽;获得湖南黄炎培职业教育奖创业规划大赛二等奖。

(6) 办公场地:入驻湖南省大学生创业基地,专利获得审批。

(7) 媒体报道:潇湘晨报、大湘网、人民网、新华网、湖南教育在线等媒体进行了报道。

4. 第四阶段:项目运营扩大阶段(2015年1月至今)

(1) 在上一阶段成果基础上不断深化项目,加大宣传力度,同时积极参加相关比赛、营销活动、行业合作交流,成员不断深化学习专业知识,以尽快将项目做大做强。

(2) 未来展望:下半年将原有的工商登记等级升级,扩大经营,实现营业额翻番。

(3) 阶段成果:获得领导认可,领导充分肯定了几位大学生自主创新,运用自身专业优势挑战科技难关、创新创业的精神。

(4) 媒体报道:湖南教育电视台两次拍摄专题片进行报道。

5. 主要发展目标

(1) 前期:建立品牌,在以婚庆市场为主体的个性定制领域站稳脚跟,同时完成自身技术实力和经济实力的原始积累,满足长沙现阶段的市场需求,取得广泛的行业影响。

(2) 中期:扩大规模,开拓工业生产为主体的小微企业市场。以长沙为依托,逐步向周边宁乡、望城、浏阳、湘潭、株洲等工业制造业集中地区辐射,收回投资成本,树立行业口碑;争取融资投资,以实现更好的运作发展。

(3) 后期:站稳个性定制和小微企业工业生产中的3D打印应用市场。引进人才和先进设备,增强团队核心技术,将研发和技术很好地转换为生产力和经济收益。立足长株潭地区,向周边县、市区开拓市场,同时尝试开拓武汉、广州等周边省份的巨大市场。

第十一部分 附 件

1. 资质情况:【略】

2. 产品信息:【略】

3. 财务报表:【略】

4. 荣誉奖励:

湖南黄炎培职业教育奖创业规划大赛二等奖

长沙市大学生创新创业大赛一等奖

首届湖南青年创业大赛第三名

附录 2
3D 造梦工厂路演 PPT 实例

图 1 3D 造梦工厂路演 PPT 实例首页

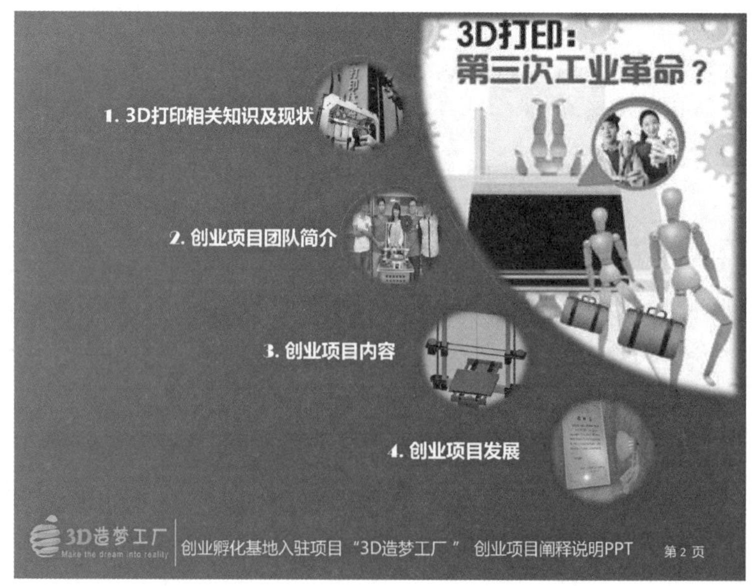

图 2 3D 造梦工厂路演 PPT 实例目录页

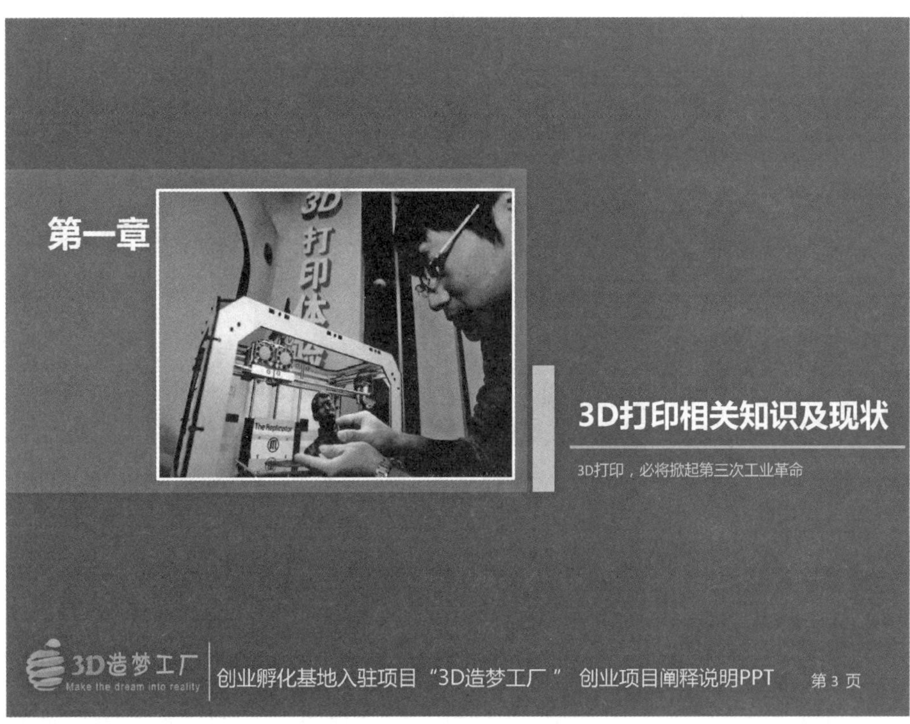

图 3　3D 造梦工厂路演 PPT 实例第一章第一页

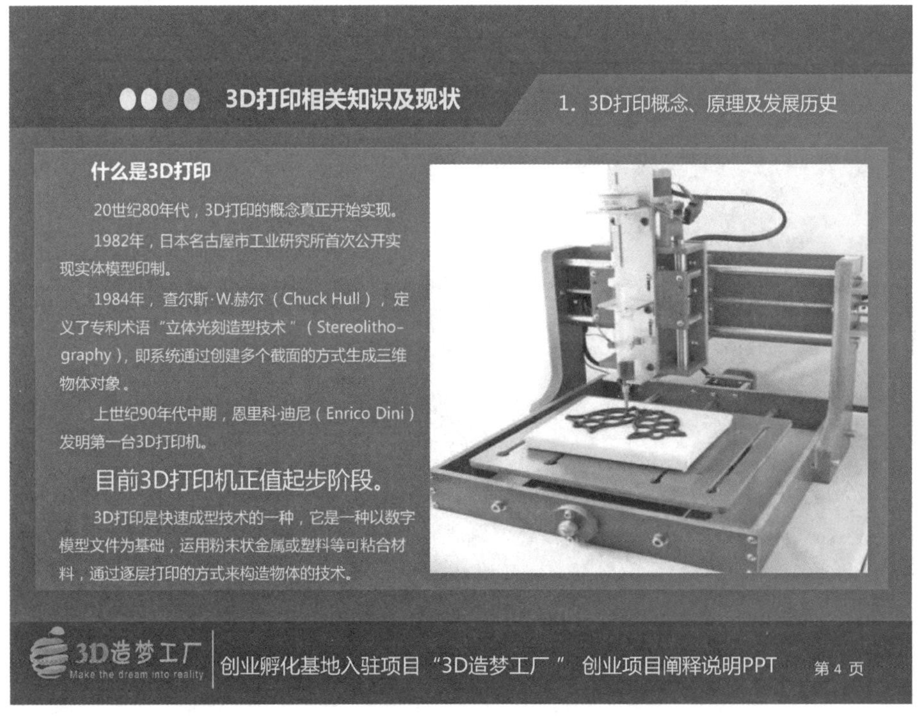

图 4　3D 造梦工厂路演 PPT 实例第一章第二页

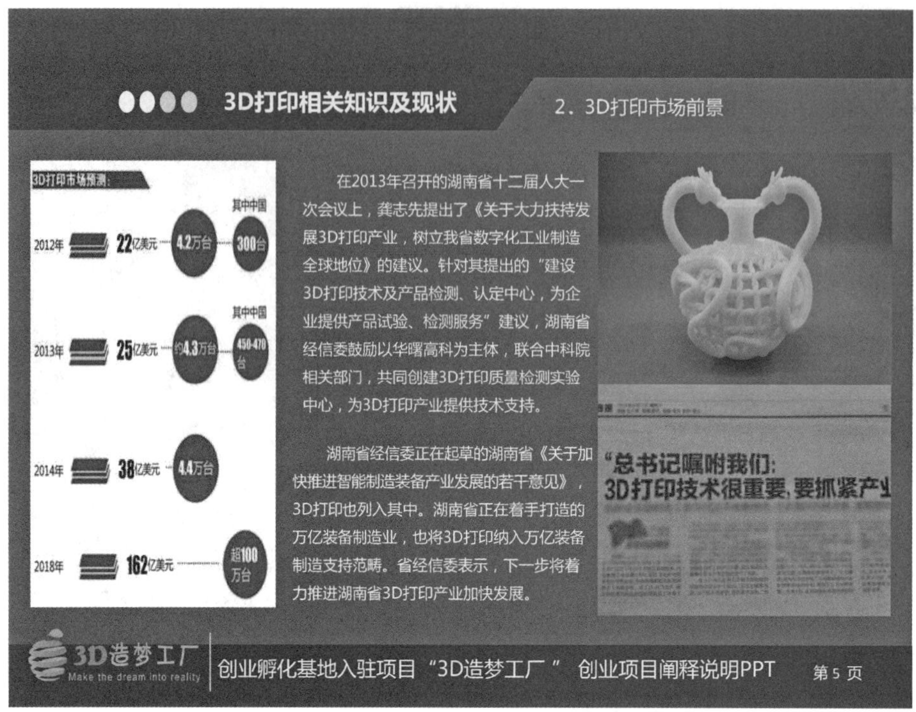

图5 3D造梦工厂路演PPT实例第一章第三页

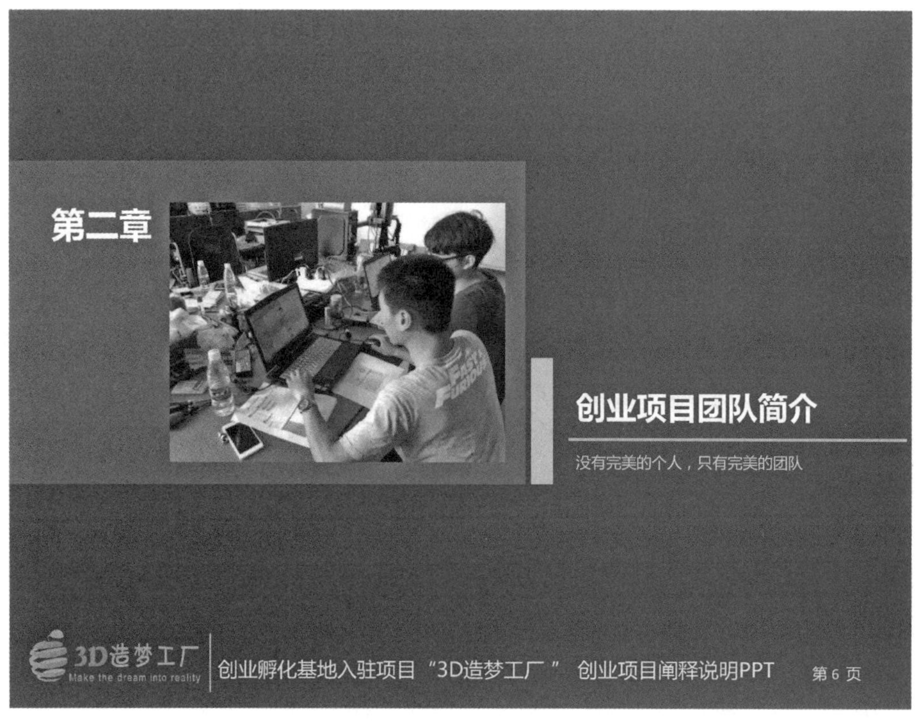

图6 3D造梦工厂路演PPT实例第二章第一页

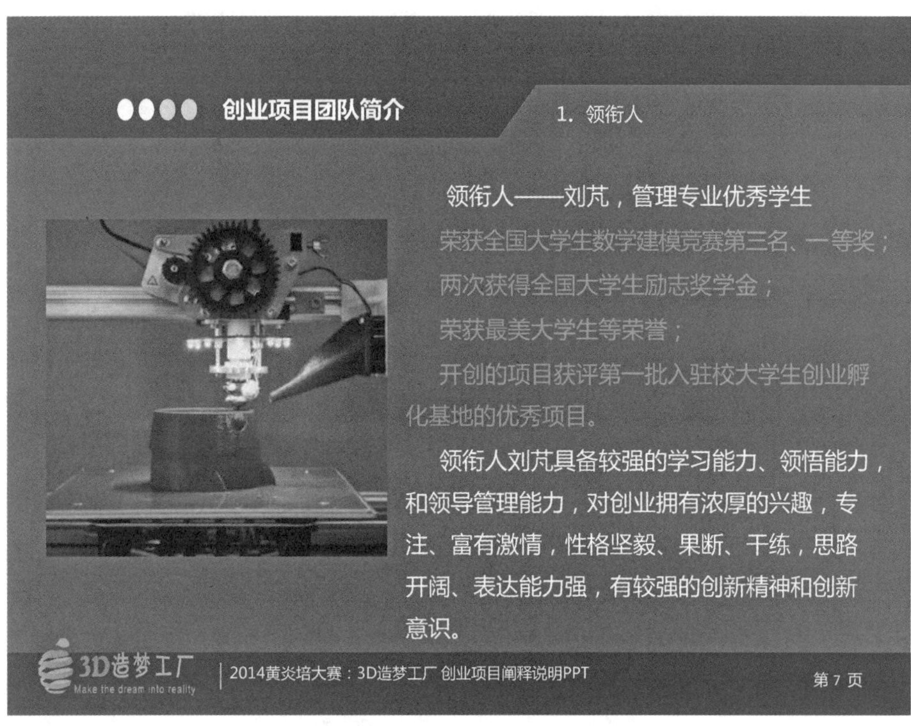

图 7　3D 造梦工厂路演 PPT 实例第二章第二页

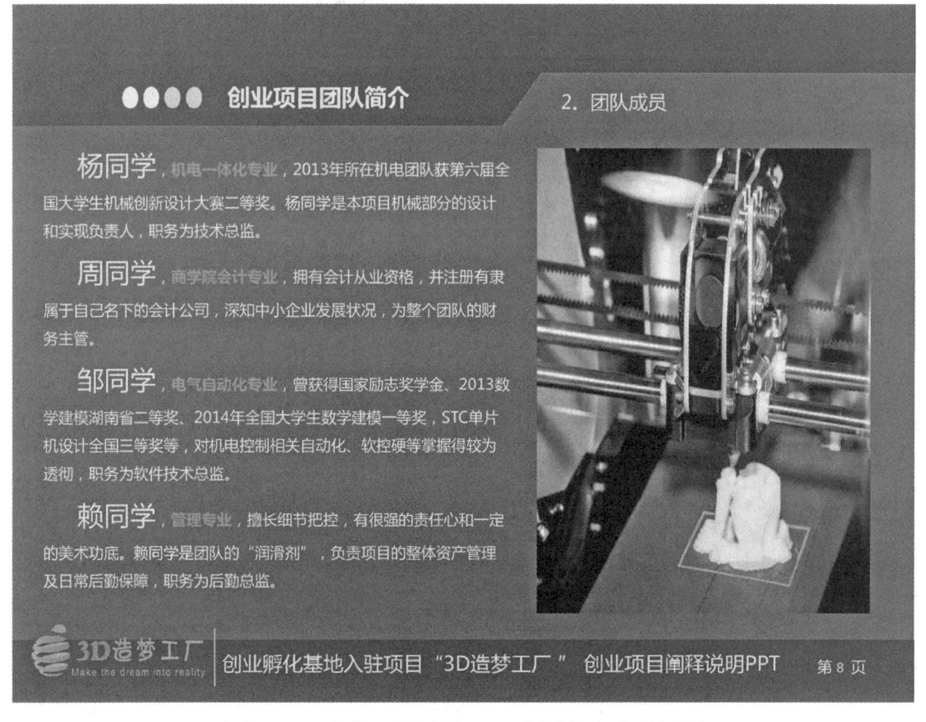

图 8　3D 造梦工厂路演 PPT 实例第二章第三页

图 9　3D 造梦工厂路演 PPT 实例第二章第四页

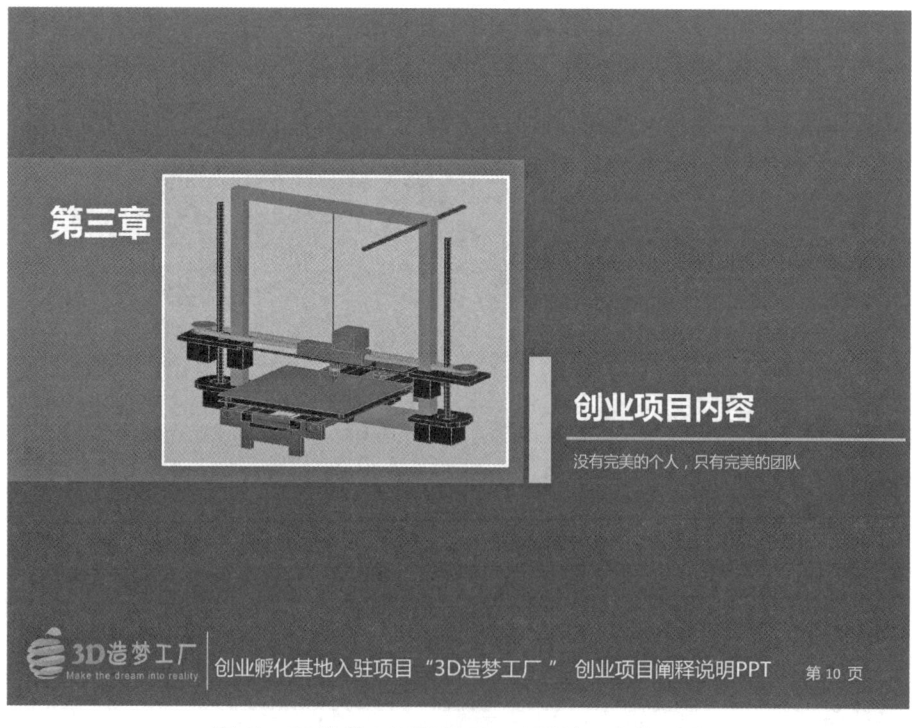

图 10　3D 造梦工厂路演 PPT 实例第三章第一页

图 11　3D 造梦工厂路演 PPT 实例第三章第二页

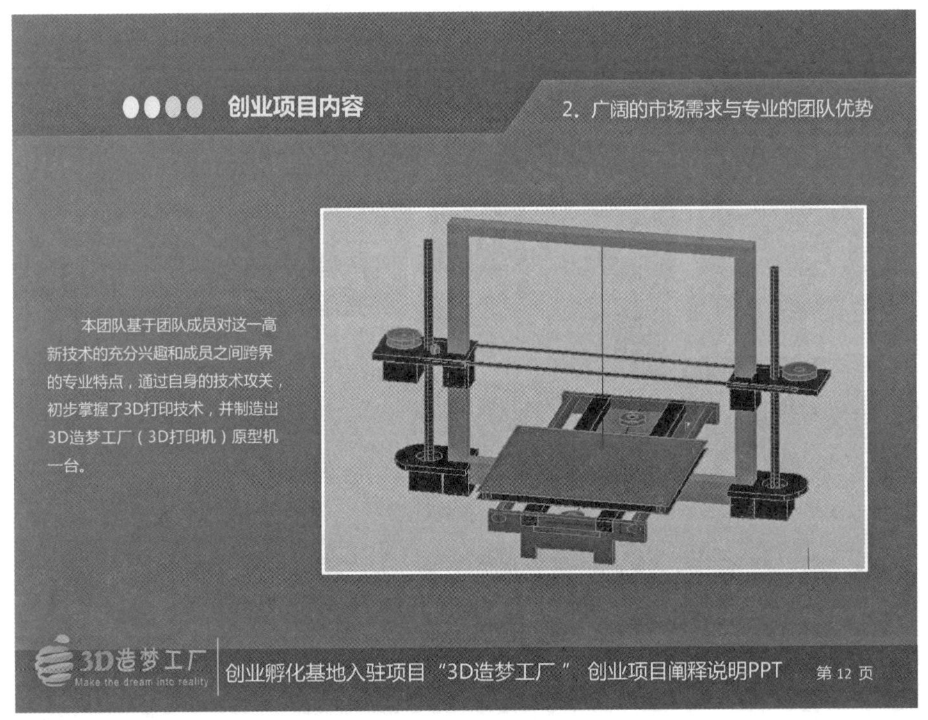

图 12　3D 造梦工厂路演 PPT 实例第三章第三页

	一般的外观手板（1次）	人机配合的外观手板（2~4次）	一般功能性手板（1次）	功能测试的手板（2~4次）
3D打印	5~10小时/次	1~4天	5~10小时/次	1~4天
外发手板厂	2~3天/次	4~12天	5~7天/次	10~28天

图 13　3D 造梦工厂路演 PPT 实例第三章第四页

图 14　3D 造梦工厂路演 PPT 实例第三章第五页

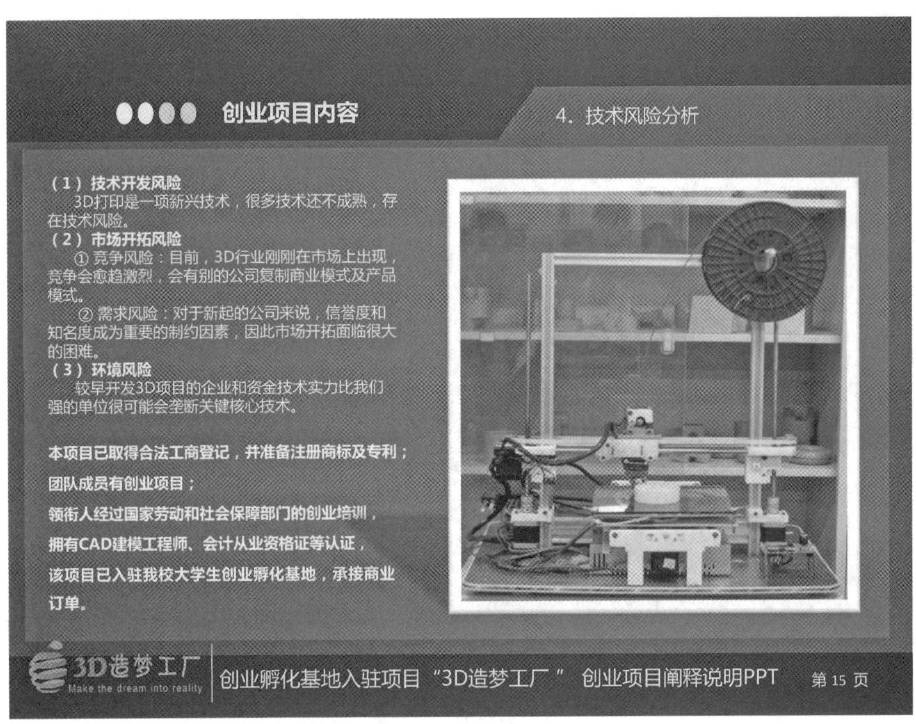

图 15　3D 造梦工厂路演 PPT 实例第三章第六页

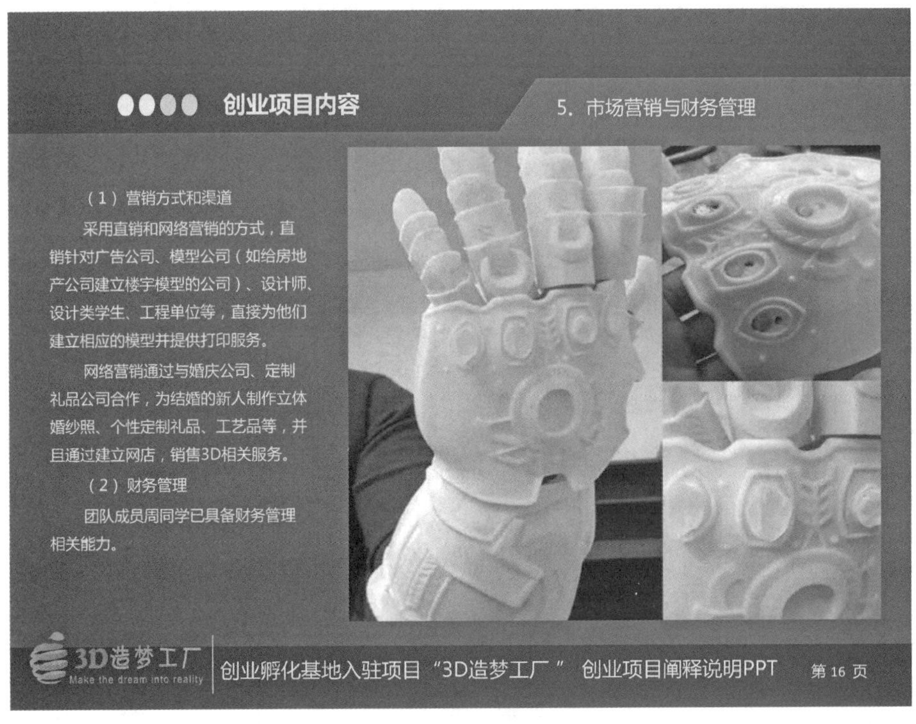

图 16　3D 造梦工厂路演 PPT 实例第三章第七页

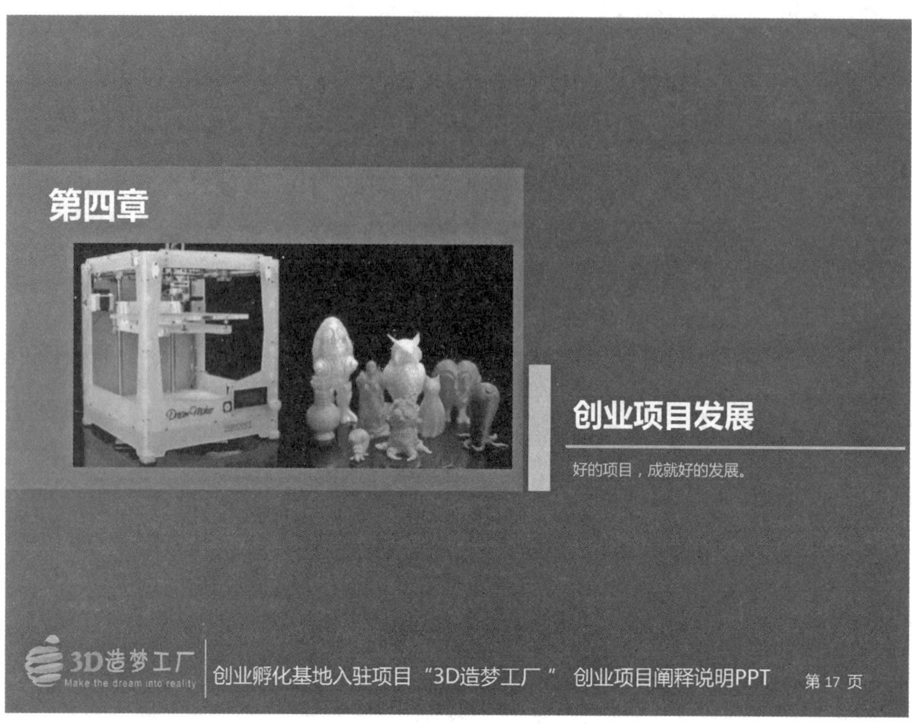

图 17　3D 造梦工厂路演 PPT 实例第四章第一页

图 18　3D 造梦工厂路演 PPT 实例第四章第二页

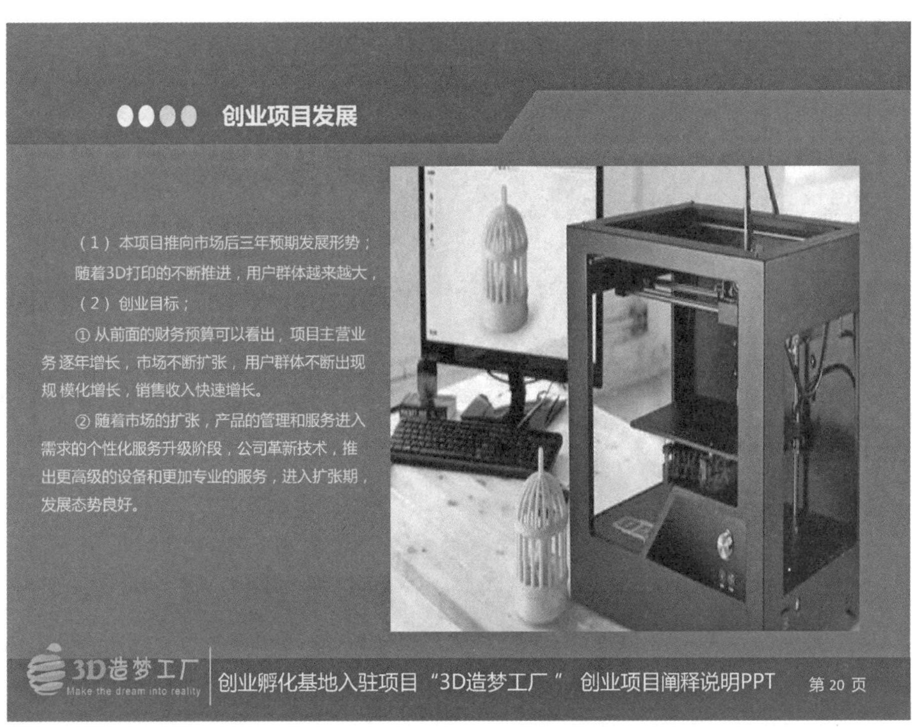

图 19　3D 造梦工厂路演 PPT 实例第四章第三页

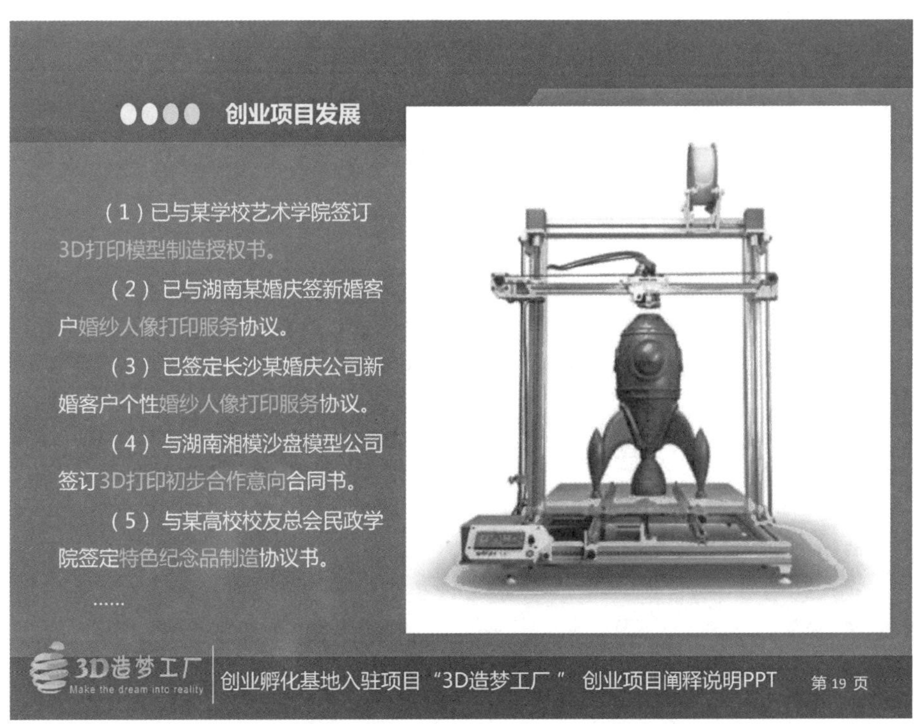

图 20　3D 造梦工厂路演 PPT 实例第四章第四页

图 21　3D 造梦工厂路演 PPT 实例结束页

主要参考文献

[1] 朱明俊.大学生创新创业教育读本[M].上海：上海交通大学出版社，2018.

[2] 赵军，李月云.大学生创新创业教育基础[M].上海：上海交通大学出版社，2018.

[3] 蒙正佳，张少涛.一款可拆洗拖鞋[J].科技与创新，2019(14)：58-59.

[4] 卢兵.OPPO对K套装让年轻人体验智慧互联的双倍快乐[J].计算机与网络，2021，47(11)：18-19.

[5] 苏芷妍，何伟楠，雷海泉.创新便民惠民服务解决群众“急难愁盼”[N].南方日报，2021-10-09(A01).

[6] 刘丽琴，支姝蓉.员工持股计划与企业创新——基于A股上市公司的经验证据[J].时代经贸，2021，18(09)：75-78.

[7] 朱于珂，高红贵，肖甜.工业企业绿色技术创新、产业结构优化与经济高质量发展[J/OL].统计与决策，2021(19)：111-115.[2021-10-11] https://doi.org/10.13546/j.cnki.tjyjc.2021.19.025.

[8] 赵科宁，李艳艳，李亮.大学生创新创业教育[M].上海：上海交通大学出版社，2021.

[9] 叶心宇.“山药哥”的非凡故事——记行走在返乡创业路上的全国先进模范人物代表赵作霖[J].中国就业，2021(05)：34-35.

[10] 陈卫群，王婷.大学生创新创业教程[M].北京：中国商业出版社，2017.

[11] 薄小波.“发明一台机器，代替老爸老妈去种田”[N].文汇报，2021-09-06(002).

[12] 创业网.大学生创业意识的培养[EB/OL].[2021-11-19] http://www.795.com.cn/wz/106145.html.

[13] 陈宇媚.立德树人视域下高职大学生创新创业教育环境陶冶模式探索[J].产业与科技论坛，2021，20(12)：163-164.

[14] 李红红.自主创新，中国高铁征途如虹[J].科学大观园，2021(17)：79.

[15] 程智开，郑卫民，郑银芳.创新创业基础教程[M].长沙：中南大学出版社，2020.

[16] 赵海峰，大学生创业教程[M].上海：上海交通大学出版社，2019.

[17] 伍秋林，大学生创新创业教程[M].长沙：湖南师范大学出版社，2016.

[18] 谭贞.创新创意基础教程[M].上海：上海交通大学出版社，2019.

[19] 陈卫群,王婷.大学生创新创业教程[M].北京:中国商业出版社,2017.
[20] 许燕平,张燕.大学生创新创业教育[M].上海:上海交通大学出版社,2016.
[21] 李小兰.大学生创新创业教育[M].北京:中国传媒大学出版社,2017.
[22] 新家庭书架编委会.中华成语故事全集[M].北京:北京出版社,2018.
[23] 思维大讲堂:巧用迂回思维[EB/OL][2021-11-19]http://www.360doc.com/content/16/1207/22/35263705_612858468.shtml.
[24] 张廷伟.营销女皇董明珠:从普通销售员到格力空调总裁[M].北京:中华工商联合出版社,2011.
[25] [美]本・霍洛维茨.创业维艰:如何完成比难更难的事[M].杨晓红、钟莉婷,译.北京:中信出版社,2015.
[26] 陈永秀.大学生创业指导[M].北京:北京理工大学出版社,2010.
[27] [美]朱利安・泰普林,孙威.创业其实并不难——创业人员心理和技术指导[M].张祥荣,译.北京:科学出版社,2008.
[28] 张汝山,张林.大学生创业案例解析[M].南京:南京大学出版社,2013.
[29] 大学生创业失败的案例故事案例分析[EB/OL][2021-11-19]https://max.book118.com/html/2018/1231/8024101130001142.shtm.
[30] 张鹏.3D造梦工厂创业计划书.长沙,2014.
[31] 全国普通高等教育规划教材编审委员会,创新思维与创业[M].天津:南开大学出版社,2019.
[32] 张鹏,3D造梦工厂创业比赛答辩PPT及答辩稿.长沙,2014.
[33] 教育部.大学生创业服务网 https://cy.ncss.cn/
[34] 苏瑜.创业不可不防的法律风险[M].北京:化学工业出版社,2011.
[35] 吴家曦.中小企业创业经营法律风险与防范策略[M].北京:法律出版社,2008.
[36] 刘晋波.大学生创业导引与风险规避[M].上海:立信会计出版社,2013.
[37] 张德山.大学生创业教育案例解析[M].镇江:江苏大学出版社,2015.
[38] 王峰,曾咏梅.商法(二)[M].北京:北京大学出版社,2008.
[39] 胡天石,刘浏,王博.大学生创新创业基础实务[M].北京:人民邮电出版社,2019.